本书为河南省社会科学院
哲学社会科学创新工程试点项目

南历史与考古研究』丛书（第二辑）

濮阳：中华张姓祖根地

主编　张新斌

中原出版传媒集团
中原传媒股份公司

大象出版社
·郑州·

图书在版编目(CIP)数据

濮阳：中华张姓祖根地 / 张新斌主编.— 郑州：
大象出版社, 2019. 12
ISBN 978-7-5711-0282-1

Ⅰ. ①濮… Ⅱ. ①张… Ⅲ. ①姓氏-濮阳-文集
Ⅳ. ①K820. 9-53

中国版本图书馆 CIP 数据核字(2019)第 161924 号

"河南历史与考古研究"丛书(第二辑)

濮阳:中华张姓祖根地

PUYANG:ZHONGHUA ZHANG XING ZUGENDI

张新斌 主编

出 版 人 王刘纯
责任编辑 王军敏
责任校对 安德华 牛志远 李婧慧 毛 路
装帧设计 付锬锬

出版发行 大象出版社(郑州市郑东新区祥盛街 27 号 邮政编码 450016)
发行科 0371-63863551 总编室 0371-65597936
网 址 www.daxiang.cn
印 刷 北京汇林印务有限公司
经 销 各地新华书店经销
开 本 720 mm×1020 mm 1/16
印 张 21.5
字 数 283 千字
版 次 2019 年 12 月第 1 版 2019 年 12 月第 1 次印刷
定 价 69.00 元
若发现印、装质量问题,影响阅读,请与承印厂联系调换。
印厂地址 北京市大兴区黄村镇南六环磁各庄立交桥南 200 米(中轴路东侧)
邮政编码 102600 电话 010-61264834

河南省姓氏祖地与名人里籍研究认定中心文件

豫姓祖认字 004 号

关于“濮阳县为中华张姓祖根地”的研究认定结论

濮阳县人民政府:

贵县濮县政文[2017]71 号关于“濮阳县为中华张姓祖根地的请示”，收悉。河南省姓氏祖地与名人里籍研究认定中心于 2017 年 4 月 25 日至 26 日，在濮阳县组织召开了“濮阳县为中华张姓祖根地研究认定会”。来自中国社会科学院、北京大学、中国青年政治学院、天津师范大学、郑州大学、河南省社会科学院、河南省文物局等单位的文史、考古和姓氏文化专家组成评议组，在听取濮阳县“濮阳县为中华张姓祖根地论证报告”的基础上，围绕这一主题进行了认真而深入的研讨，并最终形成“濮阳县为中华张姓祖根地”的认定结论。

河南省姓氏祖地与名人里籍研究认定中心

2017 年 4 月 26 日

（附件：濮阳县为中华张姓祖根地研究认定会纪要）

“濮阳县为中华张姓祖根地研究认定会”

专家签名

河南省社会科学院党委书记、河南省人大常委会委员	魏一明
中国社会科学院历史研究所副所长、研究员、博士生导师，中国殷商文化学会会长，中华炎黄文化研究会副会长	王震中
北京大学历史文化研究所原所长、教授、博士生导师，中华炎黄文化研究会常务副会长兼秘书长	张希清
天津师范大学教授、博士生导师，中国先秦史学会副会长	杜勇
中国青年政治学院科研处处长、教授，中华炎黄文化研究会姓氏文化工作委员会执行会长	[illegible]
河南省文物局原副巡视员、研究员，河南省文物考古学会会长	孙英民
河南省社会科学院历史与考古研究所所长、研究员，中国先秦史学会副会长，中华炎黄文化研究会姓氏文化工作委员会副会长	张新斌
郑州大学历史学院党委书记、教授，河南省姓氏文化研究会副会长	安国楼
河南省社会科学院文学研究所副所长、研究员，河南省姓氏文研究会秘书长	李立新
河南省社会科学院河洛文化研究中心副主任、研究员，河南省姓氏文化研究会副秘书长	李乔

“濮阳为中华张姓祖根地研究认定会”会场
张理建　摄

“濮阳为中华张姓祖根地研究认定会”领导与专家合影（前排从左至右依次为田建引、李立新、张新斌、孙英民、魏一明、王震中、杜勇、王大良、安国楼，后排从左至右依次为郭修恒、张宏江、李乔、刘精忠、陈建魁、唐金培、杨艳虹）　张理建　摄

濮阳为中华张姓祖根地授牌仪式
（持牌者，左为孙庆伟，右为张新斌）
张理建　摄

濮阳挥公墓园

挥公陵园内大殿中的挥公铜像

挥公陵园内 2015 年 4 月敬立的张姓祖根碑

张良文化国际高峰论坛会场

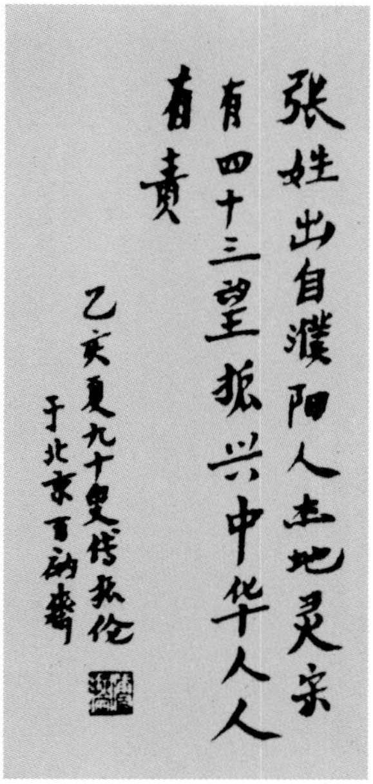

傅振伦，中国历史博物馆研究员，著名历史学家、考古学家。

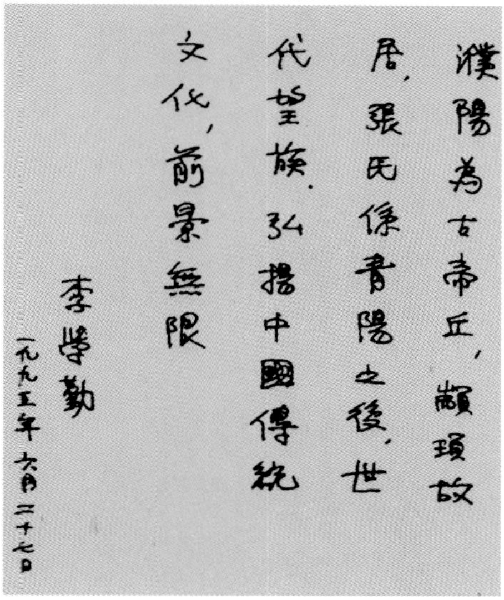

李学勤，中国社科院历史研究所所长，著名历史学家、考古学家。

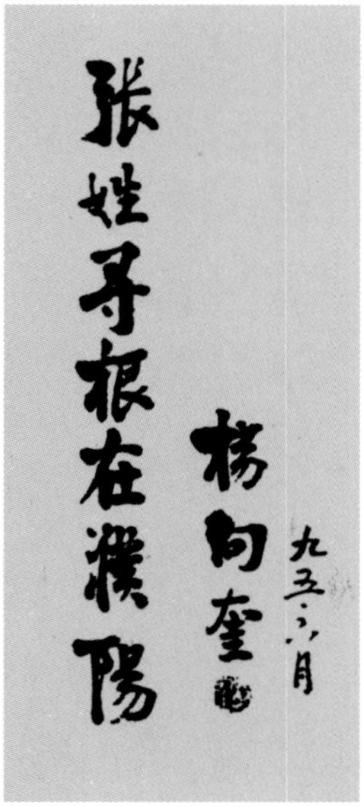

杨向奎，中国社科院著名历史学家。

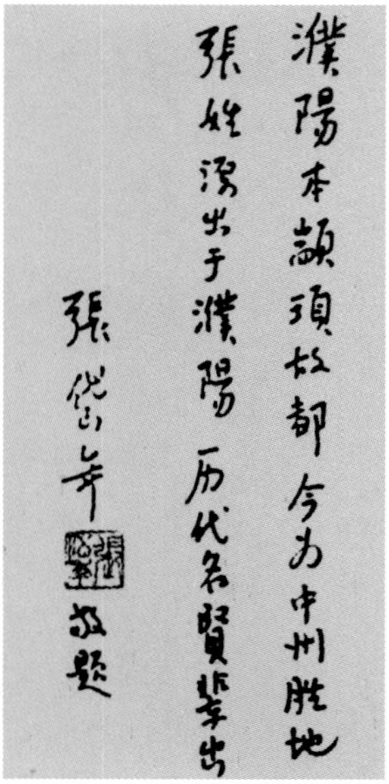

张岱年，北京大学教授，著名哲学家。

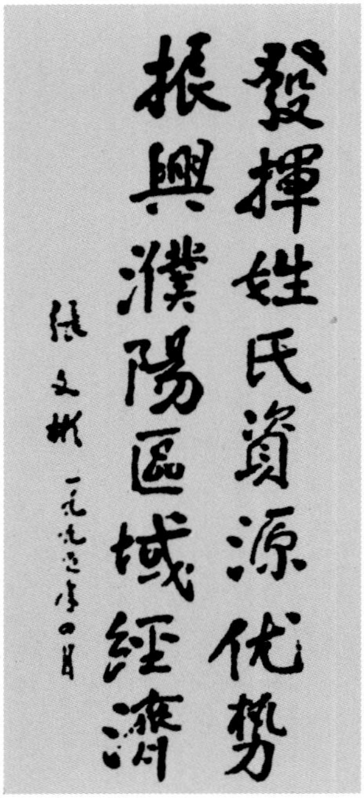

张文彬，国家文物局原局长、当代著名学者。

张政烺，中国社科院著名历史学家、考古学家。

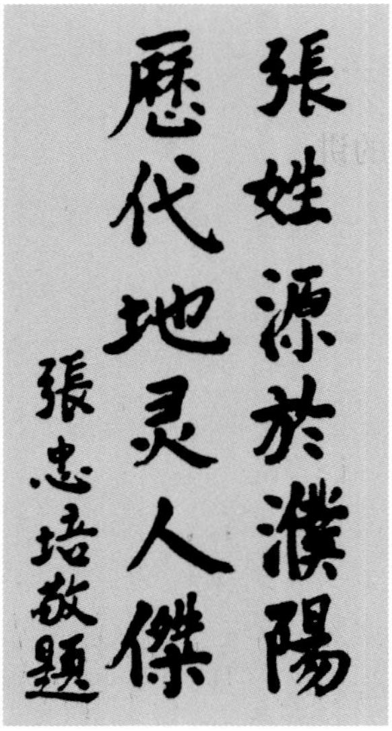

张忠培，故宫博物院原院长，著名考古学家。

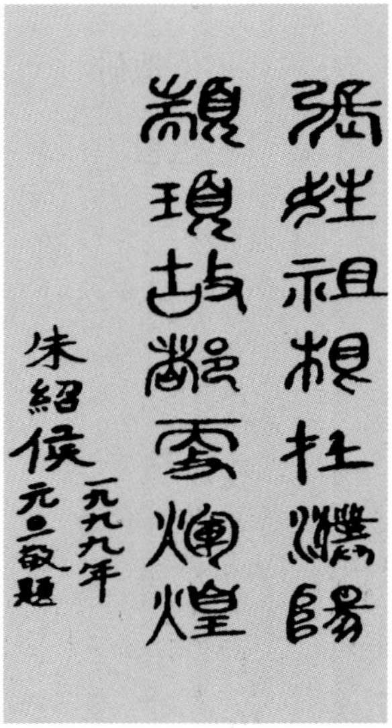

朱绍侯，著名历史学家、河南大学教授、河南省历史学会会长。

目 录

第一章 张姓祖根地认定

第二章　张姓祖根地研究

第三章　张姓源流研究

第四章 张姓家谱研究

第五章 张良文化研究

第一章　张姓祖根地认定

河南省濮阳县为中华张姓祖根地论证报告

姓氏是中华民族五千年生生不息的血脉印记。张姓作为一个在中国人口数量排位第三、全球愈亿众的大姓，从上古起源走到今天，蹚过历史长河，文化灿烂，英才辈出。其本身既有中华民族自强不息、奋发进取的共性特征，同时也形成了劳动创造、砥砺前行的鲜明个性，成为中华民族生存发展、不断进步的一个缩影。

濮阳[①]素有“中华龙乡”“颛顼遗都”“帝舜故里”和“中华张姓祖根地”之称。濮阳张姓文化的研究经历了30年的风雨历程，众多专家学者通过对海内外张姓文化的考察，对濮阳丰富的张姓文化遗存的挖掘、整理和研究，以及两次张姓起源学术研讨会的开展，取得了一系列研究成果，张姓起源于濮阳得到了海内外政界、史学界以及姓氏文化专家的广泛认可。30年来，每年都有成千上万的来自海内外的张姓宗亲来濮阳寻根谒祖，每年都有几十个海内外文

① 本书“濮阳”均指河南省濮阳县，此后不再一一说明。

化机构来濮阳进行文化交流。濮阳县人民政府和濮阳张姓文化研究会每年也多次参加海内外有关活动，进行文化和经济交流。这些活动，既增强了中华传统文化的影响力，又增强了海内外张姓华人对祖国的认同感，同时也为濮阳的经济社会发展不断创造机会和条件。

中共濮阳县委、濮阳县人民政府对打造张姓根亲文化圣地非常重视，在硬件、软件建设上同时发力。为了更好地贯彻执行习近平总书记关于大力发展弘扬优秀传统文化的系列讲话精神，为了更好地贯彻实施中共中央办公厅、国务院办公厅印发的《关于实施中华优秀传统文化传承发展工程的意见》以及河南省委省政府印发的《华夏历史文明传承创新区建设方案》，为了更好地发挥好张姓祖根地这一平台的作用，河南省濮阳县为中华张姓祖根地作了进一步的权威认定。为此，本报告在多年来学术界研究成果的基础上，结合濮阳当地的张姓文化遗存研究现状，对河南省濮阳县为中华张姓祖根地作如下论证，提请各位专家审议。

一、濮阳关于张姓起源与张姓文化研究工作的缘起和背景

濮阳老城古称“卧虎城”，县志载“前方后圆，状如卧虎”。老城东南隅约5公里为“卧虎城”之老虎台，这里是濮阳市海拔高点之一。老虎台松柏苍翠，绿草茵茵，一派肃穆静谧气象，中央为张姓始祖陵墓。老虎台南望为秦汉金堤，白杨伟岸，黄龙伏地，尽显固若金汤之势。千百年来，方圆几百里甚至更远的张姓人士，每逢清明节和农历七月十五等祭祀节日，纷纷来到濮阳张姓始祖墓前顶礼膜拜。濮阳本地张姓人士更是抬着祭品，先往张姓始祖墓地施礼，而后再行自家祖茔祭典。然而，千百年来张姓子孙至诚恭祭的这个张姓始祖到底是谁，30年前只知道是张姓始祖，也知道濮阳老早就有“张姓老家”的传说，但官方层面还没有组织更深的探究。

上世纪80年代,随着改革开放的不断深入和经济的快速发展,国内姓氏文化研究如雨后春笋,焕发勃勃生机,海内外寻根问祖之风日渐升温,中华姓氏研究工作进入一个新的春天。1987年濮阳县西水坡"中华第一龙"出土,全国考古界、史学界的专家学者聚焦濮阳上古文化,"张姓起源于濮阳"这一课题,也悄然进入专家的视野。以时任河南省中原姓氏文化研究所所长谢钧祥先生为代表的一大批专家、学者,经潜心研究,提出了"张姓源于濮阳"的论断。1993年,河南冬阳影视公司根据河南省姓氏专家研究的成果拍摄了《张氏源流》电视片。该片相继在河南电视台、中央电视台、东南亚一些国家电视台播放后,引起了强烈反响。濮阳市委、市政府和县委、县政府高度重视,时任濮阳市委书记张以祥明确指示:濮阳县委、县政府一定要"认真考察、弄清楚张姓起源于濮阳的历史事实"。自此,拉开了濮阳县张姓文化研究的序幕,踏上姓氏文化的征程。

二、张姓文化研究历程

我县张姓文化研究工作,大体经历两个阶段。

(一)考察阶段(1994年10月至1995年2月)

1994年10月,濮阳县委、县政府召开第一次张姓起源学术研讨会。时任县长闫道忠、宣传部长刘巧云、副县长刘善章同志主持并讲话。会议邀请原濮阳教育学院、濮阳市政协、濮阳县政协、文化局、史志办以及其他地市的考古、历史、姓氏研究等方面的学者25名,就"张姓源于濮阳"进行初步探讨。《大河报》、《濮阳日报》、濮阳电视台等特派资深记者参会,进行分析论证。经初步探讨,与会专家学者对"张姓源于濮阳"形成了初步共识。1994年11月县委、县政府决定成立“濮阳县张姓起源考察小组”，刘巧云部长负总责，张新芝副部长任组长，张焕书、王德英、焦进文、王宗艳等学者为成员。

考察历时4个月，先后赴河南郑州、河南开封、河北清河、山西太原等地进行考察，请教专家学者，广泛查阅、收集有关历史文献资料，实地考察古黄河、古清河故道，专访清丰、内黄等周边县史志工作者，撰写出《张姓起源考察报告》，为我县开展张姓文化研究奠定了坚实基础。

（二）论证阶段（1995年2月至1996年5月）

为进一步搞清张姓起源的史实，1995年2月，濮阳县委、县政府邀请国内著名专家学者召开了第二次张姓起源学术研讨会。会议由时任宣传部长刘巧云、副县长刘善章主持，县长闫道忠、县委副书记何广博到会讲话。与会人员有：时任河南省侨办主任张华；时任河南省侨联秘书长林坚；时任河南大学党委副书记张放涛；河南大学教授朱绍侯、陈昌远、周宝珠；河南省社会科学院历史研究所原所长程有为、副研究员王大良；河南省地方史志办公室原副主任杨静琦、姚仲杰；河南省姓氏专家谢钧祥；濮阳市政协文史委原主任王培勤；濮阳市地方史志办公室编辑郭永和；濮阳广播电视大学原校长张子琳；原濮阳教育学院教授张孟祥、田璞；濮阳市教育局原局长郑国庆；濮阳市地方史志办公室编辑田聚常；南乐县史志办公室原主任、编审史国强。新华社记者古谱，《光明日报》记者李文，《河南日报》驻濮阳记者站站长刘运峰，《濮阳日报》副总编杨吉昌，《中原日报》副社长、副总编张玉忠等参加了研讨会。专家们听取了张新芝组长的《张姓起源考察报告》，会议形成的共识，正如朱绍侯在《张姓祖根在濮阳非我创见，古已有之》一文中论述的那样：“在会上，学者们都从各自研究专业出发论证了张姓祖源问题，除在个别细节问题上有不同意见外，基本上都同意张姓祖根在濮阳的说法。”会后，与会学者从各自专业的角度撰写论文，论证了张姓祖根在濮阳的问题，并出版了《龙乡寻根》一书（河南教育出版社 1996 年版）。《龙乡寻根》的出版，是与会学者的共识，也是有关张姓祖根在濮阳的客观表述。

本次研讨会之后，时任宣传部长刘巧云、副县长刘善章于 4 月份、6 月份两次赴京向有关专家学者汇报了我县张姓起源的研究成果，受到了专家学者们的肯定和赞扬，并欣然题词。

中国社科院历史研究所所长，著名历史学家、考古学家李学勤题词：濮阳为古帝丘，颛顼故居，张氏系青阳之后，世代望族，弘扬中国传统文化，前景无限。

北京大学教授、著名哲学家张岱年题词：濮阳本颛顼故都，今为中州胜地。张姓源出于濮阳，历代名贤辈出。

中国社科院著名历史学家、考古学家张政烺题词：弘扬中华文化优良传统。

中国历史博物馆研究员，著名历史学家、考古学家傅振伦题词：张姓出自濮阳，人杰地灵，宋有四十三望，振兴中华，人人有责。

故宫博物院原院长、著名考古学家张忠培题词：张姓源于濮阳，历代地灵人杰。

中国社科院著名历史学家杨向奎题词：张姓寻根在濮阳。

国家文物局原局长张文彬题词：发挥姓氏资源优势，振兴濮阳区域经济。

北京大学历史文化研究所所长、中华炎黄文化研究会常务副会长兼秘书长张希清题词：张姓族源，地灵人杰，代有俊秀，各领风骚。

著名军旅作家魏巍题词：弘扬中华文化，增强民族团结。

著名作家李准题词：张姓华夏巨族，濮阳人杰地灵。

文物学家谢辰生题词：濮阳张姓五千秋，源远流长誉九州。挥殿落成功德著，俯首静观眼底收。

著名历史学家、河南大学教授、河南省历史学学会原会长朱绍侯题词：张姓祖根在濮阳，颛顼故都更辉煌。

著名姓氏学家谢钧祥题词：黄帝之孙挥观弧星创制长弓及矢，任弓正，被帝颛顼赐姓张姓，祖根在濮阳。

中华姓氏文化研究会原副会长、河南省地方史志办公室原副主任杨静琦题词：挥公创弓箭，张氏源濮阳。

三、“张姓起源于濮阳”的历史文化遗存

濮阳位于河南省东北部，冀、鲁、豫三省交界处，东望泰岱，西倚太行，南临黄河，位于中原腹地。濮阳古称帝丘，上古时为黄帝部族与东夷部族的交界区域。黄帝之子玄嚣封于顿丘（今属濮阳），黄帝之子昌意住于南乐（今河南南乐），筑“昌意城”。五帝之颛顼、帝喾都曾以此为都，且二帝死后皆葬于帝丘（今河南濮阳）之畔，是为今日之“颛顼帝喾陵”。1987 年在濮阳西水坡发掘出土的蚌砌龙、虎图案墓葬，据测定其年代距今 6500 年左右，蚌壳龙被考古界公认为“中华第一龙”。造字圣人黄帝史官仓颉，其陵墓位于今濮阳市南乐县境内，被称为“盘古斯文地，开天圣人家”。五帝之一的舜帝生于姚墟（今濮阳东南），《史记·五帝本纪》载：“舜耕历山，渔雷泽（今濮阳东南），陶河滨（古黄河）”，因此濮阳亦称为“舜帝故里”。拥有如此众多上古文化遗存的濮阳，正是上古同时期的张姓始祖挥公出生、成长、建功立业、受封得姓的地方和死后陵寝地，也是与张姓得姓关系极为密切的上古文化沃土。

（一）颛顼遗都与张姓起源

上古时期帝颛顼建都帝丘，是黄帝部族与以东夷族为代表的各部族博弈

的胜利成果，是黄帝之后颛顼帝统一版图、创新历法、促进部族整合的象征，也是帝丘作为颛顼时代政治、军事、经济中心的重要标志。与颛顼帝同为黄帝之孙的挥公，睿智英勇，是帝颛顼的重要帮手之一。挥公观弧星制弓矢。弓箭用于生产，极大地提高了生产力，使当时社会的生产生活水平得以提高；用于战争，第一次极大地改变了作战方式，可以远距离杀伤敌人。帝丘当时地处颛顼部族与东夷部族交界地区，加之内有蚩尤部族之乱，作为颛顼帝弓正官的挥公，无疑也要在帝丘辅佐颛顼帝开展生产和军事斗争。另外，挥公的父亲玄嚣封地是顿丘，在帝丘附近，也足以证明挥公从小就随父在濮阳地区生活、成长。

（二）仓颉陵与张姓起源

位于今濮阳南乐县境内的仓颉陵，经考古勘探，地下有龙山文化和仰韶文化层，表明在上古时代，这里确有先民活动。仓颉为黄帝史官，史尊“造字圣人”，充分反映了上古时期，濮阳一带确为黄帝、颛顼部族的文化中心。正如《荀子·解蔽》载：“故好书者众矣，而仓颉独传者，壹也。”特别是帝颛顼建都帝丘之后，制历法，定九州，创乐礼等，真正在黄帝之后完成了部族统一，促进了文化发展。这种时代进步，使身为颛顼帝重要帮手的挥公能够在发展的文化之中，观弧星制弓矢，完成伟大创造。

（三）“中华第一龙”与张姓起源

1987 年濮阳“中华第一龙”的出土，震惊了世界。考古学家、史学家从多角度探究蚌砌龙、虎图案的奥秘。其中两个重要观点尤为轰动：一是墓主人左右龙虎，与上下摆放物构成了“天文四象”图案，这一观点足足把中国的天文气象史向前推进到 6000 年前；二是不少汉字学专家发现，墓主人两侧的龙虎图案与象形文字“弓”“长”又是十分的相像。弓、长相合即为张,由此推断“龙、虎”图又为“弓、长”图,这应视为发现最早的“张”字分解的考古奇迹。与此形成契合对照的是,濮阳一带早有张为“龙虎张”的说法,张姓族人也以“龙虎张”引以自豪。研究和探秘还在继续,但有一点可以肯定,“中华第一龙”蚌壳测定距今为6500年左右,这足以说明,古帝丘濮阳一带,在很早的上古年代,我们的先民已经拥有相对领先的文化活动,这些文化活动亦为颛顼部族生存、发展和挥公发明弓箭提供了一定的文明基础。

另外,在濮阳一带,“张家庙会”“张家箭术班”“张家礼乐队”“弓箭太极功”等非物质文化遗产种类繁多,充分反映了濮阳作为张姓祖根地深厚的文化根基。

四、当今学术界关于“张姓起源于濮阳”的主要研究成果

(一)张挥为张姓始祖

张挥,上古时期的华夏部族人,古文献中多有记载,确有其人,始制弓矢。

《世本》载:“张氏,黄帝第五子青阳生挥,为弓正,观弧星始制弓矢,主祀弧星,因姓张氏。”唐代《元和姓纂》所引与此相同。

北宋《姓解》载:“张氏,生自轩辕第五子挥,始造弦弧,以张网罗取禽鸟,世掌其职,遂以为氏。”《广韵》所记与此略同。

《路史·后纪五》载:“黄帝子挥封于张,为张氏。”

《新唐书·宰相世系表》载:“张氏出自姬姓。黄帝子少昊青阳氏第五子挥为弓正,始制弓矢,子孙赐姓张氏。”

明代《张氏统宗世谱》载:“吾张氏得姓者,自轩辕黄帝第三妃彤鱼氏之子曰挥,观弧制矢,赐姓张氏,官封弓正,主祀弧星。”

清乾隆朝重修《张氏族谱·受姓渊源考》载："张氏出自黄帝轩辕氏，生少昊金天氏，又号青阳氏，第五子挥始制弓矢，官为弓正，主祀弧星，世掌其职，赐姓张氏。"

以上史书皆认为张挥为张姓始祖。而只有《通志·氏族略》认为解张为张姓始祖，但在解张之前的周宣王时期就有"张仲孝友"的明确记载，可见解张为张姓始祖的说法不成立。

（二）张挥为黄帝之孙

张挥与黄帝的关系，历史记载不一。一曰张挥为黄帝之孙，二曰张挥为黄帝之子。按史书记载早晚和引用关系以及部族延续史分析，《世本》主张的"张氏，黄帝第五子青阳生挥"，即挥公为黄帝之孙的说法应该是可信的，也是史学界认识较为一致的观点。朱绍侯教授对此进行了深入的分析论证，他在《张姓祖根在濮阳》一文中论述：

"根据《国语·晋语》的记载：'凡黄帝之子，二十五宗，其得姓者十四人为十二姓（有二人同为姬姓，二人同为已姓）。姬、酉、祁、已、滕、箴、任、荀、僖、姞、儇、依是也。'在这十二姓中没有张姓，可以断定挥不是黄帝之子，而是黄帝之孙。但挥是黄帝哪个儿子之子，各书记载也不相同。一说是青阳之子，一说是青阳少昊之子。据古书记载，黄帝之子中，有两个青阳氏，除少昊之外，还有一个青阳玄嚣。据《史记·五帝本纪·索隐》考证：'皇甫谧及宋衷皆云玄嚣青阳即少昊也。'企图调解少昊、玄嚣两个青阳氏并存的矛盾。但据现代学者的研究成果，少昊金天氏是东夷族的首领，与黄帝族不是一个族系，这就排除了少昊为黄帝之子、挥之父的可能性。另外，从姓氏学的角度来看，少昊为已姓，玄嚣为姬姓，而挥在得姓之前亦为姬姓，这就说明挥只可能为玄嚣之子，不可能是少昊之子。所以《路史》注说：'以挥为少昊第五子尤无据也。'"

（三）张挥为弓箭的发明者

古文献对弓箭的发明者记载不一致。《周易·系辞》曰："黄帝、尧、舜……弦木为弧，剡木为矢。"《说文》解释："弧，木弓也。"

《世本》曰："挥作弓。"

《山海经·海内经》曰："少皞生般，般是始为弓矢。"

《荀子·解蔽》曰："倕作弓，浮游作矢，而羿精于射。"

《墨子·非儒下》曰："古者羿作弓。"

弓的发明者就有黄帝、尧、舜、挥、般、倕、羿等。但就发明弓矢记载的完整性而言，未必有人能与张挥相比。张挥制弓矢，灵感来源于弧星，因首制，封为弓正官，因职得姓曰张，"张"字又与"弓""长"相吻合，形成一组论证链，应确凿无疑。

（四）张姓起源于濮阳

1.黄帝子孙封邑佐证张姓起源于濮阳

"嫘祖为黄帝正妃，生二子，其后皆有天下：其一曰玄嚣，是为青阳，青阳降居江水；其二曰昌意，降居若水。"意思是说玄嚣降生于江水，封邑在青阳，因此其子挥理应成长、生活在青阳。帝丘在上古时期是东夷族势力和黄帝族势力的交界地区，因此黄帝必须在帝丘设防，所以才把其子玄嚣封于青阳（史上亦称顿丘），令其子昌意在昌乐筑城，古称"昌意城"，形成以血脉为纽带的领导、防御和作战体系，之后在涿鹿大败蚩尤。至黄帝之孙、昌意之子颛顼帝时，遂以帝丘濮阳为都，其后玄嚣之孙帝喾也以帝丘为都。由此可见，张姓始祖挥幼年随其父玄嚣生活在濮阳，成人后辅佐其堂兄帝颛顼任弓正，生活、劳作在濮阳也是顺理成章之事。朱绍侯、张新斌、谢钧祥、程有为、张放涛等教授、学者，也都从挥公时代的政治、经济、文化角度分析论证了这一结论，认为濮阳作为颛顼时代的帝都，作为颛顼部族主要活动区域和军事战略部署的核心区，就是张挥成长、生活、发明弓箭的地方。

2.地望研究成果将张姓祖根地直指濮阳

上古时期，对黄帝部族、颛顼部族这样规模很大的部族来说，各方面条件是否适合生存、有没有先民活动是极为重要的。许顺湛、孙德萱、王培勤等专家、学者从历史、自然、地理的角度分析论证，认为濮阳在上古时期的自然气候宜人，水文、地理地貌等适宜人类居住，是华夏族的居住圣地和祖茔圣地。继之，邹逸麟编著的《中国历史地理概述》在论述植被时写道："我国直至春秋时代，在古今植被变化最大的华北平原上，人口还十分稀少；河北平原中部还存在一片宽阔的、空无聚落的地区，各城邦国家之间还存在瓯脱地带。"在论及古代农业区的历史变迁时，又述及"从新石器时代开始，经商、周以至春秋时代，河北平原中部长期存在一片极为空旷的人迹稀少的地区"，这些论述与国家水利部黄河水利委员会论述黄河变迁时的描述是一致的。由此可以证明，辅佐颛顼帝的张姓始祖挥公只能是在中原腹地濮阳一带，而非河北平原的其他地方。

地望考中一个重要问题是关于"青阳""清河"的问题。挥公之父玄嚣封邑为青阳。古代"青"和"清"通用，又以山南水北为阳，所以人们认为青阳就是清水的北面。著名学者程有为曾撰文指出："古代的清水有两个源头：一是河南省修武县北黑山，二是今山西省高平县。后者就是古代的丹水，它向南穿过太行山，东流入吴泽陂，然后注入发源于修武县北黑山的清水。再向东北流，经今河南省新乡市、卫辉市、淇县、内黄县，然后进入河北省的魏县、清河县、沧州市，至天津入海。"而古清水流经的今内黄段，位置上从古到今都在帝丘濮阳区域，濮阳古县志对清水、清河亦有明确记载。今天，濮阳帝丘遗址仍有清河故道，并有清河头乡人民政府为证。由此可见，清河是一个流域，而不是指今天的清河县，且濮阳在清河上游，清河县在清河下游。加之有挥公之父封邑在青阳的历史记载，更足以得出青阳之畔诞生的张姓始祖挥公肯定是成长、建功在濮阳，而非其他地方。程有为同时指出："张姓得氏于河北清河的说法见于明代嘉靖年间纂修的《张氏统宗世谱》。这部谱书的《得姓郡望》篇说：'挥，观弧制矢，赐姓张氏，官封弓正，主祀弧星，居尹城，国于青阳，后改清河郡。此张氏得姓之由。'意思是说青阳是挥造弓矢、封弓正、祀弧星的地方，也是张氏得姓的地方。但是没有文献记载河北清河是'帝后所都'，黄帝、颛顼、帝喾等都没有在这一地区活动，挥也不大可能在这一地区生活。"至于河北张氏，作为张姓郡望亦是张良后裔张岱自河内迁入清河之后的事了。至于清河堂号则是更晚的事情了。这在《新唐书·帝相世系表》中有明确记载："清河东武城张氏本出汉留侯良裔孙司徒歆。歆弟协，字季期，卫尉。生魏太山太守岱，自河内徙清河。"

3.考古学、古部族图腾研究成果证明张姓起源于濮阳

1987年在濮阳西水坡出土的距今6500年左右的蚌砌"中华第一龙"，考古学家已经认定，在距今6000多年前，人类先民曾经在濮阳一带有了大规模的活动。并且中国是龙的国度，中国人自称是"龙的传人"。而与之契合的颛顼、挥公时代，与龙文化有着密切关系。早在黄帝时期就有了对龙的崇拜，《竹书纪年》说黄帝"龙颜"，《史记》说黄帝"生日角龙颜"。到了颛顼时期，同样把龙作为部落图腾，如颛顼之孙祝融又名烛龙。帝喾时部族的图腾仍然是龙，以至延续到尧都是如此。由此可见，黄帝及其后继者无一不把龙作为自己的图腾加以崇拜。张挥生活在这样的环境之中，无疑也是一位把龙作为自己崇拜对象的人。据史书记载，"雷泽中有雷神，龙身而人头"，而雷泽就在濮阳东部不远处。著名学者刘蓬春、王大良据此撰文："因此我们应该更加确信张姓的始祖张挥所生活的地区以及张姓的发源地，就在今天的濮阳一带。"

4.众多张氏族谱明确记载张姓起源于濮阳

族谱是中华民族各姓氏同一家族共同的家书。“家之有谱，犹国之有史。”国家档案局、教育部、文化部也曾表示：“家谱是我国宝贵文化遗产中亟待发掘的一部分。”据《张姓渊源》一书初步考察，截至2003年，仅河南省就发现现存清代以来张氏族谱127部，数百卷，其中，不少族谱中清楚地记载着张姓起源于帝丘濮阳。

值得一提的是，2003年2月福建泉州爱国归侨、姓氏学家、族谱收藏家张醒民先生，给濮阳张姓文化研究会寄送了《〈山阴白鱼潭张氏族谱〉重修族谱叙》，该叙中有如下几条记载：

张之受姓，昉于轩辕之子，天下之张，厥初无不本于一人耳，濮阳吾祖之所自出。

吾家本名族，受姓轩辕氏，濮阳蕃本根。分合清有几，有斐乖崖公，勋名照青史。

乖崖久矣典刑存，赖有曾孙演庆源。兵后沧桑徒自改，世间宗法尚堪论。谢庭育秀多兰玉，窦武联芳在一门。谱牒几枝犹散落，濮阳谁为问诸昆。

这部由宋代工部尚书张咏纂修的族谱，也明确记述了濮阳就是张姓祖根地的史实。

五、濮阳举办了中华张姓拜祖大典系列活动，已成为全球张姓华人的心灵圣地

三十年辛勤耕耘，濮阳张姓文化活动硕果累累。展望未来，我们对张姓文化取得更大的社会效益乃至更大的文化产业效益充满信心。

(一)三十年来濮阳张姓文化活动的主要成就

1.濮阳张姓文化组织不断加强

为促进包括张姓文化在内的传统文化发展,濮阳县委、县政府专门成立了“传统文化建设推进组”,专门统筹传统文化及文化产业化的发展,在更高层次上科学整合了政府、社会、企业以及个体的文化资源和财力优势,能够更广泛地动员方方面面的积极性,推动文化事业快速发展。在社会组织方面,1995年成立濮阳张姓文化研究会,研究会成员老、中、青力量搭配合理,人才济济。研究内容从单一的起源、内涵及动态演变逐步向传统文化与当代文化整合发展转变,逐步由文化研究向文化研究与文化产业化研究并重转变。2016年研究会又发起成立了挥公文化传播有限公司,期望以文化研究推动文化产业发展,以文化产业支撑文化研究,逐步形成文化研究与产业发展良性互动的新文化业态。

2.硬件设施建设不断完善

1998年,濮阳县政府在原来挥公墓的基础上,筹资建成占地80余亩的“挥公陵园”。2000年又扩地至1500亩,将挥公陵园扩建成“千亩挥公森林公园”。2004年又投巨资兴建“挥公大殿”和“张氏会馆”。2010年进一步完善了陵园道路、张姓文化馆和弓箭文化馆,装修了千米张姓文化墙等。挥公园经几次修建扩建,其规模、档次与文化内涵等方面,在海内外张姓文化设施中独步天下,已成为世界张姓族人寻根谒祖的精神家园。

3.濮阳作为中华“张姓祖根地”的地位得到确立和巩固

濮阳张姓研究会于20世纪90年代两次举办张姓文化高端论坛,众多国内外知名专家、学者携大批张姓文化研究成果云集濮阳,为确立濮阳张姓祖根地的地位提供了理论支撑。以中国著名历史学家、河南大学教授朱绍侯先生为代表的众多专家学者为濮阳张姓文化著书立说、题词镌铭，为确立濮阳张姓祖根地的地位提供了有力佐证。濮阳有关考古进程，诸如濮阳“中华第一龙”的出土及学术研究的深入开展，为张姓起源于濮阳提供了直接的考古证据。

4.濮阳张姓文化交往，已成为国家民间外交的一支重要力量

2003年在马来西亚诗巫市，经过濮阳张姓研究会多方协调，促成了世界张氏总会的成立，并在成立章程上写入了“反台独、反分裂”的条款，同时明确了濮阳为全球张姓华人祖根地的地位。濮阳张姓研究会作为张姓祖根地的代表和世界张氏总会的主要发起者之一，历届世界张氏总会都由濮阳张姓研究会会长担任副会长、永久名誉主席等职务（目前在世界张氏总会，濮阳有三位副会长，一位永久名誉主席）。在世界张氏总会的有关会议及各项活动中，濮阳张姓研究会的意见举足轻重。每次世界张氏总会换届后，濮阳张姓研究会都力促新一届世界张氏总会主要负责人向中国政府汇报思想和工作布局，得到了中国政府的高度重视。

（二）濮阳中华张姓拜祖大典系列活动已经形成独具特色的文化品牌

濮阳先后多次成功举办世界张姓恳亲大会。由于省、市、县三级党委、政府的高度重视，来宾涉及十多个国家和国内二十多个省市，每届人数逾千，多者达三千之众，其中包括了诸如马来西亚丹斯里拿督张晓卿先生等众多海外知名企业家和政治家。特别是这三届，曾任全国政协副主席的张克辉、张思卿、张梅颖也分别莅临参加。恳亲大会的成功举办，极大地提高了濮阳作为张姓祖根地的影响力和向心力，极大地提高了濮阳的文化软实力和知名度。

从2011年开始，濮阳每年都举办相当规模的张姓恳亲大会，举办水平不断提高。一是恳亲大会的组织程序和礼仪形式不断规范。积极吸收借鉴海内外有关传统文化活动的成功经验和做法，使拜祖活动及大会期间的其他文化

活动更加严谨有序,更好地体现了中华民族优良的民族传统和优秀的传统文化。二是大会的活动内容不断丰富,更好地展示了张姓祖根地——濮阳丰厚的文化内涵。如拜祖仪式增加了“汉仪祭礼”“功舞祭拜”,大会期间增加了世界挥公颂书法、绘画、摄影大赛等。三是坚持社会效益和经济效益相统一的原则,大会期间注重经济合作事项,把经济合作、项目对接纳入重要议程,专题举行经济合作、招商引资会议。

从2016年开始,濮阳张姓恳亲大会更名为“中华张姓拜祖大典”。经过2016年一年的实践证明,更名后的活动不论从组织、内容及成效等各方面看,都明显上了一个新台阶,使张姓文化活动更具吸引力和影响力,平台更加广阔,作用更加突出。总的来看,通过濮阳张姓拜祖大典系列活动,一个文化濮阳、开放濮阳、包容濮阳、朝阳濮阳正大踏步展现在世人面前。濮阳作为世界张姓华人寻根谒祖的心灵圣地,已经向海内外展现出无穷的魅力!

(三)抓住机遇,乘势而上,努力将濮阳打造成以张姓文化为代表的根亲文化圣地

我县今后传承发展张姓文化的基本思想是:以中央《关于实施中华优秀传统文化传承发展工程的意见》和河南《华夏历史文明传承创新区建设方案》(以下简称《方案》)为指导,以建设张姓根亲文化为抓手,推动姓氏文化、舜帝文化全面发展;以传统文化发展促进精神文明建设,以发展传统文化产业创新县域经济。具体设想是:

1.积极制定相应方案,谋划具体措施。省委《方案》在战略定位中把“全球华人根亲文化圣地”放在首位,要求“发挥中原根亲文化资源优势,开展寻根拜祖文化活动”。为此,濮阳县委、县政府将会凭借我县姓氏文化资源丰富的有利条件,尽快谋划我县贯彻省委《方案》的具体方案,采取得力措施包装

打造一批与省委、省政府《方案》一致的重大项目,尽早与省有关部门对接联系,核心是打响、扮靓如张姓文化、舜帝文化等一些成型品牌。

2.尽快建立、健全组织,实行常态化机制。濮阳县委、县政府在制定具体方案的基础上,谋划成立濮阳县“根亲文化研究院”和“根亲文化发展中心”两个机构。以研究院为主体深入挖掘和整合以濮阳县张姓文化、舜帝文化等为标志的姓氏文化资源,研究海内外根亲文化动态和我县根亲文化优势特点,研究我县根亲文化发展的途径和方向,以此形成文化高地。以根亲文化发展中心为主体,全面推进以根亲文化为载体的产业发展,包括根亲文化本身的产业经营、根亲文化产品的打造与开发等。

3.建设根亲文化主题基地,使濮阳成为全球张姓同胞的精神家园和心灵故乡的重要承载地。经过20多年的发展,我县张姓、舜裔等姓氏文化基地建设已经有了一个很好的基础。接下来的关键任务是使这些基地按照《方案》要求,形成内容丰富、设施完善的主题基地。下大力气筹建好弓箭比赛基地、弓箭训练基地、运动员教练员食宿中心,简称“两基地一中心”工程,同时打造中华张姓寻根博物馆等。总之,我们将通过3年至5年的努力,将这些姓氏文化主题打造成中华优秀传统文化符号。

4.以政府为主导,以群团组织为依托,大力开展寻根拜祖文化活动,不断提高濮阳的文化软实力。以张姓文化活动为例,濮阳目前有两块招牌,一个是每年4月28日的“世界张姓拜祖大典”,一个是“世界挥公颂书画摄影大赛”。为了扩大这两块招牌的影响力,要以政府为主导,依托张姓文化研究会等群团组织的联谊优势,着力打造以张姓为标志的根亲文化圣地。

5.加大宣传力度,进一步解放思想,深刻认识省委《方案》对中原经济区文化建设的巨大作用。县委、县政府将抓住《方案》出台这一机遇,迅速打造我县根亲文化优势的宣传氛围,力争占领全省根亲文化的宣传先机。同时,在我县内部将通过宣传达到解放思想、统一思想的目的。从长远看,根亲文化宣传工作要形成独立机制，充分利用新媒体、自媒体的优势，不断强化宣传主体和宣传效果，使濮阳根亲文化走向海内外。

6.全面发力，融入到我省历史文化传承创新区建设中来。一是整合我县张姓根亲文化、舜帝文化、金堤河湿地公园等资源，重新规划，三位一体同步推进，打造成融传统文化教育与自然生态为一体的旅游景区。二是衔接濮阳市杂技体验示范区、南乐汉字文化、内黄二帝陵文化遗址景区，打造豫北传统文化主题基地。三是扩展张姓文化内涵，加强弓箭文化研究与继承，做好弓箭文化的申遗等工作。四是完成“世界张氏大宗祠”建设，建筑面积达3000平方米，将全球张氏开基祖塑像和各地文化特色布设其内，使其成为张姓源流史馆及张姓族人精神家园的新领地。

六、结论

综上所述，河南省濮阳县为“中华张姓祖根地”已是不争的事实。丰富的历史文献记载和文化遗存确立了濮阳在张姓文化中的地位，当今学者的研究和论证为张姓文化传承理清了根源。濮阳独具张姓文化特色的众多非物质文化遗产继续展现出活态文化的勃勃生机。

河南省濮阳县人民政府

2017年3月

“濮阳县为中华张姓祖根地研究认定会”纪要

2017年4月25日至26日，由河南省姓氏祖地与名人里籍研究认定中心主办、濮阳县人民政府承办的“濮阳县为中华张姓祖根地研究认定会”在濮阳市隆重召开。来自中国社会科学院、北京大学、中国青年政治学院、郑州大学、河南省社会科学院、河南省文物局等单位的文史、考古和姓氏学专家齐聚一堂，就中华张姓起源地问题进行了认真深入的研讨，并达成以下共识。

一、挥乃张姓始祖

与会专家据大量文献记载，一致认为挥是中华张姓的共同始祖。《秘笈新书》引《元和姓纂》说：“黄帝第五子青阳生挥，为弓正，观弧星始制弓矢，主祀弧星，因姓张氏。”此种说法得到绝大多数姓氏学家和张姓族人的认可，《姓解》《广韵》《新唐书·宰相世系表》《路史》《古今姓氏书辩证》《名贤氏族言行类稿》《姓氏急就篇》等史籍均称，挥因主祀弧星，发明弓矢，任弓正之官，其后有张氏，挥为张姓始祖。在张姓墓志、家谱中把张姓起源追溯至挥者比比皆是。

二、挥为黄帝之孙，颛顼时任弓正之职

《元和姓纂》《新唐书·宰相世系表》《古今姓氏书辩证》《名贤氏族言行类稿》《姓氏急就篇》等史籍均认为挥为黄帝之孙，张姓墓志、家谱也多采纳此种观点。挥与颛顼同为黄帝之孙，生活在同一时代，因发明弓矢，被颛顼任命为弓正之官。

三、挥的重要活动地在今河南濮阳县

挥既为颛顼弓正之官，其活动地应在颛顼帝都附近。关于颛顼建都之地，西晋史学家皇甫谧认为在“东郡濮阳县”，即今天的濮阳县。西晋史学家杜预也说：“帝丘，今东郡濮阳县，故帝颛顼之虚，故曰帝丘。”《汉书·地理志》《水经注·瓠子河》等也说帝丘在今河南濮阳。考古工作者在卫国都城遗址所在地濮阳市五星乡高村，发现了龙山文化时期的城址，应与帝丘遗址有密切联系。黄帝部族是以龙为图腾的部族，《竹书纪年》说黄帝“龙颜”，《史记》说黄帝“生日角龙颜”。到了颛顼帝部族时，同样把龙作为部落图腾，如颛顼之孙祝融，又名烛龙。1987 年 5 月，考古工作者在濮阳西水坡一带的考古发掘中发现的蚌塑“龙虎”和“人骑龙”图案，在时代上与颛顼时期基本吻合，是迄今发现最早的龙的图形，被学界誉为“中华第一龙”，为挥及其部落在当地的活动提供了有力的考古学证据。

四、张姓起源于濮阳得到张姓族人的认同

在不少张姓族谱中明确记载张姓起源于濮阳。如，明弘治年间《〈山阴白鱼潭张氏族谱〉重修族谱叙》就明确记述濮阳为张姓祖根地："张之受姓，昉于轩辕之子，天下之张，厥初无不本于一人耳，濮阳吾祖之所自出。"

由此，与会专家做出以下认定：黄帝之孙、颛顼弓正挥是中华张姓得姓始祖，河南省濮阳县为中华张姓祖根地。

河南省姓氏祖地与名人里籍研究认定中心

2017 年 4 月 26 日

在“濮阳县为中华张姓祖根地研究认定会”上的讲话

魏一明

尊敬的震中所长、希清所长，各位领导、各位专家、各位嘉宾：

大家上午好！

在这绿意盎然、气候宜人的美好时节，大家从全国各地汇聚濮阳，参加由河南省姓氏祖地与名人里籍研究认定中心主办，河南省濮阳县人民政府承办的“濮阳县为中华张姓祖根地研究认定会”，我谨代表主办方河南省姓氏祖地与名人里籍研究认定中心，对此次研讨会的召开表示热烈祝贺！对与会的各位专家、学者表示热诚的欢迎和衷心的感谢！

党的十八大以来，以习近平同志为核心的党中央高度重视挖掘和弘扬中华优秀传统文化，并将其作为治国理政的重要思想文化资源。习近平总书记指出：“优秀传统文化是一个国家、一个民族传承和发展的根本，如果丢掉了，就割断了精神命脉。”今年年初，中央办公厅、国务院办公厅出台的《关于实施中华优秀传统文化传承发展工程的意见》，更是把实施中华优秀传统文化传承发展工程提升到传承中华文脉、全面提升人民群众文化素养、维护国家文化安全、增强国家文化软实力、推进国家治理体系和治理能力现代化的高度。姓氏文化作为中华传统文化的重要组成部分,其中蕴藏的优秀文化因子,自然属于需要传承发展的对象。

河南省姓氏文化资源丰富,是社会主义强国建设的重要资源。河南省委、省政府高度重视姓氏文化资源传承发展工作,2011 年《国务院关于支持河南省加快建设中原经济区的指导意见》要求充分保护和科学利用全球华人根亲文化资源,提升具有中原特色的文化内涵,增强对海内外华人的凝聚力。河南省领导人对根亲文化非常重视,提出要“突出‘老家河南’主题,打造根亲文化品牌”,建议将黄帝故里拜祖大典上升到国家层级。2016 年 9 月,河南省委、省政府印发的《华夏历史文明传承创新区建设方案》,提出要实施全球华人根亲文化圣地建设工程,强调要“发挥中原根亲文化资源优势,开展寻根拜祖文化活动,发展根亲文化主题旅游,建设根亲文化主题基地,确立一批中华优秀传统文化符号,使河南成为中华民族精神家园和心灵故乡的主要承载地”。前段时间,《华夏历史文明传承创新区建设方案》又做了任务分解,明确了各责任单位,河南全球华人根亲文化圣地建设工程正式进入实施阶段。

改革开放以来,海内外华人回河南寻根活动日益频繁,他们积极投身祖地建设,给祖地带来了巨大的社会效益和经济效益,但也因为姓氏祖地和名人里籍的纷争,给海内外华人寻根带来了困难。为避免各地因学术因素而引起不必要纷争,促进海内外华人寻根谒祖活动的有序开展,2009 年由河南省社会科学院统一组织专家研究进行认定,并成立了“河南省姓氏祖地与名人里籍研究认定中心”。该中心成立以来,先后组织国内著名专家,对“中华曾姓祖根地在方城”“淮阳为中华姓氏起源地”“淮滨为中华蒋姓祖根地”进行了论证,得到了学术界的认可,在社会上产生了重要影响,相关观点已经成为河南省对外宣传的官方观点。

濮阳县是中华民族的发祥地之一,素有“颛顼遗都”“帝舜故里”“中华帝都”之称。为充分发挥濮阳县历史文化资源,濮阳县委、县政府做了大量工作,取得了一定成绩,尤其是在张姓文化资源开发方面,成立了濮阳张姓文化研究会、挥公文化传播有限公司等组织,建成了挥公公园,举办了两次张姓文化高端论坛,举办了多次张姓恳亲大会,张姓后人到濮阳寻根的越来越多,濮阳为张姓祖根地的观点已基本被社会认可。同时我们也应看到,在张姓祖根地问题上,社会上还存在一些不同声音,而且这些不同的声音有放大之势,正在动摇濮阳为张姓祖根地的地位,因此,借助专家学者的力量,对张姓祖根地进行全面研究,拿出权威观点,对于巩固濮阳在张姓起源中的地位非常有必要。

此次研讨会正是在这样的背景下召开的。在此,我诚恳地希望各位专家能够各抒已见、畅所欲言,共同为张姓的发展出谋划策。同时,我也希望濮阳县能以此次研讨会为契机,把张姓文化研究与开发进一步推向深入。

最后,祝愿这次研讨会取得圆满成功!祝愿各位专家、各位来宾身体健康,万事如意!

谢谢大家!

(本文作者为河南省社会科学院党委书记)

关于张姓祖根地的认识

王震中

阅读了河南省濮阳县人民政府《河南省濮阳县为中华张姓祖根地论证报告》，得知濮阳县从 1993 年至 1995 年开展了关于张姓起源于濮阳的调查和研究。濮阳县委、县政府组织人员，先后赴郑州、开封、清河、太原等地进行考察，请教专家学者，广泛查阅、收集有关历史文献资料，实地考察古黄河、古清河故道，专访清丰、内黄等周边县史志工作者，撰写出《张姓起源考察报告》，并召开过两次张姓起源学术研讨会，其结论是张姓祖根在濮阳。

从文献来看，张姓起源于张挥，属于“青阳玄嚣—高辛帝喾”系统：

（一）《世本》载：“黄帝第五子青阳生挥，为弓正，观弧星始制弓矢，主祀弧星，因姓张氏。”由此可知，张姓的始祖为张挥，张挥的父亲乃青阳。此青阳也叫玄嚣。

（二）《史记·五帝本纪》载：“黄帝居轩辕之丘，而娶于西陵之女，是为嫘祖。嫘祖为黄帝正妃，生二子，其后皆有天下：其一曰玄嚣，是为青阳，青阳降居江水；其二曰昌意，降居若水。昌意娶蜀山氏女……生高阳……是为帝颛顼也。……颛顼崩,而玄嚣之孙高辛立,是为帝喾。"

在濮阳县城西25公里处有二帝陵,是颛顼和帝喾之陵。二帝陵陵地古属东郡濮阳,金大定七年(1167年)划归滑县,1940年划归新置的高陵县,1949年划入内黄县。先秦文献记载,濮阳为帝丘,乃颛顼之都。颛顼与帝喾关系如此密切,所以在古代东郡濮阳并存颛顼和帝喾之陵,是很自然的。

张姓的始祖可追溯到青阳,青阳即玄嚣,玄嚣乃帝喾之祖,帝喾陵古属东郡濮阳,这样,张姓的祖根地追溯到濮阳也是合乎逻辑的。

(本文作者为中国社会科学院历史研究所研究员、学部委员,中国殷商文化学会会长)

“张姓祖根在濮阳”乃是古今学界的共识

张希清

我是河南濮阳人，又姓张，参与论证“张姓祖根在濮阳”，难免有有失公允之嫌。我之所以不避嫌疑，参与论证，是因为“张姓祖根在濮阳”乃是古今学界的共识。

其一，古史有证。《世本》载：“黄帝第五子青阳生挥，为弓正，观弧星始制弓矢，主祀弧星，因姓张氏。”唐林宝所撰《元和姓纂》、北宋欧阳修和宋祁所撰《新唐书·宰相世系表》、北宋邵思所撰《姓解》、南宋罗泌所撰《路史·后纪五》、南宋邓名世所撰《古今姓氏书辩证》、明嘉靖年间所撰《张氏统宗世谱》、清乾隆朝重修《张氏族谱·受姓渊源考》等史书记载略同。由此可知，黄帝第五子青阳（玄嚣）的儿子张挥为张姓始祖。

《史记·五帝本纪》载：“黄帝居轩辕之丘，而娶于西陵之女，是为嫘祖。嫘祖为黄帝正妃，生二子，其后皆有天下：其一曰玄嚣，是为青阳，青阳降居江水；其二曰昌意，降居若水。昌意娶蜀山氏女……生高阳……是为帝颛顼也。……颛顼崩，而玄嚣之孙高辛立，是为帝喾。”可知张挥与颛顼均为黄帝的孙子，其时代略同，张挥大概是在颛顼为帝时发明弓矢而官为“弓正”。先秦文献记载，濮阳为帝丘，乃颛顼之都。《左传 · 昭公十七年》载：“卫，颛顼之虚也，故为帝丘。”《史记 · 五帝本纪 · 集解》引皇甫谧曰：颛顼“都帝丘，今东郡濮阳是也”。《汉书 · 地理志》载：“濮阳，卫成公自楚丘徙此。故帝丘，颛顼虚。”《路史 · 国名纪》载：“濮阳，帝后所都，今澶之属县，所谓帝丘，有颛帝城。”现在颛顼和帝喾的二帝陵亦在濮阳县城西约25公里处，现属内黄，古属东郡濮阳。由此可知，颛顼之都在濮阳，则颛顼的弓正张挥的活动场所也应该在濮阳。所以说，“张姓祖根在濮阳”是合乎历史逻辑的。

其二，古今认同。据调查，现存古代张氏族谱达数百部，其中，不少族谱中清楚地记载着张姓起源于濮阳。如北宋张咏所修《山阴白鱼潭张氏族谱》即云：“轩辕赐姓，祖根在濮阳。”明弘治年间《〈山阴白鱼潭张氏族谱〉重修族谱叙》亦云：“张之受姓，昉于轩辕之子，天下之张，厥初无不本于一人耳，濮阳吾祖之所自出。”《宋史 · 张咏列传》记载：“张咏字复之，濮州鄄城人。”张咏以治蜀有名载于史册，官至礼部尚书。鄄城，北宋属濮州，今山东鄄城旧城镇，距濮阳仅十几公里。其所说张姓“祖根在濮阳”是可信的。

今人如中国著名历史学家杨向奎、张政烺、李学勤，北京大学著名哲学家张岱年，国家文物局原局长张文彬，故宫博物院原院长张忠培，河南省历史学会原会长朱绍侯等都认为“张姓源于濮阳”。

由此可见，“张姓祖根在濮阳”乃是古今学界的共识。

（本文作者为中华炎黄文化研究会常务副会长兼秘书长，北京大学历史文化研究所所长、教授）

中华张姓的祖根地在濮阳

杜　勇

在中华民族大家庭中，张姓枝繁叶茂，人口众多，是中华四大姓氏（张王李赵）之一。追本溯源，张姓为黄帝裔氏，本为姬姓，张为其氏。后世姓氏不分，张氏亦称张姓。

张姓始祖挥，古籍言其身世多有歧说。《广韵·一东》“弓”引《世本》曰：“黄帝臣挥作弓。”以挥为“黄帝臣”。宋章定《名贤氏族言行类稿》引《元和姓纂》曰：“黄帝第五子青阳生挥，为弓正，观弧星始制弓矢，主祀弧星，因姓张氏。”以挥为黄帝之孙，青阳之子。《古今姓氏书辩证》略同，未言出自《元和姓纂》或《世本》。南宋《路史·后纪五》载：“黄帝子挥封于张。”此以挥为黄帝之子。然据《国语·晋语四》记载：“凡黄帝之子，二十五宗，其得姓者十四人为十二姓。姬、酉、祁、己、滕、箴、任、荀、僖、姞、儇、依是也。唯青阳与苍林氏同于黄帝，故皆为姬姓。”所言十二姓无张，是知挥非黄帝子。而挥为青阳之子，亦即黄帝之孙，可视为广义上的黄帝之臣。黄帝之子青阳为姬姓，挥亦当为姬姓，所谓张姓实自姓分化而出的氏。上古姓氏有别,姓由于血统,氏由于徽识,且男子称氏,女子称姓,故“挥”不宜称张挥,但为张姓始祖不为无据。

挥公为张姓始祖,其祖根地何在?今有山西太原、河北清河、河南濮阳诸说。《通志·氏族略》:“晋有解张,字张侯,自此晋国世有张氏,则因张侯之字以命氏,可无疑也。”此为山西太原说所本。实则《通志》是说晋国张氏始于解张以字命氏,与张姓始祖无关。清河说虽信从者众,然据《新唐书·宰相世系表》说:“清河东武城张氏本出汉留侯良裔孙司徒歆。歆弟协,字季期,卫尉。生魏太山太守岱,自河内徙清河。”说明汉唐时期张氏为清河望族,亦非张姓祖根地。从相关资料看,濮阳说证据较为充分。《史记·五帝本纪》载:“嫘祖为黄帝正妃,生二子,其后皆有天下:其一曰玄嚣,是为青阳,青阳降居江水;其二曰昌意,降居若水。……昌意之子高阳立,是为帝颛顼也。”据此青阳之子挥适与颛顼同辈,均为黄帝之孙。《左传·昭公十七年》载:“卫,颛顼之虚也,故为帝丘。”杜预注:“卫,今濮阳县,昔帝颛顼居之,其城内有颛顼冢。”《汉书·地理志上》:“濮阳,卫成公自楚丘徙此。故帝丘,颛顼虚。”张姓始祖挥在颛顼帝廷职任弓正,其族氏亦当居此。挥公之父青阳,或因居地得名,意即青水之阳。青水,后世又称清水。《水经·清水》:“清水出河内修武县之北黑山……东北过获嘉县北……又东过汲县北……又东入于河。”郦道元注:“清口,即淇河口也,盖互受其名耳。《地理志》曰:清河水出内黄县南,无清水可来,所有者惟钟是水耳。盖河徙南注,清水渎移,汇流径绝,余目犹存。故东川有清河之称,相嗣不断。”是清水经今河南修武、获嘉、卫辉、濮阳、内黄等地,是一条由西向东北方向流入黄河的水道。今日濮阳仍有清河头、北清河、南清河等地名,当为远古史迹的映射。濮阳还有张姓始祖墓的传说,亦可成为民俗学方面的佐证。凡此种种,说明濮阳为张姓祖根地较他说更为合理。

张姓作为黄帝子孙，是中华民族大家庭的成员之一。充分开发张姓根亲文化，对于加深海内外张姓族人尊祖敬宗、报本返始的民族认同感，增强中华民族的凝聚力和向心力，推进中华民族伟大复兴的光辉事业，具有重要意义。

（本文作者为天津师范大学教授，中国先秦史学会副会长）

张姓起源与河南濮阳关系之我见

王大良

我对濮阳张姓起源的关注开始于1994年，因为参加于次年2月召开的张姓起源学术讨论会而撰写了《张姓始祖挥及活动地域考》一文（该文后来被收入河南教育出版社1996年出版的《龙乡寻根》一书）。在那以后，又先后撰写了《濮阳张氏家族考》（1995）、《张姓源于濮阳考》（1996）、《张姓起源与郡望之争的历史思考》（2016）等文章，以及主编《何高郭张：中国大姓寻根与取名》（1999）等书，其中大都涉及张姓起源与濮阳的关系问题。综合20多年来我的观点，始终认为张姓的起源问题尽管在历史上一向众说纷纭，但较为一致的看法是与黄帝有关，出自黄帝第五子玄嚣之子挥。编写于唐代且影响较大的姓氏书籍《元和姓纂》记载："黄帝第五子青阳生挥，为弓正，观弧星始制弓矢，主祀弧星，因姓张氏。"其后编成的《路史·后纪五》《新唐书·宰相世系表》等也都大致沿用了这一记载，说明张姓起源具有连续性和一致性。

鉴于传统观点有上述记载，民间习惯上也把"挥"当作张姓始祖，那么，张姓起源地也应与"挥"当年的活动范围有关。尽管"挥"只是历史上的传说人物，生活在哪里，到过哪些地方，活了多大年纪，去世后葬在什么地方等都不得而知，但也并非毫无踪迹可寻。仅从他的一些血缘近亲的主要活动范围，便可推测出一些与他相关的事实。如《元和姓纂》记载他是黄帝之孙、青阳氏玄嚣之子，《史记》等书记载黄帝有子昌意，昌意有子颛顼，玄嚣有子蟜极，蟜极有子帝喾，帝喾有子唐尧。在这些人中，《世本》说"黄帝都涿鹿"，而"涿鹿在鼓城南"，即在今河北晋县，属于河北省中南部，说明当地至少是黄帝在一个时期的活动中心。又如与张挥同一时期的颛顼，《竹书纪年》说"居濮"，《史记·五帝本纪·集解》说"都帝丘，今东郡濮阳是也"。又引《皇览》说"颛顼冢在东郡濮阳顿丘城门外广阳里中"。都是说颛顼的居住地和都城在东郡濮阳或帝丘，去世后葬在顿丘城外，其地都是今天的河南濮阳。又如帝喾，《竹书纪年》说"居亳"，《史记·五帝本纪》引《皇览》说"帝喾冢在东郡濮阳顿丘城南台阴野中"。其居住地和葬地与颛顼基本一致。特别是从颛顼、帝喾的居住地和葬地看，他们都没有较大的迁徙活动，濮阳一带应是他们的活动中心。由于张挥的制弓矢和观弧星等活动都发生在颛顼时期，帝喾是在颛顼之后的部落首领，二人又都与"挥"的血缘关系极近，因此可以在某种程度上认为，颛项、帝喾的活动范围也就是"挥"的活动范围。而与"挥"有关的张姓起源地，也就是颛项、帝喾当年的活动中心所在的今河南濮阳。

张姓的起源地在今河南濮阳，不仅可以通过文献记载进行如上推断，还可以从其生活时代的图腾崇拜习俗作进一步考察。早在黄帝时期，其所在的部落就已经有了对龙的崇拜，《竹书纪年》说黄帝"龙颜"，《史记》说黄帝"生日角龙颜"，《淮南子》说黄帝"兽黄龙"，《春秋合诚图》说"黄帝将亡，则黄龙坠"，《汉书志》说黄帝"黄龙体"，《水经注》说"黄帝登龙"，《路史》说黄帝"乘龙而四巡"，等等，无不与龙有关，都可作为此论的注脚。在颛项作为黄帝的后代担任部落首领时，同样把龙当作图腾。颛项孙祝融又名烛龙，祝融后代发展而成的"祝融八姓"中有豢龙氏、夔等。同样，接替颛项担任部落首领的帝喾以及帝喾之子唐尧等也都以龙为图腾,甚至《春秋合诚图》记载唐尧还是其母庆都与赤龙交合后所生之子。由此可见,张姓始祖“挥”所生活的环境中充满了对龙的崇拜,他本人当然也不能免俗。更为重要的是,根据《山海经·海内东经》《淮南子·坠形训》等的记载,盛行这种崇拜之地都在“雷泽”,即《史记·五帝本纪·正义》引《括地志》所说的“濮州雷泽县郭外西北”,其地仍是今天的河南濮阳。而在1987年5月,考古工作者在濮阳西水坡一带的考古发掘中发现了由贝壳摆塑的“龙虎同躯”和“人骑龙”等图案,在时代上与颛顼、帝喾时期基本吻合,为“挥”及其部落在当地的活动提供了有力的考古证据,更使人确信张姓的起源地就在今天的河南濮阳。

(本文作者为中国青年政治学院科研处处长、教授,中华炎黄文化研究会姓氏文化工作委员会执行会长)

张姓祖根地在濮阳的考古学观察

孙英民

张姓始祖为张挥,这在众多文献中有广泛记载。《世本》载:“黄帝第五子青阳生挥,为弓正,观弧星始制弓矢,主祀弧星,因姓张氏。”唐《元和姓纂》也持此说。宋《姓解》记载:“张氏,生自轩辕第五子挥,始造弦弧,以张网罗取禽鸟,世掌其职,遂以为氏。”《广韵》载:“本自轩辕第五子挥,始造弦,实张网罗,世掌其职,后因氏焉。”《新唐书・宰相世系表》载:“张氏出自姬姓。黄帝子少昊青阳氏第五子挥为弓正,始制弓矢,子孙赐姓张氏。”《路史・后纪五》载:“黄帝子挥封于张,为张氏。”

张姓后人大多认为挥为其始祖。明《张氏统宗世谱》载张氏得姓:“吾张氏得姓者,自轩辕黄帝第三妃彤鱼氏之子曰挥,观弧制矢,赐姓张氏,官封弓正,主祀弧星。”清乾隆重修《张氏族谱・受姓渊源考》:“张氏出自黄帝轩辕氏,生少昊金天氏,又号青阳氏,第五子挥始制弓矢,官为弓正,主祀弧星,世掌其职,赐姓张氏。”

从以上文献分析,挥应该是黄帝轩辕之孙,所谓观弧制矢只是一种传说。

从考古发现看,弓矢早在远于黄帝时期的旧石器时代晚期已广泛应用,石矢镞在旧石器和新石器早期遗址中经常被发现,是常用的狩猎工具。至黄帝及以后时期,除狩猎外,也被广泛用于部族间的征伐,在当时应是最先进的远程射击武器,主管生产制造弓矢的职官地位应是较为显赫的。在远古时代,祭祀权是一个领域的最高权,所谓"国之大事,在祀与戎"正是这一现象的概括。挥因"主祀弧星""世掌其职"而"官封弓正",因而始得"张"姓,这才应是历史的真实。

挥生活的时代应是黄帝部落时期,按文献记载挥是黄帝之孙,他活动的具体时期应是黄帝之孙颛顼或曾孙帝喾做首领时期,被授予"主祀弧星"之职应是颛顼或帝喾给予的权力。颛顼和帝喾做首领时期的主要活动区域在濮阳一带,在今濮阳县城西25公里左右处,至今还耸立着被历朝祭祀的颛顼、帝喾二帝陵,陵区内经考古调查,发现了大量仰韶文化和龙山文化时期的陶片,应是一处较大规模的仰韶和龙山时期遗址。在濮阳西水坡遗址,发现了震惊学界的仰韶时期的"蚌壳龙虎"随葬现象,在濮阳市区内的戚城遗址,近年河南省文物考古研究院发现了一座龙山文化时期的城址。更为令人惊叹的是,在传说中的"颛顼之虚"帝丘遗址——濮阳县五星乡高城村,河南省文物考古研究院发现了一座宏大的龙山文化时期城址,似乎印证了《史记·五帝本纪·集解》所载颛顼"都帝丘,今东郡濮阳是也"和《左传·昭公十七年》所载"卫,颛顼之虚也,故为帝丘"的说法。

濮阳境内大量的仰韶文化和龙山文化遗址,尤其是传说中的"颛顼之虚"龙山城的存在,大体与挥"主祀弧星"的年代相当,这些考古发现在很大程度上间接呼应了张姓祖根地在濮阳的结论。

(本文作者为河南省文物局副巡视员、研究员,河南省文物考古学会会长)

张姓祖根地在濮阳

张新斌

张姓祖地问题研究,至20世纪90年代,有了明显的突破。这是因为在张姓祖地论证的过程中,一开始便由史学界的权威介入论证,并取得了较为明显的成果。

张姓始祖为挥,文献记载确定无疑。《广韵》云:“本自轩辕第五子挥,始造弦,实张网罗,世掌其职,后因氏焉。”《姓觿》引《世本》云:“黄帝子挥为弓正,始制弧矢,张罗网,因氏。”这里所述张姓的得姓应为以职官为氏,世掌其职的缘故。《元和姓纂》卷五,也有“黄帝第五子青阳生挥,为弓正,观弧星始制弓矢,主祀弧星,因姓张氏”。《新唐书·宰相世系表》《古今姓氏书辩证》《姓氏急就篇》等均谈到“黄帝第五子青阳生挥”。应该说,在历史文献中以挥为黄帝之孙的说法,占主流位置。而为五帝之一的颛顼也为黄帝之孙,他的一大贡献就是发明颛顼历,从目前看,观弧星为挥的贡献,由此他也许正是颛顼历发明团队的重要成员。

挥与颛顼同处一个时代,挥还担任颛顼的弓正一职,他们所居住的地点,当然应为同一地方，也就是颛顼的都城帝丘。《史记·五帝本纪·集解》引皇甫谧云：颛顼“都帝丘，今东郡濮阳是也”。《左传·僖公三十一年》云：“狄围卫。十有二月，卫迁于帝丘。”杜预注：“帝丘，今东郡濮阳县，故帝颛顼之虚，故曰帝丘。”颛顼的都城是帝丘，在《汉书·地理志》《水经注·瓠子河》等地理文献中可以得到印证。

濮阳为张姓祖根地，还与周围的文物史迹和考古发现相吻合。如在今濮阳高城发现了龙山晚期的遗址，这一遗址有可能与帝丘有关。在濮阳西水坡遗址发现的45号墓，有的专家认为墓主有可能与颛顼有关。而在濮阳附近的内黄有颛顼、帝喾二帝陵，南乐有仓颉墓和昌意城，濮阳还有舜帝滨于雷泽的故地，反映了五帝时代濮阳的重要性。

国内学术界权威李学勤、张岱年、张政烺、傅振伦、杨向奎、张忠培等，均对濮阳为张姓祖地，有过肯定性题词与表述。朱绍侯、谢钧祥、程有为、王大良等，均有专文论述张姓祖地在濮阳。海内外张氏宗亲每年都来濮阳祭拜先祖挥公，濮阳已成为全球张氏宗亲的心灵故乡和精神家园。

因此，我们要进一步强化对濮阳县为中华张姓祖根地的认同。

（本文作者为中国先秦史学会副会长，中华炎黄文化研究会姓氏文化工作委员会副会长，河南省炎黄文化研究会常务副会长，河南省姓氏文化研究会副会长，河南省社会科学院历史与考古研究所所长、研究员）

中华张姓祖根地认定意见

安国楼

张姓是中华古老大姓之一，根据有关传世文献记载以及谱牒资料记述，并结合区域历史地理状况，认为比较符合事实、合乎情理的结论是：河南濮阳县为中华张姓祖根地。

河南濮阳，古称帝丘，为“帝后所都”之地，具有历史久远、积淀深厚的文化内涵。拥有众多上古文化遗存的濮阳，也正是上古张姓始祖挥公成长、立业、受封和死后寝眠的一方沃土。据《世本》《风俗通义》《姓解》《路史》《新唐书》《姓名考略》等文献记载，以及明代《张氏统宗世谱》、清代《张氏族谱》等族谱资料记述，传说时代的黄帝后裔张挥“始制弓矢”，是为张姓始祖。这是绝大多数文献资料记述中相对一致的说法，说明这一张姓起源说，历史上长期以来得到人们的普遍认同。

后代的一些著述中，如南宋人郑樵所著的《通志》氏族部分，提出晋国大夫张侯为张姓始祖，但并不能因此而取代以上得到普遍认同的基本认识，即张挥始祖说，且郑氏之说，在南宋之前的文献中少见记载。事实上，从文献记载的情况来看，早在晋国大夫张侯之前，已有所谓张氏的历史人物出现。

此外，部分族谱资料中关于张姓始祖的源流记述也存在歧义，结合中华姓氏文化历史源远流长、演化纷繁复杂的情况来看，也属十分正常的现象。由于历史上大量的族群变迁或迁移，说不清，理还乱，部分家族资料中关于源流变迁的记述和后代追述的情况有些不一致，甚至出现较大差异，这其中有各种各样的原因。但并不能因为这些重在本家数典不忘祖之用的自编谱系资料的差异，去否定历史传统形成并得到广泛认可的一些基本认识。

关于河南濮阳张姓起源及张姓文化问题的研究，已经历了三十多年的风雨，其挖掘、整理和研究的成果丰硕，调研、搜集资料丰富，一系列学术交流和探讨活动成效显著。如今，关于张姓起源于濮阳之说，已得到海内外张姓宗亲、学界专家的广泛认同。濮阳已成为海内外张姓宗亲向往的寻根谒祖之地，濮阳祖地与海内外张姓宗亲及相关组织已建立了良好的交流、互动关系。濮阳中华张姓拜祖大典系列活动，已成为独具特色、富有影响力的文化品牌。这些依据基本历史事实的学术探讨，顺应时代发展需要的交流互动活动等，无疑进一步彰显了张姓文化的影响力，同时增强了海内外张姓华人对故乡祖地的认同感和向心力。

因此认为，张姓始祖张挥生活的地区，以及张姓的发源地，即在今天的河南濮阳一带。借此也希望濮阳方面能够继续围绕张姓祖根地及张姓历史文化问题，推动学术探讨、联谊交流等活动进一步发展，为当地的经济文化建设、华夏历史文明传承创新区建设的可持续发展做出贡献。

（本文作者为郑州大学历史学院党委书记、教授，河南省姓氏文化研究会副会长）

河南濮阳是中华张姓的起源地

李立新

《世本》载:“黄帝第五子青阳生挥,为弓正,观弧星始制弓矢,主祀弧星,因姓张氏。”

唐代林宝《元和姓纂》载:“黄帝第五子青阳生挥,为弓正,观弧星始制弓矢,主祀弧星,因姓张氏。”

北宋欧阳修、宋祁等编纂的《新唐书·宰相世系表》载:“张氏出自姬姓。黄帝子少昊青阳氏第五子挥为弓正,始制弓矢,子孙赐姓张氏。”

北宋《姓解》载:“张氏,生自轩辕第五子挥,始造弦弧,以张网罗取禽鸟,世掌其职,遂以为氏。”

北宋《广韵》载:“本自轩辕第五子挥,始造弦,实张网罗,世掌其职,后因氏焉。”

南宋邓名世所撰《古今姓氏书辩证》载:张“出自姬姓,黄帝子少昊青阳氏第五子挥,为弓正,始造弓矢,实张罗以取禽兽,主祀弧星,世掌其职,赐姓张氏”。

南宋罗泌撰《路史·后纪五》载:“黄帝子挥封于张,为张氏。”

明代《张氏统宗世谱》载:“吾张氏得姓者,自轩辕黄帝第三妃彤鱼氏之子曰挥,观弧制矢,赐姓张氏,官封弓正,主祀弧星。”

清乾隆朝重修《张氏族谱·受姓渊源考》载:“张氏出自黄帝轩辕氏,生少昊金天氏,又号青阳氏,第五子挥始制弓矢,官为弓正,主祀弧星,世掌其职,赐姓张氏。”

由上述文献可知,张姓出于姬姓,黄帝第五子青阳(即玄嚣)之子挥,发明弓箭,任弓正之职,因此得姓。《史记·五帝本纪》载:“黄帝居轩辕之丘,而娶于西陵之女,是为嫘祖。嫘祖为黄帝正妃,生二子,其后皆有天下:其一曰玄嚣,是为青阳,青阳降居江水;其二曰昌意,降居若水。昌意娶蜀山氏女,曰昌仆,生高阳,高阳有圣德焉。黄帝崩,葬桥山。其孙昌意之子高阳立,是为帝颛顼也。”《路史·国名纪》载:“濮阳,帝后所都,今澶之属县,所谓帝丘,有颛帝城。”今内黄有颛顼、帝喾二帝陵。黄帝之孙颛顼和玄嚣之孙帝喾均以帝丘为都城。青阳亦即清水之北,今濮阳市位于古清水上游。挥既随其父玄嚣(即青阳)生活于帝丘,又做颛顼的弓正为官于帝丘,所以张姓的起源地为帝丘所在地,即位于古清河上游的今濮阳。

宋工部尚书张咏撰修《山阴白鱼潭张氏族谱》就明白记载着濮阳就是张姓的祖根地:“轩辕赐姓,祖根在濮阳。”明弘治年间的《〈山阴白鱼潭张氏族谱〉重修族谱叙》云:“张之受姓,昉于轩辕之子,天下之张,厥初无不本于一人耳,濮阳吾祖之所自出。”“吾家本名族,受姓轩辕氏,濮阳蕃本根。”可见当时张姓起源于濮阳之说已大行其道。此外,现代著名文史大家朱绍侯[①]、张岱年、李学勤、张政烺、傅振伦、张忠培、杨向奎等都认可张姓起源于濮阳说。

清河郡乃张姓影响最大的郡望,《唐贞观八年条举氏族事件》提到张氏郡望6个,清河张氏列第一位。《广韵》说:“张,姓。出清河、南阳、吴郡、安定、炖(敦)煌、武威、范阳、犍为、沛国、梁国、中山、汲郡、河内、高平十四望。”清河郡亦被列为第一。

---

① 朱绍侯:《张姓祖根在濮阳》,《寻根》1995年第2期。

清河张氏出自汉留侯张良裔孙司徒张歆，歆弟协，生魏太山太守岱，自河内徙清河，世代为官，冠缨不绝，到唐代有张文瓘，唐高宗时任宰相，他为政勤勉，执法平允，得到高宗倚重。他有四个儿子，官位都在三品以上，被当时人称为“万石张家”，意思是说一家五人都做到了受俸禄“二千石”的高官。又因为张文瓘的弟弟文琮为户部侍郎，弟文收为太子率更令。文瓘、文琮、文收三兄弟同居一处，房宅门前都列戟以示尊贵，一时号称“三戟张家”。唐高宗乾封元年(666 年)朝廷甄别确定全国十大姓作为“国柱”，清河张氏被定为“乙门”，位列“国柱”之首。天下张姓族人无不因清河张氏而自豪，“清河望族”“清河巨族”“清河世家”“清河家风”“清河世泽”“唐相家声”等美誉，成为唐以后人们对清河张氏的尊称。后世张姓人因清河张氏的巨大声望，而纷纷比附，自称清河张氏。清河张氏在唐代不仅声誉大盛，而且人丁兴旺，“一宗万家，烟火相连，比屋而居”，清河张氏在唐代得以快速膨胀，民间因此传出“天下张氏出清河”的说法，把郡望地误认为祖根地。

综上，唐代张氏望族清河张氏，始于曹魏时期的大司农、泰山太守张岱，曹魏时期乃 220 年至 265 年，而张姓始祖挥公乃黄帝时代人物，在前 2700 年左右，所以清河始祖张岱晚于张姓鼻祖挥公近 3000 年。清河张氏可由曹魏时期的张岱上溯至西汉留侯张良，由张良再上溯至周宣王时的张仲，由张仲再上溯至颛顼帝弓正张挥。张岱迁往清河的迁出地是河内，即今河南武陟西南，张良故里在今河南郏县，张挥的故居亦在帝丘(今河南濮阳)，则清河张氏的祖根地亦在河南无疑。所以，天下张姓祖根地在今河南濮阳，河北清河是张姓的著名郡望地，都是全球张姓族人的文化圣地，值得去寻根，去瞻仰，去拜谒，去归依。

(本文作者为河南省社会科学院文学研究所副所长、研究员，河南省姓氏文化研究会秘书长)

第二章　张姓祖根地研究

张姓祖根在濮阳

朱绍侯

张氏是中华四大族姓(张王李赵)之一。据姓氏专家统计,全世界张氏总人口约有一亿左右。对于这样一个显赫大族的祖根的研究,从目前的情况看,除赐姓、改姓(如三国时诸葛亮赐龙佑那为张姓,世居云南;张辽本为聂氏,后改为张氏,世居马邑)之祖根外,有关张氏祖根主要有三种说法:一、根于濮阳,始祖挥公说;二、根于山西,始祖解张说;三、河北清河为张氏祖居之地说。

据笔者所看到的文献资料,除《通志·氏族略》不承认挥为张姓始祖,主张解张为张姓始祖外,其他所有资料都认为挥为张氏之始祖。

《世本》载:"黄帝第五子青阳生挥,为弓正,观弧星始制弓矢,主祀弧星,因姓张氏"。(唐《元和姓纂》所引与此全同)

北宋《姓解》载:"张氏,生自轩辕第五子挥,始造弦弧,以张网罗取禽鸟,世掌其职,遂以为氏。"(《广韵》所记与此略同)

《路史·后纪五》载:"黄帝子挥封于张,为张氏。"

《新唐书·宰相世系表》载:"张氏出自姬姓。黄帝子少昊青阳氏第五子挥为弓正，始制弓矢，子孙赐姓张氏。”

明代《张氏统宗世谱》载：“吾张氏得姓者，自轩辕黄帝第三妃彤鱼氏之子曰挥，观弧制矢，赐姓张氏，官封弓正，主祀弧星。”

清乾隆朝重修《张氏族谱・受姓渊源考》载：“张氏出自黄帝轩辕氏，生少昊金天氏，又号青阳氏，第五子挥始制弓矢，官为弓正，主祀弧星，世掌其职，赐姓张氏。”

类似资料，不再一一赘引。从以上所引用的资料中，可以看出张姓始祖挥在历史上确有其人，但由于挥是历史传说时代的人物，各书记载互有出入，如挥得姓张氏的原因就有三种说法：一说“挥始制弓矢，官为弓正，主祀弧星，世掌其职，赐姓张氏”；一说挥“始造弦弧，以张网罗取禽鸟，世掌其职，遂以为氏”；一说“挥封于张，为张氏”。虽有不同，但在挥为张姓始祖这一点上则是一致的。再从张字的结构上分析，弓长或长弓为张。《说文解字》云：“张，施弓弦也。”说明挥的得姓与发明弓矢、弓弦有密切关系，这也是不容怀疑的历史事实。还有挥是黄帝之子还是黄帝之孙，各书记载也不一致。根据《国语・晋语》的记载：“凡黄帝之子，二十五宗，其得姓者十四人为十二姓（有二人同为姬姓，二人同为己姓）。姬、酉、祁、己、滕、箴、任、荀、僖、姞、儇、依是也。”在这十二姓中没有张姓，可以断定挥不是黄帝之子，而是黄帝之孙。但挥是黄帝哪个儿子之子，各书记载也不相同。一说是青阳之子，一说是青阳少昊之子。据古书记载，黄帝之子中，有两个青阳氏，除少昊之外，还有一个青阳玄嚣。据《史记・五帝本纪・索隐》考证：“皇甫谧及宋衷皆云玄嚣青阳即少昊也。”企图调解少昊、玄嚣两个青阳氏并存的矛盾。但据现代学者的研究成果，少昊金天氏是东夷族的首领，与黄帝族不是一个族系，这就排除了少昊为黄帝之子、挥之父的可能性。另外，从姓氏学的角度来看，少昊为己姓，玄嚣为姬姓，而挥在得姓之前亦为姬姓，这就说明挥只可能为玄嚣之子，不可能是少昊之子。所以《路史》注说：“以挥为少昊第五子尤无据也。”

以上是从所引用的资料中,论证挥为张姓始祖的历史根据,尽管这六条资料互有矛盾,但是,作为后人追记的传说时代的历史人物,在追记中存在矛盾是正常现象,是可以理解的,而这些互有出入的资料却都证明了挥是张姓始祖的事实。

挥是张姓始祖,但为什么张氏祖根在濮阳呢?这还要从挥之父青阳玄嚣开始研究。

《史记·五帝本纪》载:“嫘祖为黄帝正妃,生二子,其后皆有天下:其一曰玄嚣,是为青阳,青阳降居江水。”这里所说的青阳,是玄嚣的封号,江水是玄嚣的降生地。意思是说玄嚣降生于江水,封邑在青阳。《正义》引应劭云:“(江水)古江国也。”《地理志》亦云:“安阳古江国也。”又引《括地志》云:“安阳故城在豫州新息县西南八十里。”按,豫州新息县即今河南息县,这就是说玄嚣降生地古江国安阳,并不是现在的豫北安阳。玄嚣的降生地与挥一生的活动关系不大,而玄嚣的封邑青阳才是挥成长、生活的地方。

按中国以“山南曰阳,水北曰阳”的传统解释,青阳即在清水之北(青、清古通用),而古清河就流经濮阳,这就证明张姓始祖挥就生长、活动在今濮阳地区。

《水经注·清水》曰:“清水出河内修武县之北黑山……东北过获嘉北……又东过汲县北……又东入于河。”郦道元曰:“清口,即淇河口也,盖互受其名耳。”《地理志》曰:“清河水出内黄县南,无清水可来……盖河徙南注,清水渎移,汇流径绝,余目犹存。故东川有清河之称。”《读史方舆纪要》曰:“淇水东过内黄为白沟水,亦称清河。”又曰:“淇水……经内黄、清丰之间,其下流入于大河,故渎今湮。”上引《水经注》及《读史方舆纪要》,说明古清河与淇河、白沟为一河的不同名称,它源出于修武之北黑山,流经获嘉、汲县、内黄、清丰之间,后因河水南移,故内黄、濮阳一段清河断流,但遗迹尚存。现在濮阳东约10公里处有一地名清河头,明代称清河里,足证古清河与濮阳有密切关系。又据实地调查，在今濮阳张仪村、班家村一带的村民，仍称村北为北清河，村南为南清河，说明在古代，濮阳、内黄确实存在过一条清河。

清河，在中国境内何止一条。河北、山东、安徽等省都有清河，同是在河南，邓县流入湖北境内的也有一条清河，怎么能断定濮阳的古清河就是玄嚣的封邑青阳所在地呢？这是因为帝丘（今河南濮阳）是“帝后所都”，并有颛顼、帝喾二帝陵（在今内黄境，古属帝丘）可作见证。

帝丘在上古时期是东夷族势力和黄帝族势力的交界地区，因此黄帝必须在帝丘设防，所以才把其子玄嚣封于青阳。在蚩尤族北进之后，黄帝族的经营重心也移向豫北冀南地区，故黄帝族才能在涿鹿（河北省西北部桑干河流域）大败蚩尤。至黄帝之孙、昌意之子颛顼帝时，遂以濮阳为帝都，其后玄嚣之孙帝喾也以帝丘为都城，故《路史·国名纪》记载说：“濮阳，帝后所都，今澶之属县，所谓帝丘，有颛帝城。”颛顼、帝喾死后又都葬在濮阳。由此可知，张姓始祖挥幼年随其父玄嚣生活在濮阳，成人后辅佐其堂兄弟颛顼帝任弓正，工作在濮阳，也是顺理成章的事。据此，可以说张姓祖根就在濮阳。

关于“根在山西，始祖解张说”，是宋人郑樵最早提出来的意见。他在《通志·氏族略》中说：“晋有解张，字张侯，自此晋国世有张氏，则因张侯之字以命氏，可无疑也。”晋之解张（张侯）在晋齐鞌之战中立下了赫赫战功，确实是张姓氏族中的一位佼佼者，但要说解张为张氏的始祖，“因张侯之字以命氏”，并不是“无可疑也”，而是大有可疑，或说难以成立。因为早在周宣王时代就有一位叫张仲的人。《诗经·小雅·六月》云：“侯谁在矣，张仲孝友。”注曰：“张仲，吉甫友也。善父母曰孝，善兄弟曰友。此言吉甫燕饮喜乐……而孝友之张仲在焉。”张仲以孝友著称于时，并能参加周宣王大将吉甫的宴会，可见他也是一位赫赫有名的大人物。《新唐书·宰相世系表》载：“周宣王时有卿士张仲，其后裔事晋为大夫。张侯生老，老生趯，趯生骼。至三卿分晋，张氏仕韩。”这就说明，晋国张氏，并不始于解张，而是周宣王卿士张仲的后代。从

《新唐书·宰相世系表》的上下文意来看,欧阳修也认为张仲是挥的后代。尽管由挥到张仲之间出现一段历史缺环,由于史书失载,后人也无法使它衔接上,但从姓氏渊源来考察,晋国张氏出于姬姓,而挥在得姓张氏之前也源出姬氏,故说张仲为挥的后代,也不能算是无据的推断。

根据以上论证,关于解张为张氏始祖之说,已是不攻自破。王利器、王贞珉在《汉书古今人表疏证》中说:“张氏其来甚远,不得言始于张侯。”晋解张既然不是张氏始祖,则张氏祖根在山西之说,自然也就成为无源之水了。

关于河北清河张氏,从郡望的角度讲,它确实是张氏族中声望最高、影响最大的一支,但从张氏族系发展、演变的角度讲,它却是枝而不是根,是流而不是源。因此不能说它是最早的郡望。《新唐书·宰相世系表》明确记载:“清河东武城张氏本出汉留侯良裔孙司徒歆。歆弟协,字季期,卫尉。生魏太山太守岱,自河内徙清河。”张岱由河内迁至清河,已是三国曹魏时期,这当然说不上是张姓最早的郡望。有人可能误认为河北清河就是张氏始祖挥公的居住地。其实河北清河并不是“帝后所都”,也没有颛顼、帝喾二帝陵墓。挥在颛顼帝时任弓正,只能在都城办公,不可能跑到河北清河去上班。据此可知,河北清河张氏,只是张氏族姓中张良系的分支。但这一分支在北魏以后人才辈出,高官荣爵代不乏人。张文瓘在唐高宗朝任宰相,张锡在武则天、韦后当政时两任宰相,清河张氏遂成为张氏族姓中的望族。其后人遂以“清河世泽,唐相家声”(清河张氏堂联)相标榜,清河成了最为显赫的郡望。

研究张氏族姓的根、枝、源、流,汉三杰之一的留侯张良是一位关键性人物。通过张良可以上挂下连,找出张氏族姓中根与枝、源与流的关系。

《史记·留侯世家》载:“留侯张良者,其先韩人也。”此句《索隐》曰:“王符、皇甫谧并以良为韩之公族,姬姓也。秦索贼急,乃改姓名。而韩先有张去疾及张谴,恐非良之先代。”即是说,张良本姓姬,为逃避秦的追捕,才改姓张,不承认张良为韩之张姓后代。这种意见最早见于王符《潜夫论·志氏姓》:

“秦始皇灭韩，良……为韩报仇，击始皇于博浪沙中，误椎副车。秦索贼急，良乃变姓为张。”王符不仅认为张良本不姓张，而且还认为汉代一些张姓人物，如张耳、张仓、张汤等也并非“晋张之祖所出”。日本学者泷川资言不同意这种说法。他在《史记会注考证》中引《张氏谱》说明“良，张仲三十代孙，张老十七代孙”，并据此得出结论：王符、皇甫谧提出的张良改姓说，“其言谬矣”。这一考证是正确的，张良在秦时确实没有改过姓，因为其祖父名张开地，父名张平，其父祖在韩时就姓张，张良当然也应该以张为姓。不过，要说张良出自姬姓，也不能算错，因为挥公、张仲、张老均出于姬姓，张仲、张老仕晋之子孙也都出自姬姓。三家分晋，张氏子孙不仅仕韩，也仕赵、仕魏。如辅佐赵襄子的张孟谈、大梁人张仪及张耳的先人也都是张仲、张老的后人。如此说来，《新唐书·宰相世系表》所列举的张氏郡望，不仅出自张华的河东张氏、始兴张氏，出自张皓的冯翊张氏，出自张嵩的吴郡张氏，出自张歆的清河张氏是张良之后，是张仲、张老的后裔，就是出自张耳的河间张氏，出自张仓的中山张氏，也都是张仲、张老的后裔，他们属于张氏的魏国支脉。《新唐书·宰相世系表》还列举了世居繁水的魏郡张氏、郑州张氏、世居平原的汲郡张氏，但都没有说明他们出自张氏的哪一支脉，然而从这些郡望都兴起于北方的情况看，应与晋之张氏有血缘关系，其始祖均可上溯至挥公。

从以上论证可以看出，张姓始祖挥公的后裔，在周时有张仲，在春秋时晋国有张老，三家分晋后，韩、赵、魏三国皆有张姓，至汉则“张姓滋多”，“司邑闾里，无不有张者”，但由于张姓枝蔓渐繁，各支脉之间的关系已不大清楚。如杜陵人张汤与张良的关系，连司马迁也没有理清，但《汉书·张汤传·赞》则说：“冯商称张汤之先与留侯同祖，而司马迁不言，故阙焉。”再如张良与堵阳人张释之、汉中成固人张骞的宗族关系，《汉书》各传中均没有提及，赖《张迁碑》才知道张良、张释之、张骞以及陈留己吾人张迁，都是周宣王时以孝友著称的张仲之后裔。张氏郡望见于《新唐书·宰相世系表》的就有 10 个，对其中的郑州张氏、汲郡张氏、魏郡张氏，欧阳修也搞不清他们属于哪一支脉。袁桷在《张氏宗谱·序》中说："（张氏）得望者十二，曰襄阳、洛阳、河东、始兴、冯翊、吴郡、平原、清河、河间、中山，曰魏，曰蜀。"《姓氏考略》则说张氏有14望，即清河、南阳、吴郡、安定、敦煌、武威、范阳、犍为、沛国、梁国、中山、汲郡、河内、高平。《张氏谱图》又说张姓有43望。支脉越多，关系越远，越难以说得清楚，但是张姓中的绝大多数（改姓、赐姓者除外）是挥公的后裔，张姓祖根在濮阳，则是有据可查的结论。

（本文作者为河南大学教授，河南省历史学学会原会长）

张姓源于濮阳考

刘蓬春　王大良

关于张姓的起源问题，历史上一向众说纷纭。不过，较为一致的看法是，张姓出自黄帝第五子青阳氏玄嚣子挥。如《秘笈新书》引《元和姓纂》曰："黄帝第五子青阳生挥，为弓正，观弧星始制弓矢，主祀弧星，因姓张氏。"关于这段资料的理解，由于历史上曾有过两个青阳氏，即黄帝之子玄嚣和金天氏少昊，因此也有人认为张挥是少昊金天氏的后代。但根据近年一些人的考证可知，少昊金天氏并不属于黄帝系统，而是另有所出，因此张挥也不可能是他的后代，而应是黄帝之子玄嚣的后裔。

《元和姓纂》是在唐代中叶修撰的一部影响较大的姓氏书籍，对张姓起源的记载具有一定的权威性。只是由于这部书早已亡佚，我们目前已经无法见到其原貌，而其他一些引用该书的书籍，也由于所见不同而存在着差异。如《路史·后纪五》注中所引《元和姓纂》谓"青阳生晖鼓"，《名贤氏族言行类稿》引文中的"主祀弧星"则作"主祀张星"。如果上述两处引文果真保存了《元和姓纂》原貌的话，那么张挥也就是晖鼓，所祀的弧星也就是张星（因形近而讹），张姓的姓氏来源于星宿。《元和姓纂》中的有关记载也应进一步更正为："黄帝第五子青阳生晖鼓，为弓正，观弧星，始制弓矢，主祀张星，因姓张氏。"

基于上述考证，既然我们已经认为张姓始祖张挥与黄帝和玄嚣有关，那么让我们再来看看张挥其人及其主要活动范围，以便进一步揭开张姓起源之谜。

一、从张挥血缘近亲的活动范围看张姓起源

由于张挥或晖鼓是历史上的一个传说人物，我们对他一生的事迹所知甚少，只知他曾观弧星制弓矢，以及主祀张（弧）星。至于他生活在哪里，一生到过哪些地方，活了多大年纪，去世后葬在什么地方，等等，我们至今仍无法得知。不过，从他的一些血缘近亲的主要活动来看，还是可以推知一些的。

我们已从《元和姓纂》的记载中得知，张挥是黄帝之孙，青阳氏玄嚣之子。另据《史记》等书记载，黄帝又是一个多子多孙的人。如他的孙子名颛顼，曾孙名帝喾，玄孙名尧。这些人作为黄帝的后代，与同样作为黄帝后代的张挥显然是血缘近亲关系。为了更明确张挥与他们之间的关系，今据《史记》等书，将其承属关系列表如下：

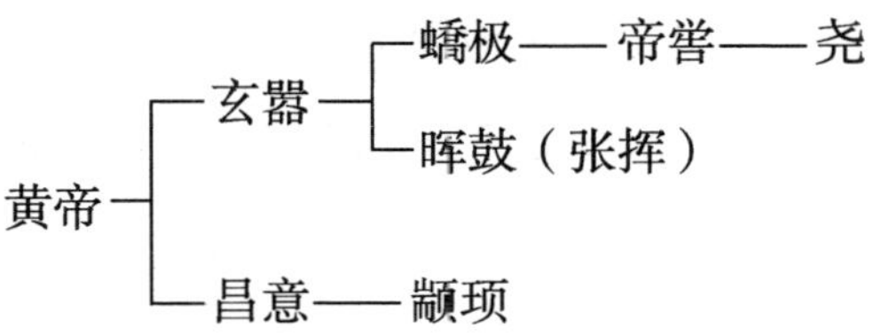

由表中可见，除黄帝和玄嚣以外，颛顼应是张挥的从兄弟，帝喾是张挥从子，尧是张挥从孙，他们之间的血缘关系是十分密切的。因此，如果我们得知了这些人的生平事迹和主要活动范围，也就不难推知张挥的一些情况。

（一）黄帝的活动地域

根据史书记载，黄帝的活动范围较广，但其主要活动地区之一是在今河北中南部和河南北部一带。如《史记·五帝本纪》谓黄帝“邑于涿鹿之阿”，《世本》也称“黄帝都涿鹿”，此外又有书籍谓“黄帝与蚩尤战于涿鹿之野”，“与炎帝战于阪泉之野”，可知黄帝曾经主要活动在涿鹿和阪泉。那么涿鹿究竟是在什么地方呢？《世本》中称“涿鹿在鼓城南”或“涿鹿在彭城南”。鼓城即今河北晋县，位于河北省中南部；彭城在河北省南部的磁县西约 25 公里处。由此可见，黄帝的居处、都城以及战争等都是在河北省中南部，因此我们可以认为，这一地区至少是他在一个时期中的活动中心。

（二）颛顼的活动范围

据某些资料记载，张挥的制弓矢和观张（弧）星等事迹都发生在颛顼时期，而颛顼又是他的从兄弟，因此可以在某种程度上认为，颛顼的活动范围也就是张挥的活动范围。

《竹书纪年》说颛顼“居濮”。《史记·五帝本纪·集解》也说颛顼“都帝丘，今东郡濮阳是也”。又《汉书·地理志》：“东郡濮阳……故帝丘。”由上述可见，颛顼的居住地和都城都在帝丘，亦即今天的濮阳。这里距黄帝的活动中心河北省中南部较近，说明颛顼仍然生活在这一范围，只是向南有所迁徙。

颛顼不仅活动中心在濮阳一带，去世后这里也是他的埋葬之地。《史记·五帝本纪·集解》引《皇览》曰：“颛顼冢在东郡濮阳顿丘城门外广阳里中。”《帝王世纪》曰：“颛顼，葬东郡顿丘城南广阳里大冢者是也。”此外，《山海经》中的《中山经》和《大荒经》也说颛顼葬于“鲋隅之山”。那么“鲋隅之山”在何处呢？《十道志》说：“鲋隅山即广阳异名。”由此可见，无论是顿丘还是广阳里、广阳山、鲋隅山，所指都是一处，即今濮阳一带。

从颛顼的居住地和葬地来看，他没有较大的迁徙活动，濮阳一带当是他的势力中心。

（三）帝喾的活动范围

帝喾是张挥从子，也是黄帝部落中继颛顼之后的部落联盟首领。理清了他的活动范围，也有助于我们对张挥事迹的推断和理解。

关于帝喾的活动范围，《竹书纪年》曰：“帝喾高辛氏……居亳。”《史记·五帝本纪·正义》引《帝王纪》亦曰：“帝喾高辛……年十五而佐颛顼，三十登位，都亳。”关于亳的地望，《竹书纪年》和《水经注》等书都认为“亳本帝喾之虚”，近人孙淼所著《夏商史稿》考证在濮阳，是较为符合实际的。

帝喾统治黄帝部落的时间较长，史称他去世时已经有105岁。关于他的葬地，《史记·五帝本纪·集解》引《皇览》曰：“帝喾冢在东郡濮阳顿丘城南台阴野中。”《山海经·海外南经》也说：“狄山，帝尧葬于阳，帝喾葬于阴。”又《大荒南经》说：“帝喾……葬于岳山。”郭璞注：“岳山，即狄山也。”那么狄山或岳山究竟在何处呢？《元和郡县图志》说：“狄山，在县（顿丘县）西北三十五里。”由此可见，上述这些记载名异而实同，所指都是今濮阳。

综合上述可知，尽管我们对张挥所知甚少，但他作为黄帝之孙、颛顼从弟、帝喾从父，与他们是有密切关系的。由于他生活在颛顼时期，而颛顼以前的黄帝主要活动在今河北中南部一带，以后的帝喾活动在濮阳一带，颛顼本人的活动范围又以濮阳为中心。由此我们可以确认，张挥的活动范围也是在濮阳一带的。换句话说，与张挥有关的张姓起源，也应与古代的濮阳有关。

二、从图腾崇拜看张姓起源

通过上篇的考证可知，张姓始祖张挥是与他的血缘近亲黄帝、颛顼、帝喾等人一起活动在今濮阳一带的，如果我们再作进一步的考察，还会发现张挥是生活在一个对龙充满极度崇拜的环境中，这与濮阳一向称“龙的故乡”十分吻合。

早在黄帝时期，就已经有了对龙的崇拜。《竹书纪年》说黄帝“龙颜”，《史记》说黄帝“生日角龙颜”，《水经注》也提到“黄帝登龙”，《路史》更说黄帝“乘龙而四巡”。此外，《汉书·天文志》和《史记·天官书》也载：“轩辕，黄龙体。”又《山海经·海外西经》曰：“轩辕之国……人面蛇身，尾交首上。”这里所谓“人面蛇身”实际上就是说人面龙体。再如《淮南子·天文上》载：“中央，土也，其帝黄帝，其佐后土……其兽黄龙。”《史记·封禅书》载：“黄帝得土德，黄龙地螾见。”《春秋合诚图》：“黄帝将亡，则黄龙坠。”上述这些记载，有的把黄帝与龙联系起来，有的则称黄帝的部落是一个“人面蛇身”的部落，无不说明黄帝及其部落是把龙当作神明加以崇拜的。

到了颛顼统治黄帝部落时，同样把龙当作本部落的图腾。如颛顼之孙祝融，又名烛龙，其图腾便是龙。其后代发展成为八个支族，史称祝融八姓，所崇拜的也大多是龙。如董姓又称豢龙氏，所崇拜的当然也是龙。又如，己姓也是龙族，芈姓中的夔也是龙。《说文》：“夔……如龙一足。”《文选·东京赋》注：“夔……如龙有角。”《尚书》中也是夔、龙并称。此外如芈姓的分支越人，信奉的也是龙。《说苑·奉使》曰：“彼越……剪发文身，烂然成章，以像龙子者。”《淮南子·泰族》注：“越人以箴刺皮为龙文。”《汉书·地理志》应劭注：“（越人）常在水中，故断其发，文其身，以象龙子。”显然，这些都是从祖宗那里继承来的习俗。因此，这些图腾信仰，也都可以认为是从颛顼那里继承下来的信仰。

至于接替颛顼统治黄帝部落的帝喾，图腾信仰仍然是龙。帝喾之子尧，在做了部落首领以后仍然奉行对龙的崇拜。甚至关于尧出生的传说，也被赋予了龙的色彩。如《竹书纪年》说："帝尧陶唐氏，母曰庆都，生于斗维之野，常有黄云覆其上，及长，观于三河，常有龙随之。一旦龙负图而至，其文要曰：'亦受天佑。'眉八采，须发长七尺二寸，面锐上丰下，足履翼宿。既而阴风四合，赤龙感之，孕十四月而生尧于丹陵。"《太平御览》引《春秋合诚图》也说："尧母庆都与赤龙合昏，生伊耆，尧也。"《路史》自注亦说："帝尧碑云：'……有神龙首出于常羊，庆都交之，生伊尧，不与凡等，龙颜日角，眉八彩。'"尧在去世后葬在狄山之阳，其地距帝喾的葬地不远。

由上述可见，黄帝及其后继者无一不把龙作为自己的图腾加以崇拜。张挥生活在这样的环境之中，无疑也是一位把龙作为自己崇拜对象的人。那么，传说中的龙究竟生活在什么地方呢？《山海经·海内东经》说："雷泽中有雷神，龙身而人头。"《淮南子·坠形训》也说："雷泽有神，龙身人头。"据此，可知古人认为龙生活在雷泽一带。那么雷泽又在何处呢？《史记·五帝本纪·正义》引《括地志》曰："雷夏泽在濮州雷泽县郭外西北。"亦即今濮阳东部的范县县城东南。

至此，我们已经明确了张挥主要活动在今濮阳一带，而其所在部落所崇拜的图腾龙就生活在濮阳东部不远的雷泽之中，因此我们应该更加确信张姓的始祖张挥所生活的地区以及张姓的发源地，就在今天的濮阳一带。

三、从考古发现看张姓起源

1987 年 5 月，在濮阳引黄供水工程施工的过程中，当地文物部门在县城西南隅的西水坡一带发现了一座原始社会时期的大墓，以及其他墓葬若干，从中出土了一批珍贵文物,并发现了一些轰动考古界的动物图案。根据某些专家对这些图案的理解和释读,在这些图案中就包括被黄帝部落奉为神明的龙。这样,便为张挥及其信奉龙的部落在当地活动提供了有力的考古证据。

根据这次考古发掘所发表的报告可知,当时所发现的45号大墓,墓中埋葬有4人,在其中最主要的一个壮年男性身旁有一个用蚌壳摆塑的“龙”,昂首弓背。另外,在这座大墓南面不远处,有一个用蚌壳摆塑的“龙虎同躯”图案,在“龙”的头部又有两个形似蜘蛛的图案,“龙”的正前方又摆塑一圆球。再往南,又有一个用蚌壳摆塑的“龙”,头向东,昂首,背上塑有一人,手执一小棍。与之相对的是一虎的图案,头向西,作奔跑状。

关于这些用蚌壳摆塑的图案的性质,究竟是虎是龙还是别的东西,目前学界还未形成一致的看法。不过,由于这座墓距今约6500年,属于父系氏族社会初期,并与传说中的颛顼、帝喾时期基本吻合,加上当时人们有龙的信仰,而当地在传说中又有龙的活动,所以大多数人确信这是龙图案,并因为它是迄今为止发现最早的,还将其命名为“中华第一龙”。

正如海内外炎黄子孙一向确信的那样,中国是龙的国度,中华民族是龙的传人,龙的图案在濮阳的发现当然具有十分重大的意义。对于张姓人来说,由于张挥当年生长于斯,活动于斯,驾龙伴龙,与龙共舞,其意义当然更加重大。

四、关于张挥及“龙”的推论

正如我们在本文开始时所说的那样,张姓始祖张挥是一个历史上的传说人物,所留下的事迹并不多。根据所仅见的一些他的事迹,我们可以认为他尽管是黄帝之孙,但由于“自玄嚣与蟜极皆不得在位”(《史记·五帝本纪》),势力有所衰落,所以只能在颛顼担任部落首领的时候充当一名星官,负责观测天象及预报日时。[①] 大概是由于他善于思考或才智过人，从弧星的排列形状中受到启发，发明了弓箭，因此又担任了“弓正”一职。加上负责祭祀张(弧)星，并将这一职位传给子孙，因此才使子孙得以受姓命氏，以职官为家族的徽记，姓张。

由上述可知，张姓始祖张挥是一个与星象有关的人物，星象之学影响着张姓的得姓和起源。[②] 如在张姓得姓传说中所提到的弧星、张星，其实都是古代星象中的一部分。如弧星便是由 9 颗星组成的星群，其位置在天狼星东南，由于其构成的图案形似弯弓，因此被称为弧星。《史记・天官书》：“厕下一星，曰天矢……其东有大星曰狼……下有四星曰弧，直狼。”《正义》：“弧九星，在狼东南，天之弓也。”又如张星，则是二十八宿之一，属于南方七宿。《淮南子・天文》“五星、八风、二十八宿”注曰：“东方：角、亢、氐、房、心、尾、箕；北方：斗、牛、女、虚、危、室、壁；西方：奎、娄、胄、昴、毕、觜、参；南方：井、鬼、柳、星、张、翼、轸也。”张挥能够观弧星制弓矢，祀张(弧)星得姓氏，可见当时已经有了关于星象的某些学问。

在天上诸星中，张挥时代的人似乎对南方诸星有特别的兴趣。一如弧星位置就在天狼星的东南，而张挥所祀的张星也在南方。另外，据《竹书纪年》载，作为张挥从孙的尧在出世前曾“足履翼宿”，翼宿亦即翼星，在张星旁边。由此可见，南方诸星影响着张挥时代人们的生活和信仰，传说中的张挥观星祀星等应该是有事实根据的。

从张挥观测星象及主祀张(弧)星的传说中，我们可知当时人们已经对天文现象有所重视，因此，我们对濮阳所发现的 45 号大墓中蚌壳图案的解释，除

---

① 张挥时代的人对南方诸星的重视，从唐代的一些墓志中也可以找到旁证。如《唐故吴王府执仗张君墓志铭并序》：“原夫南星命氏。”(周绍良《唐代墓志汇编》)又《唐故朝请大夫遂州长史张府君墓志铭并序》：“天垂象而南有七星，原夫受氏，盖所因矣。”(周绍良《唐代墓志汇编》)。

② 《唐故河南府新安县令张公墓志》说：“轩辕之后。子指张宿有孕，及诞，拳有张字，因而姓焉。”(周绍良《唐代墓志汇编》)这段资料，也说明张姓的得姓与星象有关。

了认为它可能是龙之外,解释为天象图案也并非毫无道理。如对 45 号大墓中弓形图案的解释既可认为它是一个昂首弓背的巨龙,也可以认为是一个弯弯的星宿图形;墓南不远处的另一图案也可以认为反映的是另一种天文现象,所谓“龙虎同躯”也许就是“星宿交汇”,所谓的蜘蛛或“圆球”或者就是某一形同蜘蛛的星群和太阳(或圆月);最南面的一组图案或者是反映星宿的变化,或者意在表现当时有人根据星象的启发而发明了弓箭的事实。

如果我们假定上述用蚌壳摆塑的图案所反映的是一些天文现象,以及最南边的一组图案是在表现星象以及由观测星象而带来的弓箭的发明,那么,它对探讨张姓始祖张挥以及张姓起源的作用,显然是不可估量的。

(本文第一作者为四川师范大学历史文化与旅游学院教授;第二作者为中国青年政治学院科研处处长、教授,中华炎黄文化研究会姓氏文化工作委员会执行会长)

张氏地望在濮阳

于茂世

张仪村在濮阳市胡村乡,该村是战国时期纵横家张仪的故里。张仪靠三寸不烂之舌,以其“连横”之策破苏秦“合纵”之约,是当时能够左右天下局势的大人物。从张姓的来源看,张姓无疑是军武之姓,但自张仪起,它也成为智慧之姓,历史上共出现了63位张姓宰相。

张仪村的村民称村北为北清河,村南为南清河。在濮阳,清河作为一条被黄河“吃掉”的河流,已经“死去”很久了,河道的地表遗存也很难找到。

张仪村有张、尹、李等8姓居民,只有张姓居民是老住户,其他都是迁入户。清光绪二十五年(1899年)续修的《李氏族谱》说:“李氏出陇西,蔓延天下。明洪武年间,自洪洞迁于开州北王家庄后,自王家庄移居清邑张仪村。”清光绪年间续修的《尹氏族谱》载:“尹氏世居山西之洪洞,明成化年间徙居清邑张仪村。”

何为“清邑”?河南中牟县西在春秋时期称“清邑”,山东莘县在隋代称“清邑”,全国先后把“清邑”作为地名的还有很多,但遍查濮阳的设置,却从未有什么“清邑”的称谓。难道这就是挥公的父亲青阳氏(青、清二字，古通用)的封邑？

有一种解释是没有疑问的，那就是“清邑”这个名字一定与古清河流经此地相关，而清河则是天下张姓人公认的祖先得姓的地方，这就同天下张姓人公认挥公是他们共同的祖先一样没有什么疑问。

战国时期的《世本》和唐代的《元和姓纂》上说：“黄帝第五子青阳生挥，为弓正，观弧星始制弓矢，主祀弧星，因姓张氏。”濮阳境内古清河上下，正是张姓始祖挥从小随其父青阳玄嚣生长的地方。但北宋的《姓解》却说：“张氏，生自轩辕第五子挥，始造弦弧，以张网罗取禽鸟，世掌其职，遂以为氏。”且后世的张姓家族族谱多用此说，认为挥是黄帝的儿子，而不是孙子。《国语·晋语》曰：“凡黄帝之子，二十五宗，其得姓者十四人为十二姓(有二人同为姬姓，二人同为己姓)。姬、酉、祁、己、滕、箴、任、荀、僖、姞、儇、依是也。”这十二姓中没有张姓，以此看，挥不是黄帝之子，而是黄帝之孙。

河南大学教授朱绍侯认为，从历史研究的角度看，《世本》优于其他著作，一般来说，对于传说时代人物的记载，文献越早，其记载就越接近历史的真实，因而就更具真实性、权威性。但研究历史，也没有规定哪部文献不具权威性。在挥是黄帝之子还是黄帝之孙的问题上，朱绍侯教授认为：我们要尊重各个宗亲支派所遵从的文献依据，谁也无权改写人家的族谱，谁也无权让人家改变家谱，不能强制统一。泱泱大族，岁月悠悠，传说时代，谁能保证张姓世系中没有缺环、错位，没有衔接阻隔？因此，知其同宗同源，便是历史的荣幸。

从各种史料看，历史上确有挥这个人。但挥是传说时代的人物，在追记中存在矛盾是正常现象，而这些互有出入的资料却都证明了挥是张姓始祖的事实。挥是张姓始祖，但要搞清楚张氏祖根在濮阳，却要从挥之父青阳玄嚣说起。

《史记·五帝本纪》载：“嫘祖为黄帝正妃，生二子，其后皆有天下：其一曰玄嚣，是为青阳，青阳降居江水；其二曰昌意，降居若水。”青阳是玄嚣的封号，江水是玄嚣的降生地，就是说玄嚣生于江水，封邑青阳。玄嚣降生在古江国安阳的江水之畔，可不是现在的豫北安阳，而是在今天的信阳息县西南。但玄嚣的降生地与挥的关系不大，玄嚣的封邑青阳才是挥成长、生活的地方。

"山北曰阴，水北曰阳。"青阳即清水之阳，而古清河就流经濮阳，挥就生长、活动在今天的濮阳地区。现在濮阳县东有一地名叫清河头，证明古清河与濮阳有密切关系，而濮阳张仪村一带的村民至今仍称村北为北清河，村南为南清河，说明濮阳过去确实存在过一条清河。

但河北、山东、安徽等省都有清河，同是在河南，邓县流入湖北境内的也有一条清河，怎么就能断定在濮阳的古清河就是玄嚣的封邑青阳所在呢？因为帝丘（今河南濮阳）是"帝后所都"，这儿有颛顼、帝喾二帝陵（在今内黄境，古属帝丘）。

帝丘在上古时期是东夷族势力与黄帝族势力的交界地区，因此黄帝必须在帝丘设防，故此才把其子玄嚣封于青阳。蚩尤族北进后，黄帝族的经营重心移向豫北冀南地，这也是黄帝族在涿鹿（河北省西北部桑干河流域）大败蚩尤的所在。至黄帝之孙、昌意之子颛顼帝时，濮阳成为帝都，其后玄嚣之孙帝喾也以帝丘为都城。颛顼、帝喾死后葬于濮阳。

由是，张姓始祖挥幼年随其父玄嚣生活在濮阳，成人后辅佐其堂兄弟颛顼帝任弓正，工作在濮阳也是顺理成章的。

对"青阳"地望，也可有另一方面的理解。春秋战国时期习惯以"青"代表东方，所谓青阳，就是天子东堂，如《礼记·月令》："孟春之月……天子居青阳左个（东方之堂北头的室）。"再者，青土是指东方之地，青龙是东方之神，青帝是东方天神。在商代的甲骨文中，"东"有两个意思，一是指东方、东土，一是指具体的地名——濮阳。濮阳在战国时期仍称东地，如《史记·卫康叔世家》载："元君十四年，秦拔魏东地，秦初置东郡……"青阳表示地望，即指古濮阳一带。

挥是青阳氏子，张姓的得姓地望应在濮阳。

（本文作者为《大河报》首席记者）

对朱绍侯教授《张姓祖根在濮阳》的质疑

张华封

张氏起源地“濮阳说”，是20世纪90年代出现的新说，是以河南大学教授朱绍侯先生的文章《张姓祖根在濮阳》为基础的。此文1995年发表于《寻根》杂志第2期，又发表于《张氏源流》总第9期，再载于濮阳人刘巧云、张严凡两位女士编著之《张姓渊源》一书。

朱绍侯教授《张姓祖根在濮阳》所论述的基本观点是：黄帝之子二十五宗，为十二姓……这十二姓中没有张姓，可以断定（张氏始祖）挥不是黄帝之子，而是黄帝之孙；少昊金天氏是东夷族的首领，与黄帝族不是一个族系，这就排除了少昊为黄帝之子、挥之父的可能性，挥只可能为玄嚣之子；帝丘（今河南濮阳）在上古时期是东夷族势力与黄帝族势力的交界地区，因此黄帝必须在帝丘设防，所以才封其子玄嚣于青阳，青阳即在清水之阳，而古清河就流经濮阳；挥幼年随其父玄嚣生活在濮阳，成人后辅佐其堂兄弟颛顼帝任弓正，工作在濮阳。据此，可以说张姓祖根就在濮阳。

显然，朱教授认为“张姓祖根在濮阳”，是在上述特意设定的前提下得出的结论。尽管一提出来就有异议,朱教授《在中华张姓文化联谊会上的讲话》还是强调,濮阳的确是张姓文化的发祥地,挥公生于濮阳,受封得姓于濮阳,活动在濮阳,中华张姓祖居地在濮阳,这一历史结论,已被世界各地张姓宗亲所认可。还说,濮阳作为中华张姓最早的祖居地、发祥地,这是毋庸置疑的结论。

朱绍侯教授是著名历史学家、历史学教育家,他的观点自然是很有分量的。作为年事已高的学者,在担负有繁重工作的情况下,来研究张氏起源问题,本就很值得尊敬。《张姓祖根在濮阳》一文的确也有不少精辟的见解,给予张姓文化的研究不少教益。但是,毋庸讳言,由于上述所设定的前提条件是不成立的,至少说不一定成立,所以,朱教授的主旨观点,即"张姓祖根在濮阳",也就难以成立。下边就来进行分析。

一、关于《国语》记载的黄帝之子得姓问题与张氏始祖挥

挥是黄帝之子还是黄帝之孙,对张姓起源来说,不是最重要的问题,也很难轻易否定其中之一。但是,认定挥是玄嚣之子而不是黄帝之子,是"濮阳说"立论的主要前提,自然为"濮阳说"所必须论证。《张姓祖根在濮阳》称:"根据《国语·晋语》的记载:'凡黄帝之子,二十五宗,其得姓者十四人为十二姓(有二人同为姬姓,二人同为己姓)。姬、酉、祁、己、滕、箴、任、荀、僖、姞、儇、依是也。'在这十二姓中没有张姓,可以断定挥不是黄帝之子,而是黄帝之孙。"其实不然!

关于黄帝之子得姓问题,最早见于《国语·晋语四·重耳婚媾怀嬴》中的记述。其文是:"司空季子曰:'同姓为兄弟。黄帝之子二十五人,其同姓者二人而已,唯青阳与夷鼓皆为己姓。青阳,方雷氏之甥也。夷鼓,彤鱼氏之甥也。其同生而异姓者,四母之子别为十二姓。凡黄帝之子,二十五宗,其得姓者十四人为十二姓。姬、酉、祁、己、滕、箴、任、荀、僖、姞、儇、依是也。唯青阳与苍

林氏同于黄帝,故皆为姬姓。同德之难也如是……异姓则异德,异德则异类。异类虽近,男女相及,以生民也,同姓则同德,同德则同心,同心则同志。同志虽远,男女不相及,畏黩敬也。……是故娶妻避其同姓,畏乱灾也……’”

这些话不过是逃亡在秦国的晋公子重耳(后为晋文公)的随从劝他纳娶他的侄媳妇怀嬴的说词(怀嬴原为晋公子圉入质于秦时的妻子,圉偷跑回晋时,怀嬴留秦。圉回晋后被立为晋君,即晋怀公,他是重耳的亲侄子),以“异姓异德,男女相及”来说明重耳可以纳娶亲侄媳妇。这番说教,内容上前后重复,不合伦理,逻辑上自相矛盾。例如:

1.说“同姓为兄弟。黄帝之子二十五人,其同姓者二人而已”,就是说,黄帝的其他二十三个儿子都够不上兄弟。那是什么呢?

2.讲“其同姓者二人而已”,但既说“唯青阳与夷鼓皆为己姓”,又说“唯青阳与苍林氏同于黄帝,故皆为姬姓”,岂不是自打嘴巴!

3.说十四人为十二姓,但其中一个青阳,既是己姓,又是姬姓,实际上只是十三人为十二姓,其中一个青阳两个姓,也是自相矛盾。清人俞樾《群经评议》曾指出:“黄帝之子不应有两青阳。”有著解释说,两个青阳,是分别指少昊和玄嚣,但从文中得不出这个结论,朱绍侯教授也不赞成这种说法,《张姓祖根在濮阳》认为少昊是金天氏,是东夷族。

4.“姓者,统其祖考之所自出。”(刘恕《通鉴外纪》)从血缘关系上,姓是不能自己选择的。而德,是人的品性、操行,是自己的思想和行为决定的。或许《国语》反映的德的观念另有含义,但也脱不出人的主观范畴。而《国语》这段话,却说“同姓则同德”“异姓则异德”,用姓来衡量德,区分德,其荒谬不言而喻。

从道理上来说,“凡黄帝之子,二十五宗,其得姓者十四人为十二姓”(既称二十五人,又说二十五宗,姑且认为其说法同义),那么“得姓者十四人”之外的另十一人呢?难道无姓吗?“姓者,人之生也。”当社会发展到一定阶段,姓产生之后,人一出生就有姓,黄帝的儿子也不能例外。黄帝时期已进入父权制原始社会,世系以父系计算,子女随父姓。按道理,黄帝姓姬,黄帝的儿子即使有一千个,也都应当是姬姓。这个问题早已被一些姓氏学者所注意并予以阐释。宋代魏了翁撰、元代方回续之《古今考》说:"氏又谓之族……大率姓禀之天子,族禀之(诸侯)国君,然其间容有不赐姓者,各从其父之姓;族如黄帝,子二十五人,而得(从父)姓者才十有三是也。"意思是说,黄帝的二十五个儿子有十二人赐予了非姬姓的十一姓,另外十三人没有赐他姓,则从父姓为姬。《路史·后纪五》说:"(黄帝)子二十五,别姓者十二……余循姬姓。"这里说的"别姓",就是姬姓以外的姓。《路史·发挥三》又说:"黄帝之子二十五宗,赐姓十二,惟纪(己)有二(受赐姬姓以外的十二宗中有二宗为己姓),余十有三皆姬姓也。"明代陈士元《姓汇》则认为:"黄帝元妃西陵氏生子三人:曰昌意,曰玄嚣,曰龙苗;次妃方累氏生子二人:曰休,曰清;第三妃彤鱼氏生子二人,曰挥,曰夷彭;第四妃嫫母生子二人:曰苍林,曰禺阳。凡妃之子九人,庶妾之子十六人,共二十五人。别姓者十二……其(余)十三人皆姬姓。"这里说的"别姓",也是姬以外的姓。现代学者徐元诰所撰《国语集解》说:"《路史》云'别姓者十二',谓二十五人中,别于姬姓者十二人,非谓别为十二姓也。疑当依《路史》改此十四人为十二人,十二姓为十一姓。"徐元诰又曰:"疑此文当作:'玄嚣、苍林与某某、某某(共十三人)同于黄帝,皆为姬姓。'"为什么黄帝这十三个没有赐其他姓而从父为姬姓的儿子中就不能有挥呢?《新唐书·宰相世系表》可是明明讲"张氏出自姬姓",就是朱绍侯教授,在其文中不是也说挥在得姓(张)之前亦为姬姓吗?

"黄帝之子,二十五宗",是哪二十五宗?"黄帝之子二十五人",是哪二十五人?重耳的随从(即司空季子)仅列举了青阳、夷鼓、苍,历代的有关著作加到一起,把挥除外,也仅说出玄嚣、昌意、休、青(清)阳、苍林、夷彭、龙苗、禺阳这么几个。另外那些黄帝的儿子是谁?没人知道。季子不说,其实也是不知道,这就像《史记》不言少昊一样,《路史·发挥三》曰:“司马公作《史记》,不纪少昊,略不识其所出。”连黄帝的那些儿子是谁都说不出来,怎么知道他们没有姓氏呢?又怎么能断定其中就没有张姓始祖挥呢?何况,即便没有说出名字的黄帝的儿子真的没有姓,没有氏,难道他们就不是黄帝的儿子了?恐怕没有人会这样认为。所以,张姓不在《国语》所说的十二姓内,就断然否定挥是黄帝之子,未免草率。不少著作都认为挥是黄帝之子,如宋代的《广韵》《通鉴外纪》《姓解》《路史》,元代的《通鉴续编》,明代的《姓汇》《姓觿》《姓氏谱纂》,清代的《绎史》《姓氏解纷》《姓氏辩误》及《姓氏寻源》等,这些著作的作者都是当时的大“知识分子”,相信他们都读过《国语》,而不盲目附从其说,自然是有道理的。所以,以《国语》之说为据,断挥非黄帝之子,作为论证的论据,是靠不住的。

上古时期,姓与氏是不同的。述黄帝之子姓氏,是不应当混淆的。《国语》的这篇说词中,所列举的黄帝之子十二姓,除姬外,都应当是氏。得氏十一,十二人(二人为己氏),没有得氏的,应为十三人,他们都是还没有新领地或者还没有成为新的部落成员,但他们都是姬姓,是不变的。所以,没有得氏,不等于说没有姓,更不等于说不是黄帝的儿子。《国语》这篇说词没有区分姓与氏,给人造成了错觉,出现了所述氏中没有张姓就否定张姓始祖挥是黄帝之子的不正确观点。

二、关于少昊是黄帝族还是东夷族的问题

对古老的青阳氏,历来就有不同的观点:

《世本·三皇世系》载:“青阳即是少皞(少昊),黄帝之子,代黄帝而有天下,号曰金天氏。

《史记·五帝本纪》载:“黄帝居轩辕之丘,而娶于西陵之女,是为嫘祖。

嫘祖为黄帝正妃,生二子,其后皆有天下:其一曰玄嚣,是为青阳,青阳降居江水……”

《汉书·律历志第一下》载:“《考德》曰少昊曰清。清者,黄帝之子清阳也,是其子孙名挚立。土生金,故为金德,天下号曰金天氏。”

《后汉书·张衡列传》载:“《帝系》,黄帝产青阳、昌意。《周书》曰:‘乃命少皞清。’清即青阳也,今宜实定之。”

《帝王世纪》载:“少昊帝,名挚,字青阳,姬姓也……是为玄嚣,降居江水,有圣德,邑于穷桑……”

《史记·五帝本纪·索隐》载:“皇甫谧及宋衷皆云玄嚣青阳即少昊也。”“宋衷又云,‘玄嚣青阳是为少昊,继黄帝立者……’”

《路史·发挥三》载:“玄嚣、青阳、少昊,三人也。说者以玄嚣为青阳,或以青阳为少昊,或盍三者以为一,剧为浅陋……司马公作《史记》不纪少昊,略不识其所出……《史记》云黄帝生玄嚣,是为青阳,降居江水,此太史公之误也。”

《路史·后纪七》载:“小昊青阳氏,纪姓,名质,是为挈。其父曰清,黄帝之第五子,方儽氏之生也。胙土于清,是为青阳……”此句下注曰:“青阳,少昊之父也,故《帝德考》云‘青阳之子曰挚’,而曹植赞少昊云‘青阳之裔’,则少昊为青阳之子信矣。”又注曰:“少昊父子同以为号,或少昊袭先封之名……今其后裔犹曰青阳,可见知少昊非黄帝子者,毋异也。”

《绎史·少昊纪》载:“《史记·本纪》曰:‘黄帝之子曰玄嚣,是为青阳。青阳降居江水,不得在位。’是不然,青阳与玄嚣,皆黄帝之子,非一人也。青阳即少昊氏也。”

可见,史家于青阳,有认为是玄嚣的,有认为是少昊的,也有认为玄嚣即少昊的,还有认为是少昊之父清的。不过,认为少昊是黄帝族系,则是历代史家的共识。但是,朱绍侯教授《张姓祖根在濮阳》断言:“少昊金天氏是东夷族的首领,与黄帝族不是一个族系,这就排除了少昊为黄帝之子、挥之父的可能性。”

说少昊是东夷族,当然不是朱绍侯教授独有的观点,更不是他最先提出的观点。然而,连《张姓渊源》所载论证“张姓祖根在濮阳”的其他学者的论文,也有不同于朱教授观点的论述。如,史国强《挥公与有穷氏》认为,挥为少昊青阳氏之子的记述屡见于史籍,并且清晰明了,毫无含糊,并且,少昊即玄嚣,玄嚣即少昊,少昊青阳氏即是玄嚣青阳氏。王培勤《张姓源流复议》认为,颛顼重用少昊之子(挥)的原因,一是他与少昊为叔侄关系,与挥是堂伯兄弟;二是颛顼曾辅佐过少昊。

20 世纪 40 年代,著名考古学家、古史学家徐旭生先生在《中国古史的传说时代》中提出了我国古代部族“三集团说”,认为我国古代部族的分野,大致可分为华夏、东夷、苗蛮三集团。徐先生提出,炎帝、黄帝族属于华夏集团,而少昊是东夷族崇拜的宗族神,从文化的角度看也没有问题。著名历史学家顾颉刚先生在 20 世纪 60 年代所撰《鸟夷族的图腾崇拜及其氏族集团的兴亡》中也认为,少昊本是东方鸟夷族的祖先神,这一点和徐先生的观点是一致的。但是,徐旭生先生说少昊属于东夷集团,是黄帝族在东夷族中所找的“绥怀东夷族”的代理人,然而未必如此。

徐旭生先生和顾颉刚先生既是权威历史学家,也是谦逊和谨慎的学者。徐先生希望将来批评《中国古史的传说时代》的人特别注意方法问题(“方法”指徐先生自述研究传说时代历史的几项原则),或纠正它的错误,或补足它的缺陷……如果批评的人对方法问题注意不够,单就个别问题加以指正,那也有益处。本文既不是批评,更不敢指正,仅认为智者千虑,或有一失!即使历史大家,对纷繁的历史事件,忽略某些问题不仅是可能的,而且也是难以避免的。因此,本文不揣冒昧,试予说明似被忽视的问题。

不应忽视的问题是,在黄帝族通过武力统一黄河中下游流域南北广大地域各部落及部落联盟之后,“三集团”首先是互相融合,而后逐渐同化。

炎帝族和黄帝族兴起于西北黄土高原,东进之后,经过阪泉之战和涿鹿之战,黄帝族作为胜利者,首领黄帝成为黄河中下游流域一定地域内的各部落及部落联盟的最高盟主,也就是《史记·五帝本纪》所说的“诸侯咸尊轩辕为天子,代神农氏,是为黄帝”。之后,“天下有不顺者,黄帝从而征之,平者去之,披山通道,未尝宁居”。这样,黄帝“东至于海,登丸山,及岱宗。西至于空桐,登鸡头。南至于江,登熊、湘。北逐荤粥,合符釜山”。黄帝族在包括东夷族之地在内的如此广大地域内具有统治地位,其他各族,包括东夷族的众多部落或部落联盟,宾服于黄帝族,那么,由黄帝族的“成员”治理各地,不仅是可能的,而且是必然的。怎么能排除少昊就是黄帝族在东夷地区的实际统治者呢?《中华文明史》认为,传说少昊是黄帝族向东发展的一支,与夷族杂居,接受了太昊族的文化,故称少昊。范文澜《中国通史简编》也有类似说法。就是《张姓渊源》所载史国强的《挥公与有穷氏》一文也说,涿鹿之战结束后,黄帝选派自己的儿子玄嚣(史国强文中强调玄嚣即少昊)代表他统治东夷地方,玄嚣治太昊之地,行太昊之法,为与太昊相区别,故称少昊。还说,东夷之“夷”与今天的“夷”字是有区别的,不是种姓民族的意思,而是地域文化的称谓,东夷族也是炎黄子孙,龙的传人。这些观点自然是一家之言,但决不是妄说,而是有事实基础的。

东夷族、苗蛮族与炎黄族,同产生于中华大地,而且各自所代表的文化早就分别向中原地区发展,其文明在中原地区互相交汇,差异本不很大,心理也是相通的。那时生产力低下,人口稀少,还没有国家的疆域观念,谁强大,谁就受到其他部族崇拜、敬服,互相融合比较容易。黄帝族统一黄河中下游流域之后,更加速了这种融合和同化。炎黄族与东夷族无论文化还是地域都更为接近,所以他们之间融合、同化更迅速、更彻底。据徐旭生先生所述,阪泉之战和涿鹿之战的英雄黄帝死了以后,不知道又经过了几百年,又有混合华夏、东夷两文化的高阳氏出现。说明颛顼时期，已经很难区分东夷文化与炎黄文化了。炎黄族与东夷、苗蛮族同为华夏民族即后来的汉族的主要组成部分（华夏民族与徐旭生所说的华夏集团是不同概念），而且作为当时的统治族群，炎黄族成了华夏民族的代表。因此，组成汉族的各种族系的后裔自然都可以称为炎黄子孙。

关于“三集团”各族融合、同化的过程，正如徐旭生先生所说，氏族林立的中国经过这一次大震荡（阪泉之战和涿鹿之战），就渐渐地合并起来，成了若干的大部落。这实在是我国古代史上的一种巨大的变化。根据徐旭生书中所述，杨天石在序中说：“三大族不断接触，始而相斗，继而相安，血统与文化逐渐交互错杂，终于同化，形成一种融合而较高的民族文化——华夏文化。证之考古学上，仰韶、大汶口与屈家岭文化的分布、交流与融合的情况，大致是近似的。”①

《中国古史的传说时代》叙言说：“战争（阪泉之战和涿鹿之战）平息以后，黄帝就从东夷族里面找出一位能同他合作的首领少皞出来，绥怀东夷的旧部。以后华夏族同东夷族大约相处得还好，就渐渐地互相同化了。”②还说：“蚩尤既居于少昊之地，那他的部落应该是在山东的西南部。黄帝杀他以后就在他的同族内选择一位能同征服部落合作的首长，大约是另外一个氏族的首长叫作清的，使他仍居于少昊故地，绥靖蚩尤氏原来领导的人民，因地称氏，所以也叫作少昊。”③可见，我们所说的少昊实际就是清，因居少昊之地，也称为少昊。

既然能从东夷族中找一个代理人实行统治，足以说明，涿鹿之战后，东夷族已宾服于黄帝族。那么，选派本族的人去实行统治，不是比选择“异族”代理人更合乎实情吗？早在宋代，《路史》就认为“清”是黄帝之子，现代的《中华

① 徐旭生：《中国古史的传说时代·序》（增订本），文物出版社，1985 年，第 12 页。
② 徐旭生：《中国古史的传说时代》（增订本），文物出版社，1985 年，第 6 页。
③ 徐旭生：《中国古史的传说时代》（增订本），文物出版社，1985 年，第 50~51 页。

文明史》也说少昊是黄帝族向东发展的一支，而徐先生却把“少昊清”当成黄帝族从夷族中选择的代理人，显然是为了迁就自己“少昊为东夷集团”的已有成见。

论述涉及少昊的著作，无不引述《逸周书·尝麦解》篇的记载：“昔天之初，□作二后，乃设建典，命赤帝分正二卿，命蚩尤于宇少昊，以临四方……乃命少昊请（清）司马鸟师，以正五帝之官……”早期古文，因时代的语言特点，又难以避免在长期流传过程中字句缺失和传抄讹误的情况，故甚难理解。但学者们为我们作了解读，还是徐旭生的《中国古史的传说时代》说：“《周书·尝麦篇》内说‘命蚩尤于宇少昊’……‘于宇’当为‘宇于’的误倒。‘宇于少昊’就是说居住在少昊的地方。这一句话一则可以证明少昊原来是一个地方的名字，二则可以证明蚩尤与少昊两氏族有很密切的关系。”[①]顾颉刚先生在《鸟夷族的图腾崇拜及其氏族集团的兴亡》中认为，“乃命少昊清司马”中的“司马”二字，应作“嗣为”二字。于是，其文就成了“乃命少昊清嗣，为鸟师，以正五帝之官……”也有著认为“五帝”应为“五常”，这样，其意思就是，由少昊清继为少昊之地的统治者，建立了以鸟名官制度。

《左传·昭公十七年》所记载的少昊是郯子先祖，在东夷之地建立以鸟名官的制度，只能说明少昊是东夷地区的统治者，证明不了少昊就是东夷族。春秋时期，东夷族早已不复存在，周人仍称东方之人为夷人，主要是方位识别因素和称谓习惯。这就像我们现在说“南方人”“北方人”“东北人”一样，并没有区分不同民族的含义。如上所述，自从炎黄族与东夷族、部分苗蛮族及居于中原的其他族融合后，便逐渐同化，形成了华夏族，又不断融合周边其他民族，后来称为汉族，延续至今。刻意否定黄帝时期黄河中下游流域的各“族”居民已经融合为一，且均在炎帝、黄帝族的旗帜之下，并没有积极意义。

---

① 徐旭生：《中国古史的传说时代》（增订本），文物出版社，1985年，第48~49页。

《中华文化起源志》说:“皋亦作皞、浩、皋、昊等……太昊就是太阳,即太阳神也。这是一种信奉太阳神的氏族部落。”①顾颉刚先生在《鸟夷族的图腾崇拜及其氏族集团的兴亡》中也认为,昊为煌煌太阳,太昊、少昊就是鸟夷族所崇拜的两位太阳神。既然太昊、少昊是东夷族崇拜太阳神的部落的称号,那么称“大汶口文化是太昊、少昊文化”,自然也就是没有问题的。少昊之虚,就是部分崇拜太阳神的部落所在地。黄帝族的清部落,东进后居于“少昊之虚”,以地为称,也就被称为少昊。这和徐旭生先生的下述观点也是一致的:“说到这里,顶重要需要声明的一事,就是在当时社会的单位是氏族,而氏族的名字与个人的名字常相混淆,无法分辨。”②“古人所用地名、氏族名、个人名,常常不分。”③

需要特别注意的还是徐旭生先生在《中国古史的传说时代》中说的,书中所说的集团是偏重文化的,至于血统是次要的事情。所以,作为统治者的少昊是黄帝族血统,而文化已与东夷族融合,这更符合当时的历史实际。

黄帝族的分支——清部落,进入东夷地区,成为那里的统治者,随东夷之俗,具有东夷色彩,是很自然的。周文王姬昌的两个伯父周太伯和仲雍(《史记·周本纪》作虞仲),为迎合父亲欲立姬昌的愿望,使三弟、姬昌的父亲季历继父位,而奔避荆蛮,断发文身,为夷狄之服,以随吴俗。《吴越春秋·吴太伯传》记载:“荆蛮义之,从而归之者千有余家,共立以为勾吴。”太伯成了吴国统治家族的始祖,后世称之为吴太伯,称仲雍为吴仲雍。鲜卑族本是居于塞外的民族,进入中原后,拓跋氏建立北魏政权,统一了黄河流域在内的半个中国100多年。他们统治的是数量远远大于他们自己民族的汉族,不能不受中原先进经济、文化的影响,因而其生产、生活方式及社会性质都发生了重大改变。

---

① 田昌五:《中华文化起源志》,上海人民出版社,1988年,第45页。
② 徐旭生:《中国古史的传说时代》(增订本),文物出版社,1985年,第40页。
③ 徐旭生:《中国古史的传说时代》(增订本),文物出版社,1985年,第35页。

甚至以政权的力量强制地改易鲜卑的习俗，例如，改穿汉族官服，官方必须使用汉语，迁居洛阳之人就地为籍，死后必须就地安葬，甚至改用汉姓，连皇帝的姓拓跋都改为元。女真人建立金朝和他们的后代统一中国，都有类似情形，和少昊随东夷之俗是类同的。太伯、仲雍之事，鲜卑、女真之事，年代并不久远，且有史书记载，后人知道得很清楚。如果不是这样，而是像少昊之事经历几千年传说，后人就难免误认为太伯、仲雍为蛮人，误认为元魏皇族拓跋氏为汉人。

从另一个角度来看，太昊、少昊是信仰太阳神的氏族部落，那么颛顼的"高阳"又是什么呢？如果说少昊是东夷族，那么《山海经·大荒东经》说："东海之外有大壑，少昊之国。少昊孺帝颛顼于此。"《中华文化起源志》说："东海指巨野泽，在今巨野县。"[①]《帝王世纪》说："颛顼生十年而佐少昊，二十而登帝位。"颛顼又能是黄帝族吗？如果颛顼不是黄帝族，还会有挥佐颛顼，受颛顼赐姓吗？

三、关于所谓黄帝族在帝丘设防的问题

《张姓祖根在濮阳》说："帝丘在上古时期是东夷族势力和黄帝族势力的交界地区，因此黄帝必须在帝丘设防，所以才把其子玄嚣封于青阳。"通过这样的设定，玄嚣之子挥便与濮阳联结了起来。问题是，是否存在濮阳这个黄帝族势力与东夷族势力的交界地区？

《中国古史的传说时代》说："华夏集团发祥于今陕西省的黄土原上，在有史以前已经渐渐地顺着黄河两岸散布于中国的北方及中部的一部分地方。"[②]根据有关典籍的记载和仰韶文化的分布情况，涿鹿之战前，炎黄族已占据了豫西和晋西南之地，东达黄河南岸的伊洛盆地和嵩山地区及黄河北岸的太行山

① 田昌五：《中华文化起源志》，上海人民出版社，1998 年，第 45 页。
② 徐旭生：《中国古史的传说时代》（增订本），文物出版社，1985 年，第 48 页。

东麓一带。炎帝族早于黄帝族到达那些地方，阪泉之战后，炎帝族的主要部分在豫西，而黄帝族的核心部分占据了晋西南。

杨天石先生为《中国古史的传说时代》所作的序中说："黄帝统占中原，过去部落林立的局面，经此大震荡（阪泉之战和涿鹿之战），逐渐相互融合与同化，形成部落大联盟。"①还说："黄帝，中国人文初祖。生长于姬水之滨，发祥于今陕西黄土原上……他以军事武力东征西讨，南攻北战，统占了大河中游两岸地区。"②这些论述说明了中原地区本来不是炎黄族的地盘，那里"林立"的部落，不是炎黄族部落。黄帝族在涿鹿之战后通过武力才"统占"了那个地方。

那么中原地区的原住民是谁呢？

《中华文化起源志》说："《尚书·西伯戡黎》之黎国，《史记·周本纪》作'耆'，《宋微子世家》作'阢'，当是九黎。'阢'……是族邦名，故可单称阢或黎。春秋时仍有黎国……可能是九黎之后。其地在今山西黎城、潞城、长治、壶关一带。另外，汉之魏郡有黎阳，在今河南浚县境；东郡有黎县，在今山东郓城县西。这些地名也可能由九黎而来。如然，蚩尤就是古代活动于今鲁西、豫北直到晋东南的氏族部落群之代称了。蚩尤各部活动在这些地方。"③袁行霈的《中华文明史》则进一步认为，蚩尤是九黎夷人的部落首领和先祖。另据古书记载，古代黄河流域分布着不少的部落。在晋冀豫交界的地方有九黎部落，他们的酋长是蚩尤。徐旭生先生也说："我们觉得自郓城到浚县虽属跨越两省，可是相去并不很远。这些全是九黎氏的故地，蚩尤的领土……要之，九黎为山东、河北、河南三省接界处的一个氏族，蚩尤为其酋长。"可见，黄河以北的中原地区，也就是西至晋东南，东至鲁西，北至冀南的豫北地区，其原住民是

① 徐旭生：《中国古史的传说时代·序》（增订本），文物出版社，1985 年，第 11 页。
② 徐旭生：《中国古史的传说时代·序》（增订本），文物出版社，1985 年，第 11 页。
③ 田昌五：《中华文化起源志》，上海人民出版社，1998 年，第 46 页。

九黎族，九黎族部落联盟的首领，在涿鹿之战时期就是蚩尤。古人把炎黄族以东的氏族、部落统称为东夷族，所以《中华文明史》称九黎族为“九黎夷人”。蚩尤不仅是九黎族的首领，也是整个东夷族崇敬的领袖和宗祖神。《中华文化起源志》还从考古文化方面对此作了阐释。其文说：“太皋、少皋和蚩尤属古夷人集团，确切说是古夷人的宗神。其考古文化上的反映自应是大汶口文化及其前身北辛文化，后岗一期文化及其前身裴李岗磁山文化。”[①]该书认为，裴李岗文化北达林州，东北影响到滕县；磁山文化沿太行山东侧达冀南或冀中，东可能到冀鲁豫交界。可见，太行山以东地区当时都属于东夷族所占据的地域。

九黎族西与黄帝族相邻，与炎帝族所在的豫西也仅一河之隔。黄帝族继续东进，出中条山就遇到了蚩尤率领的九黎族的阻击，双方发生了涿鹿之战。据《逸周书·尝麦解》的记载，也可能是炎帝族先与九黎族发生了冲突，遭到蚩尤的攻击，炎帝族的同盟黄帝族参战，成为战争的主力一方。这就是说，在涿鹿之战前，位于九黎族地域东部的濮阳，与黄帝族所控制的地域之间，隔着一个九黎部落联盟。徐旭生先生说的九黎族地、蚩尤的领土，自山东郓城至河南浚县一带，范围比上述九黎族地域稍小，地域更偏东，但濮阳也正在其中心，远未与黄帝族相接。如果说真的有一个黄帝族势力与东夷族势力的交界区的话，那时的濮阳显然也不是这个交界地区。黄帝族在战败蚩尤前，势力还没有达到那里。蚩尤被杀后，黄帝族作为征服者，才成为九黎族所在地域的统治者。不过，这时，黄帝“东至于海”，已经不存在“黄帝族势力与东夷族势力的交界地”问题。所以，认为濮阳是黄帝族势力与东夷族势力的交界区，与当时的历史、地理环境不符。

---

① 田昌五：《中华文化起源志》，上海人民出版社，1998 年，第 65 页。

四、关于玄嚣封地是否在濮阳和其封地与张氏得姓关系的问题

帝丘被称为“颛顼之虚”，这有古书为据。但说濮阳就是玄嚣的封国青阳，则出自《张姓祖根在濮阳》。

上边已经分析过，《张姓祖根在濮阳》说“帝丘在上古时期是东夷族势力和黄帝族势力的交界地区”，不符合当时的历史和地理环境。所以，说黄帝派玄嚣到帝丘去设防，也就失去了根据。但是，为了探讨清楚这个问题，我们假定濮阳就是那个“交界地区”，在此条件下，“张姓祖根在濮阳”是否成立？

（一）称“玄嚣封邑青阳”不是事实而是想象

如果说黄帝族需要在帝丘设防，那么，黄帝有众多有能力、有特长的大臣，有什么根据可以认为是派其子去设防？即使是黄帝之子去设防，黄帝有子二十五宗，何以知道单单是玄嚣到帝丘去设防，而不是其他人？提出这个问题，不是枝节问题，更不是吹毛求疵。因为它作为论证“张姓祖根在濮阳”的前提条件，不仅应有合理的解释，而且还必须具有唯一性。否则，许多地方都可以说那里是玄嚣的封地，因为古清水流经地，基本上又都是所谓的“黄帝族与东夷族交界地”，这样的具体地点是很多的。例如，河北清河就是这样的地方，甚至那里就有地名“清阳”。

《张姓祖根在濮阳》对这个问题是这样回答的：它首先设问，“清河，在中国境内何止一条。河北、山东、安徽等省都有清河，同是在河南，邓县流入湖北境内的也有一条清河，怎么能断定濮阳的古清河就是玄嚣的封邑青阳所在地呢？”又自答说：“这是因为帝丘是‘帝后所都’，并有颛顼、帝喾二帝陵（在今内黄境，古属帝丘）可作见证。”这种回答犯了“推不出”的逻辑错误！玄嚣的侄

子颛顼和孙子帝喾的建都之地或死后葬地，为什么就一定是他自己被黄帝所封之地呢？逻辑上推不出这个结论，二者没有必然的因果关系。玄嚣封地在前，颛顼建都在后，次序也不应颠倒过来。所以，称玄嚣封邑在濮阳，是想象而不是事实。

（二）古籍记载玄嚣降居江水，没有理由否定

“玄嚣降居江水”，古籍早有记述。《史记》记载：“玄嚣，是为青阳，青阳降居江水。”《大戴礼记》记载：“（嫘祖）产青阳及昌意。青阳降居泜水。”清人王聘珍《大戴礼记解诂》解释说：“泜水即江水也。”《说文》《水经注》《路史》皆言江水在蜀。

另一说江水即江国，在豫州新息县。《史记·正义》引《括地志》云：“安阳故城在豫州新息县西南八十里。”应劭云：“古江国也。”《地理志》亦云：“安阳古江国也。”这个新息县也见于《后汉书·郡国志》，是豫州汝南郡属县，约是今河南省信阳市息县地。这个江国，在周初周公东征时，处于古代东夷之地的皋陶后裔被迫迁于那里。

清河张姓研究会刊发的《张氏研究》第九期所载黄福寿文《张氏：得姓于清河的黄帝子孙》则认为“玄嚣降居江水”是“玄嚣降居泜水”之误，而泜水在今河北南部内丘、新河、临城、宁晋、任县一带，并列举了颇为翔实的证据。另有著说，泜水今于河北隆平北入宁晋泊，宁晋泊于冀县北入滹沱河。这一点与黄福寿文近同。

没有根据可以否定这些记载或论证。尽管这些记载或论证所说江水和泜水，或为一水二名，或为二水，其所在地也不相同，但都与濮阳无关。

朱绍侯教授也注意到了这个问题，并在《张姓祖根在濮阳》中说：“豫州新息县即今河南息县，这就是说玄嚣降生地古江国安阳，并不是现在的豫北安

阳。”朱教授把“降居”说成了“降生”。

于是,《张姓祖根在濮阳》提出了这样的见解:青阳降居江水,意思是说玄嚣降生于江水,封邑在青阳。并进一步解释说:“玄嚣的降生地与挥一生的活动关系不大,而玄嚣的封邑青阳才是挥成长、生活的地方。”这样的解释,首先混淆了“降居”和“降生”的概念。北周庾信所撰《周车骑大将军贺娄公神道碑》说:“昔者轩丘命氏,初分兄弟之姓,若水降居,始建诸侯之国。自是以官为族,因地为宗……”说明黄帝之子的降居地即“诸侯之国”。《史记·五帝本纪·索隐》说:“降,下也。言帝子为诸侯,降居江水、若水。江水、若水皆在蜀,即所封国也。”其中所说若水,是黄帝另一子昌意的封国。《太平御览》也说:“若水,允姓国,昌意降居为侯。”《路史》说:“江水,玄嚣国,若之下流泜水也,今蜀州。”显然,“降居”是封国的意思,而不是出生。其次,如果说江水是玄嚣的出生地,那么若水就是昌意的出生地,黄帝其他儿子的降居地都应是出生地。黄帝族起于西北黄土高原,而后由西向东拓展。何以黄帝的妻子要分别跑到那么远的地方去生子?实在解释不通。

(三)“入朝为官”的观念不符合上古社会实情

朱绍侯教授在《在中华张姓文化联谊会上的讲话》中说:“对于传说时代人物的记载,文献越早,其记载就越接近历史的真实,因而就更具真实性、权威性。”一般来说,这是正确的。我们知道,汉代的《风俗通义》就有了“张、王、李、赵,黄帝赐姓也”的记载,我们不敢肯定这种说法就具有权威性,因为在众多说法中,此仅是其中之一。然而朱绍侯教授称张姓是“颛顼赐姓”,则古今仅见!朱教授在他设定的前提下,说:“挥幼年随其父玄嚣生活在濮阳,成人后辅佐其堂兄弟颛顼帝任弓正,工作在濮阳,也是顺理成章的事。据此,可以说张姓祖根就在濮阳。”甚至认为:“挥在颛顼帝时任弓正,只能在都城办公,不可能跑到河北清河去上班。”这种观点实际是后人“入朝为官”的思维，不是古人的观念。即使在朱教授设定的思维前提下，也不能得出挥幼年随其父生活，长大了也一定还在同样的地方生活的结论。黄帝成为黄河中下游流域众多部落、部落联盟的最高统领之后，《汉书·地理志》载：“旁行天下，方制万里，画野分州，得百里之国万区。”所谓“百里之国”，不过是各部落的地盘。挥为“弓正”，实际就是负责弓矢制作的部落的首领，自然有自己的地盘。这地盘，就是“古张国”。那时候还处于氏族公社末期，还没有现代观念的“都城”。黄帝“邑于涿鹿之阿。迁徙往来无常处，以师兵为营卫”，固然不能理解为黄帝族还处于游牧阶段，但那时还没有坚固的城池，遇到天灾或其他危险，经常要在“都邑”之地变换居处，则是那时的实际情况。那时的社会组织和统治形式是“军事酋长制”，也称“军事民主制”，遇有战争等重大问题，由最高盟主主持各酋长会议决定，各部落酋长平时并不一定在“都城”“上班”。《韩非子·十过》说：“昔者，黄帝合鬼神于西泰山之上。”《史记·五帝本纪》说：“黄帝……北逐荤粥，合符釜山。”就是军事民主制的反映。张氏始祖挥生活、工作的地方，是这个“古张国”，而不是“都城”。退一步说，即便张姓始祖挥长期在“都城”“上班”，“上班”之地也不能认为就是张姓的发祥地，除非他的部落所在地也在“都城”。不能证明这个“古张国”是在帝丘，即濮阳，就不能得出“张姓祖根在濮阳”的结论。

关于张姓起源地，主要有四说：“河东张城说”，早在汉代就有学者王符提出，宋代罗泌则认为古张国在邢之任县，即今河北邢台任县；“河北清河说”，自唐以后广为流传；“山西太原说”，在明代已经产生；而“河南濮阳说”，出自朱教授的文章《张姓祖根在濮阳》，不过才 10 多年的历史。濮阳是中华文明的重要发祥地之一，是“龙的故乡”，是“颛顼之都”，商、周以后仍是政治、军事重地，为什么数千年之久却没有人认为那里是张氏始祖所在地？仅此，也不能认为“张姓祖根在濮阳”是顺理成章的，称“濮阳是张姓先民最早祖居地”也是没有根据的。

五、关于朱绍侯教授提出的“包容精神”及相关话题

针对当前关于张姓起源地问题的争论，朱教授在《在中华张姓文化联谊会上的讲话》中说，要有包容精神，要发扬中华民族所具有的博大精深、包容性极强的优秀传统。这无疑是中肯之言。但是却又说科研不能也不应讲求同存异，又不要“包容精神”了。

我们知道，在张姓起源问题上存在不同观点。这些观点各有所据，而且除“濮阳说”外，都是经过许多代人传承下来的。探讨过程中发生不同观点的争论是必然的，也只有经过充分的争论，才能最终达到形成共识的目的，也就是求得“真理”。过程，是事物发展的阶段性。在探讨、争论阶段，没有什么力量能够强制使一种观点服从另一种观点。说到科学，爱因斯坦的“相对论”够得上格，然而否定它的观点也同时存在。孰错孰对，这需要一个复杂的、困难的验证过程，最终会以实践作出检验。现在，谁能把“相对论”抹掉，又有谁能把反对的观点勾销？当然是谁也不能。那就得容许不同观点并存，这就是求同存异。朱教授不同意求同存异，却又要求有“包容精神”，是因为这个“包容精神”也是有前提的。那就是，在“濮阳作为中华张姓最早的祖居地、发祥地，这是毋庸置疑的结论”这个前提下来“包容”其他观点。其实质就是要求各种观点服从“张姓祖根在濮阳”。

说到这里，不能不提及，《张姓祖根在濮阳》一开始就说，“有关张氏祖根主要有三种说法：一、根于濮阳，始祖挥公说；二、根于山西，始祖解张说；三、河北清河为张氏祖居之地说。”为了突出“根在濮阳”，所谓三种说法，两种都没有准确反映相关的观点。如，张氏起源地“清河说”，是认为张氏起源地在今河北清河地的观点，也就是认为张氏始祖挥是在那里兴起的。我们可以不同

意这种观点,但应当正确地表述它。把它说成是“张氏祖居之地”,那么祖父居住之地,就可以这么说。这就歪曲了张氏起源地“清河说”的本来含义。再如,所谓“根在山西,始祖解张说”,更是把不同的观点混在一起,误导性的说法。南宋郑樵《通志》说:“晋有解张,字张侯,自此晋国世有张氏,则因张侯之字以命氏,可无疑也。”这是张姓得姓起源“以祖字为姓说”,并不涉及张姓起源地问题。而“根在山西”,按《张姓祖根在濮阳》所表达的文义和逻辑,则说的是张氏起源地。与山西有关的张氏起源地,有“古张国说”提出的河东张城和“太原说”提出的太原。当说姓族起源地的时候,河东张城就是河东张城,太原就是太原,不能笼统地说成“山西”,就像不能把“张氏祖根在濮阳”说成“张氏祖根在河南”一样。张侯在春秋晋国为大夫,也可以说是山西人。把“始祖张侯”与“根在山西”混到一起说,给人造成的印象就是:张氏的“根在山西”就是因为张侯是山西人。这就把“古张国说”(即“河东张城说”)和“太原说”都掩盖了。实际上误导了读者对张氏起源地“河东张城说”和“太原说”两种观点的忽视和轻视。所谓“三种说法”,一种没有正确表述,一种含混其词,剩下的只有“根于濮阳”了。

(本文作者为中国石油物资西安公司原经营部经理、高级政工师,张姓文化研究者)

张姓祖根在濮阳非我创见，古已有之

——答张华封先生《质疑》[①]之一

朱绍侯

张华封先生在《对朱绍侯教授〈张姓祖根在濮阳〉的质疑》中有如下一段话：

> 关于张姓起源地，主要有四说……而“河南濮阳说”，出自朱教授的文章《张姓祖根在濮阳》，不过才10多年的历史。濮阳是中华文明的重要发祥地之一，是“龙的故乡”，是“颛顼之都”，商、周以后仍是政治、军事重地，为什么数千年之久却没有人认为那里是张氏始祖所在地？仅此，也不能认为“张姓祖根在濮阳”是顺理成章的，称“濮阳是张姓先民最早祖居地”也是没有根据的。

上引这段文字的中心意思，是说“张姓祖根在濮阳”是我首创的，不过才

① 编者注：《质疑》指张华封先生的《对朱绍侯教授〈张姓祖根在濮阳〉的质疑》一文。

10 多年历史，“仅此”是不能成立的。关于说我创立“张姓祖根在濮阳”，我倒认为是对我的“恭维”，其实我哪有那么大的本事，凭空会创出一个新说。不过，说这一新说“才 10 多年历史”，“仅此”就不能成立，这才是张先生的创造。学术研究都是以其论点及论据是否可靠、是否符合实际为标准，从来没有以其时间长短来作标准的。如按张先生的说法，列出一个年表就可以了：河东张城说，汉代就有了；河北清河说，唐以后广为流传；山西太原说，在明代已经产生；河南濮阳说，不过才有 10 多年的历史。这样一排列，河东张城说时间最早，张姓祖居地就理所当然在河东张城了。张先生的如意算盘，一是太武断，二是一厢情愿，其他几家未必同意。我劝张先生不要在时间长短上打算盘了，还是把你的观点亮出来，让大家看看吧！

回过头来还是谈一谈“河南濮阳说”，是否才有 10 多年历史的问题吧。关于“张姓祖根在濮阳”，是濮阳地区世代相传、妇孺皆知的事。这种传说以前并没有引起人们的注意，在改革开放以后，特别是在海内外掀起寻亲拜祖的热潮之后，才引起濮阳市、县领导的重视。于是在 1993 年 9 月就抽调得力人员对张姓族史进行专题研究，之后又组成张姓族史考察小组去河南郑州、河南开封、山西太原、河北清河等地进行考察和访问，并在 1994 年 10 月在濮阳召开第一次张姓族源学术研讨会，这次会议我没有参加。1995 年 3 月，在濮阳又召开第二次张姓族源学术研讨会。参加这次会议的除濮阳市、县学者外，还有河南省的考古学家、历史学家、历史地理学家、姓氏学家 10 余人，我也参加了这次会议。在会上，学者们都从各自研究专业出发论证了张姓祖源问题，除在个别细节问题上有不同意见外，基本上都同意张姓祖根在濮阳的说法。会后，与会学者从各自专业的角度撰文论证了张姓祖根在濮阳的问题，并出版了《龙乡寻根》。河南教育出版社 1996 年出版的《龙乡寻根》，是与会学者的共识，也是濮阳人民世代传说的反映，怎么能说“张姓祖根在濮阳”之说是出自我一个人的文章呢？我们的文章写出后，慎重起见，濮阳领导把文章送给中国大师级学者张岱年、李学勤、张政烺、傅振伦、张忠培、杨向奎等10位先生审阅。这些德高望重的学者并没有因为这一“新说”才有几个月时间而予以否定，而是写出书面文字予以肯定。我无意拉大旗作虎皮，吓唬别人保护自己，我只想对比一下张华封先生的态度。张先生看到我的文章后，就得出结论：“不过才10多年的历史……仅此，也不能认为‘张姓祖根在濮阳’……称‘濮阳是张姓先民最早祖居地’也是没有根据的”。张先生比起上述一些大师们确实“慧眼独具”，但所下的结论是否太武断了。

中国的老学者有一句口头禅：“读书未遍，不敢妄下结论。”张华封先生书读得太多了，所以才说出“为什么数千年之久却没有人认为那里（指濮阳）是张氏始祖所在地”，事实上，由宋工部尚书张咏撰修的，以后在元、明两朝由其后辈不断续修的《山阴白鱼潭张氏族谱》中，明白地记载着濮阳就是张姓的祖居地。在《〈山阴白鱼潭张氏族谱〉重修族谱叙》中有如下几条记载：

> 张之受姓，昉于轩辕之子，天下之张，厥初无不本于一人耳，濮阳吾祖之所自出。
>
> 吾家本名族，受姓轩辕氏，濮阳蕃本根。分合清有几，有斐乖崖公，勋名照青史。
>
> 乖崖久矣典刑存，赖有曾孙演庆源。兵后沧桑徒自改，世间宗法尚堪论。谢庭育秀多兰玉，窦武联芳在一门。谱牒几枝犹散落，濮阳谁为问诸昆。

上引三段文字，第一、二段中的“濮阳吾祖之所自出”和“濮阳蕃本根”，都说明濮阳是张姓的祖居地，应该是不解自明的，没有必要再浪费笔墨，但第三段文字艰深难懂，有必要多说几句。第三段的第一句“乖崖久矣典刑存”和第二段中的“有斐乖崖公”的“乖崖”是宋工部尚书张咏的别号，文中的“典刑”，即“典型”，古“刑”“型”通用。意思是说张咏虽然逝世已久，但他所修的族谱仍然存在。第二句“赖有曾孙演庆源”。文中的“庆源”比较难解，可能是一典故，但从上下文意看似指族谱，意思是幸有后辈能续修族谱。这应该是指元朝中期的张梅叟，明宣德年间的张潜安及弘治年间的张以弘、张以文、张以宽、张以时等续修族谱事。第三、四句“兵后沧桑徒自改，世间宗法尚堪论”，意思是说虽然在元末战乱之后，社会发生沧桑巨变，但由于有族谱的存在，张氏的宗法关系还是可以谈论的。第五、六两句“谢庭育秀多兰玉，窦武联芳在一门”，是谢安、窦武培育英杰子弟的典故，暗喻张家也是人才辈出、后继有人。第七、八两句“谱牒几枝犹散落，濮阳谁为问诸昆”，是感叹虽经几次续修族谱，但还有几支族谱散落无存，濮阳老家还有谁问及张姓后裔呢？总之，这三段文字都可以说明张姓祖居地在濮阳的事实。

从《〈山阴白鱼潭张氏族谱〉重修族谱叙》中，可以确切知道在元代中期，张梅叟就以《山阴白鱼潭张氏族谱》“以联其族人”，其后在明宣德、弘治年间又两次续修。仅从元代中期算起距今已有数百年，如果再上推至宋代的张咏，至今已有一千多年。由此可见，“张姓祖根在濮阳”并非“不过才 10 多年的历史”，张华封先生想以此为由而封杀“濮阳说”，也就不能成立了。

在这里我要说明一个问题，即在本文前为什么要加一个“答张华封先生《质疑》之一”的副题？意思是我要继续答辩下去。本来当我知道张先生要发表《质疑》时，我是不想答辩的，因为我认为研究传说时代的历史，原始资料就有分歧，有不同意见是很正常的，不必答辩。但当我看到《质疑》之后，发现张先生是用歪曲我的文章、讲话的原意的手法，然后再肆意发挥批判，甚至对我引用的资料也在曲解之后予以批判，这样我就不能不答辩了，但我现在又没有时间写很长的文章，只好采用分题答辩的方法。我下一个答辩的题目是《驳张华封先生对〈国语·晋语〉一段文字的曲解》。

（本文作者为河南大学教授，河南省历史学学会原会长）

驳张华封先生对《国语·晋语》一段文字的曲解

——答张华封先生《质疑》之二

朱绍侯

关于《国语·晋语四》中“黄帝之子二十五人”，这段话，《史记》《通鉴外纪》都引用过，研究中国古代史和研究中国姓氏史的人更是经常引用。毋庸讳言，学术界对这段话确实有所争议，但迄今为止，还没有哪一位学者像张华封先生用如此狠毒的语言，对这段话予以彻底全面的否定。说什么“这番说教，内容上前后重复，不合伦理，逻辑上自相矛盾”。张先生如此解读历史文献，真是令人叹为观止。俗话说“偏见比无知更愚蠢”，如果是无知再加上偏见，那就是蠢上加蠢了。张先生如此歪曲、攻击古代历史文献，那就有必要予以逐条驳斥，以正视听。

一、驳“不合伦理”说

一般研究者引用《国语·晋语四》这段文字，都只引用“凡黄帝之子，二十五宗”至“皆为姬姓”这一段，以说明“其得姓者十四人为十二姓”，而张先生则把重耳（晋文公）娶其侄媳怀嬴的故事也拉出来，其目的就是要给这段话扣上一个“乱伦”的大帽子，也就是他所说的“不合伦理”。“乱伦”用宋以后道学先生的观点说就是“禽兽行”。张君以道学家自居，把春秋时代婚俗扣上“乱伦”“禽兽行”的大帽子，这难道不是狠毒的攻击吗！春秋时代盛行什么婚俗呢？那就是大家知道的“媵婚制”。《仪礼·士昏礼》郑玄云：“古者嫁女，必侄娣从，谓之媵。”姐妹与姑姑同嫁一个男人，用张君的观点来看，不也是乱伦吗？但这是当时的婚俗，说明当时的婚姻并不论辈分。春秋时还有一句婚姻格言，张君可能更要反对，那就是“人尽夫也”。据《左传·桓公十五年》记载，雍姬问她母亲：“父与夫孰亲？”其母答：“人尽夫也，父一而已。”对于这段话，明代学者谢肇淛在《五杂俎》卷八中说：“‘父一而已，人尽夫也’，此语虽得罪于名教，亦格言也。父子之恩，有生以来不可移易者也；委禽从人，原无定主，不但夫择妇，妇亦择夫矣，谓之人尽夫，亦可也。”要知道明代是名教最盛行的时期，谢肇淛虽然也说“虽得罪于名教”的话，但是最后却说“谓之人尽夫，亦可也”。“人尽夫”，当然不排除不同辈分的婚姻，想不到21世纪的张君竟然把晋文公与侄媳结婚骂为乱伦。其实春秋时代确有一大禁忌，就是“同姓不婚”，季子说了那么多的话，就是要说明除了“同姓不婚”的禁忌外，并不排除不同辈分的婚姻。张君并没吃透原文的真意，而妄下“不合伦理”的评语，起码是违背了用历史唯物主义精神研究历史的原则。其实不同辈分的婚姻，直到汉唐仍有孑遗，如汉惠帝要娶自己的亲外甥女为皇后，武则天嫁给唐高宗，唐明皇娶杨贵妃，都是不合宋以后理教的典训的，但却无人从伦理角度进行批评。

在春秋时期，秦晋两国经常互通婚姻，故后世对两家结亲称为“秦晋之好”。这“秦晋之好”也包括晋文公与怀嬴的婚姻在内。如按张君的说法，这叫“秦晋乱伦”，哪里是什么“秦晋之好”？人类的婚姻是由群婚、族外婚、对偶婚发展、演变而来的，如果从道学家的立场、观点来研究婚姻史，那不成了乱伦史、耻辱史？但到目前为止还没有这样一部著作问世。

二、驳“逻辑上自相矛盾”说

张君对《国语·晋语四》中的这段话还提出两个责难，就是“内容上前后重复”，“逻辑上自相矛盾”。关于前后重复的问题，可暂且不论，关键是“逻辑上自相矛盾”的问题，对此应认真予以辩驳。所谓“逻辑上自相矛盾”，主要是因为学术界对黄帝之子究竟是有两个青阳氏还是只有一个青阳氏的不同认识而造成的，即所谓“破四为三”的争议，而这个争议古已有之。

大概在唐朝以前，学术界对黄帝之子中究竟是一个青阳氏，还是两个青阳氏就有了争议。主张两个青阳氏之说者，认为青阳玄嚣和青阳少昊都是黄帝之子；主张一个青阳氏之说者，认为玄嚣是黄帝之子，而少昊不是黄帝之子；也有人调和两个青阳氏的矛盾，认为玄嚣、少昊是一个人，这实质也是一个青阳说。主张两个青阳说者认为黄帝之子得姓者十四人中“别为十二姓”，因为其中有两个姓姬，两个姓己；主张一个青阳说者认为黄帝之子中得姓者不是十四人而是十三人，这样黄帝之子得姓者中就只有一个姓姬和两个己姓，这就叫“破四为三”。于是黄帝就只有二十四子，而不是二十五子，出现了数字上的矛盾。张君就是以此为根据，而说《国语·晋语四》这段话前后矛盾。现在的问题是学术界对青阳氏有争议这是事实，但主张一个青阳说者不应改写主张两个青阳论者的文章，然后再说人家自相矛盾。很显然季子是主张两个青阳论者,“凡黄帝之子,二十五宗,其得姓者十四人为十二姓……”从原文看是一点矛盾都没有的,因为十四人中有两个姬姓,两个己姓,故只有十二姓了。张君还特别指出我也是不同意少昊是黄帝之子的,对此我至今坚持不改,但我无权改写主张两个青阳说者季子的原话,并从中制造矛盾。唐代学者司马贞就想解决“破四为三”的矛盾。他在《史记·五帝本纪·索隐》中有较为详细的解释,现转引如下:

旧解破四为三,言得姓十三人耳。今案:《国语》胥臣云“黄帝之子二十五宗,其得姓者十四人,为十二姓,姬、酉、祁、己、滕、葴、任、荀、僖、姞、儇、衣是也。唯青阳与夷鼓同己姓”。又云“青阳与苍林为姬姓”。是则十四人为十二姓,其文甚明。唯姬姓再称青阳与苍林,盖《国语》文误,所以致令前儒共疑。其姬姓青阳当为玄嚣,是帝喾祖本与黄帝同姬姓。其《国语》上文青阳,即是少昊金天氏为己姓者耳。既理在不疑,无烦破四为三。

从上引司马贞一段话可知,司马贞认为《国语》中季子(胥臣)所说的“黄帝之子,二十五宗,其得姓者十四人为十二姓”是“其文甚明”,“理在不疑,无烦破四为三”。简单地说就是司马贞赞成季子说的话,但司马贞也认为《国语》有误。误在什么地方呢?误在没有说清两个青阳是谁。按司马贞的理解,前一个青阳,即与夷鼓同为己姓的青阳,是少昊金天氏,后一个青阳,即与苍林同为姬姓的青阳,是帝喾之祖玄嚣。司马贞认为只要把两个青阳氏说清楚了,问题就迎刃而解了。事实上问题并不像司马贞理解得那样简单,尽管司马贞作出了他认为正确的解释,而“破四为三”的问题直到现在还有争议。张君想据此全面彻底否定《国语·晋语四》中的这一段话,这也算是一项首创性的突破。

三、驳歪曲式的质问

张君在全盘否定《国语·晋语四》中的一段文字后，又提出四个质问，以增强他立论的说服力。看了这几个质问后，我对张君懂不懂历史感到迷惑不解。说他对历史没研究吧，他确实掌握不少历史资料，并能提出一套一套的论点，说他懂历史吧，他又说出很多不在行的话，甚至是会成为笑柄的“高论”。还是从他的一些质问说起吧。

质问一：“说‘同姓为兄弟。黄帝之子二十五人，其同姓者二人而已’，就是说，黄帝的其他二十三个儿子都够不上兄弟。那是什么呢？”这一质问既是断章取义，又是强词夺理。细观全文，这里所指“同姓者二人而已”，是指“青阳与夷鼓皆为己姓”，而下面还有“青阳与苍林”皆为姬姓，还有黄帝之子二十五人“其得姓者十四人为十二姓”，综合来看，这是讲黄帝十四子赐姓以后的情况，赐姓以前，黄帝二十五子都是兄弟，赐姓以后当然还是兄弟，血缘关系不能改变，这是古今共有的常识，哪里会有这样的糊涂人会得出不是兄弟的结论呢？但是，赐姓前后的兄弟关系却有所改变，这就涉及下文的“异姓则异德，同姓则同德”这段话的深刻含义了。德，《说文解字》解释为“升也”。段注曰：“升当作登，走部曰：迁登也。”又曰：“俗谓用力徙前曰德，古语也。”据《说文解字》段注可知，德就是“迁登”“用力徙前”，也就是改变以前的状况。那么黄帝赐姓之后改变了什么状况呢？就是由原来的“同姓同德，男女不相及”变为“异姓异德，男女相及”。用通俗一点的话来说，就是原来黄帝之子同为姬姓，他们的子女不能通婚，赐姓之后，他们的子女就可以通婚了，这也正是季子所说的“异姓则异德，异德则异类。异类虽近，男女相及，以生民也，同姓则同德，同德则同心，同心则同志。同志虽远，男女不相及，畏黩敬也”。这句话的意思是，赐姓之后，则成为异姓，其后裔子女亲缘关系虽很近，也可以结婚，而同姓的后裔子女亲缘关系虽很疏远，也不可以结婚，这就是当时存在的“同姓不婚”的禁忌。对季子所说的“德”，解释为德行也能讲得通，但必须落实到“同姓不婚”上，因为季子说了那样长的一段话，所要表明的就是“同姓不婚”，异姓“男女可相及”的道理，哪里会扯上“不是兄弟是什么”的问题，这是不明问题的实质而节外生枝。

质问二：“讲‘其同姓者二人而已’，但既说‘唯青阳与夷鼓皆为已姓’，又说‘唯青阳与苍林氏同于黄帝，故皆为姬姓’，岂不是自打嘴巴！”就是由“破四为三”引出来的问题。季子是主张黄帝之子有两青阳，因此说一个青阳与夷鼓同为己姓，一个青阳与苍林同为姬姓，是合情合理的，而张君则站在黄帝之子只有一个青阳的立场上，硬说季子的两个青阳为一个青阳，然后又说人家“自打嘴巴”，其实是张君自以为是要打人家的嘴巴，反倒咬一口而说人家“自打嘴巴”，用这种态度来研究学术，至少是不够诚实的，有误导读者之嫌。

质问三：“说十四人为十二姓，但其中一个青阳，既是已姓，又是姬姓，实际上只是十三人为十二姓，其中一个青阳两个姓，也是自相矛盾，清人俞樾《群经评议》曾指出：‘黄帝之子不应有两青阳。’有著解释说，两个青阳，是分别指少昊和玄嚣，但从文中得不出这个结论，朱绍侯教授也不赞成这种说法，《张姓祖根在濮阳》认为少昊是金天氏，是东夷族。”质问三所提的问题与质问二相连，明白“破四为三”的缘由，自然迎刃而解。张君文中提到俞樾《群经评议》和我都不同意少昊金天氏是黄帝之子的说法，我前面已说过，主张一个青阳说或两个青阳说是学术界早已有之的不同意见，但谁也无权用自己的意见，改写另一意见者的文章，张君就是以一个青阳的意见，去改写《国语》中的原文，这是强加于人，是正直的学者所不为的。张君在质问三中还提到“有著解释说，两个青阳，是分别指少昊和玄嚣”，实际就是指我前面引用的司马贞《史记·五帝本纪·索隐》中的那段话，说明张君是知道学术界有两种青阳说法的，但却故意装糊涂，而说“从文中得不出这个结论”。站在一个青阳说的立场上，当然不会承认这个结论，站在两个青阳说的立场上，自然会得出这个结论，你不同意两个青阳说是可以的，但说“得不出这个结论”就太武断了。

质问四：“‘姓者，统其祖考之所自出。’（刘恕《通鉴外纪》）从血缘关系上，姓是不能自己选择的。而德，是人的品性、操行，是自己的思想和行为决定的。或许《国语》反映的德的观念另有含义，但也脱不出人的主观范畴。而《国语》这段话，却说‘同姓则同德’‘异姓则异德’，用姓来衡量德，区分德，其荒谬不言而喻。”张君这段话，看起来理直气壮，实际是没读懂这段话的深切含义。中间他说“或许《国语》反映的德的观念另有含义”，说明张君已觉察到此处的德应另有所指，但仍按一般的理解，则认为“德，是人的品性、操行，是自己的思想和行为决定的……也脱不出人的主观范畴”。其实这里所谓的“德”，恰恰不是自己的思想和行为决定的，也不是人的主观范畴，而是客观的德行的规范，具体地说就是“异姓则异德，异德则异类。异类虽近，男女相及，以生民也，同姓则同德，同德则同心，同心则同志。同志虽远，男女不相及，畏黩敬也”。简单地说德就是指“同姓男女不能结婚，异姓男女可以结婚”，对此前文已经讲过，不须赘述。最后我想说的一句话就是，张君对《国语》这段话产生那么多的歧想，就是没读懂这个“德”的真实含义，所以也不可能读懂季子对重耳说的这段话的真正用意。

在质问四之后，张君又发表了一大套议论，因文字过长，不可能原文照录，只有对其中的重要问题予以澄清。

张君说：“‘凡黄帝之子，二十五宗，其得姓者十四人为十二姓’……那么‘得姓者十四人’之外的另十一人呢？难道无姓吗？”这一提问有失水准，因为没有任何人说过，另外十一人无姓，这叫无的放矢。接着张君就旁征博引，自问自答地说：“没有赐他姓，则从父姓为姬。”看来张君是知道没有赐姓的十一人是有姓的，即随其父黄帝而姓姬。其实也包括挥公在内，凡未得姓者都姓姬，这是一般人所共知的常识问题，应承认张君说子随父姓的判断是正确的，但接下来张君就又说不在行的话了。他说:“连黄帝的那些儿子是谁都说不出来,怎么知道他们没有姓氏呢?又怎么能断定其中就没有张姓始祖挥呢?”张君的第一问是无的放矢,因为没有谁说黄帝的其他儿子没有姓,而且他在自答中已经肯定子随父姓,何必再问呢?第二问又显得没有水准,既然你已经说了没有得姓者随其父黄帝姓姬,怎么又要从随父姓的诸子中去找张姓始祖张挥呢?这才是自打嘴巴,说来说去还是说明张君对随父姓和赐姓(得姓)的关系没有弄明白。

《通鉴外纪》云:“姓者,统其祖考之所自出;氏者,别其子孙之所自分。”姓是族姓的祖根,氏是由祖根分出来的分支,这是由于人口繁殖,自然发展而形成的人际关系。《通志·氏族略·氏族序》云:“三代之前,姓氏分而为二,男子称氏,妇人称姓……姓所以别婚姻,故有同姓、异姓、庶姓之别。氏同姓不同者,婚姻可通。姓同氏不同者,婚姻不可通。三代之后,姓氏合而为一。”这段文字是讲三代前后姓氏和婚姻的演变情况,它们表述的姓氏关系,仍然是祖根与分支的关系。在母系氏族社会,婚姻不固定,知其母而不知其父。女系的亲族关系容易确定,故“女生为姓”,男系的亲族关系不能确定,故称为氏,成为姓的支脉。在婚姻关系上,则是“氏同姓不同者,婚姻可通。姓同氏不同者,婚姻不可通。三代之后,姓氏合而为一”,“同姓不婚”的禁忌也就取消了。《左传·隐公八年》云:“天子建德,因生以赐姓,胙之土而命之氏。诸侯以字,为谥,因以为族。”这是周朝的姓氏关系,意思是说周天子封有德者为诸侯,因其所生之母而赐姓,报之以土地,命之以国名。这里所说的姓氏关系,与前引两条又有不同,但认真分析起来,他们之间又有三点共同之处:一、姓是祖根,氏是分支;二、同姓不婚,同氏可婚;三、赐姓者可独立门户,或成为一国之主,或为一族之祖。可见赐姓的重要性。

古代赐姓是有条件的,《左传·隐公八年·正义》曰:“有大功德,宜世享祀者,方始赐之。无大功德,任其兴衰者,则不赐之。不赐之者,公之同姓,盖亦自氏祖字。”黄帝之子二十五人，得姓者十四人为十二姓，就是根据有功德、无功德而决定的。有功德而赐姓者，就成为“此姓此族之始祖耳”，无功德而不赐姓者，“各从父之姓族，非复人人赐也”。张君要从未得姓的十一人中去找张姓始祖张挥，岂不是缘木求鱼，贻笑大方。归根结底，张君还是未真正了解得姓与不得姓的区别。得姓者即为新姓之祖（即使姓姬也为新姬姓之祖），不得姓者仍随黄帝姓姬，不能成为一姓之祖。此外，张君还未真正了解“同姓同德”“异姓异德”的含义，这里的“同德”即“同姓不婚”，“异德”即“异姓可婚”。如果真正了解以上两个要点，至少可以少说或不说那么多离谱的话。

（本文作者为河南大学教授，河南省历史学学会原会长）

历史不是泥巴，不能任意捏造

——答张华封先生《质疑》之三

朱绍侯

张华封先生在《质疑》中的第二个标题是“关于少昊是黄帝族还是东夷族的问题”,第三个标题是“关于所谓黄帝族在帝丘设防的问题”。由于这两个问题都与东夷族有关,故合在一起讨论。

张君在第二、三个标题下,引用了大量古籍资料和近现代人的著作。看了张君的引证,谁还敢说张华封先生不懂历史,不是造诣很深的史学家和姓氏学家?但是,张君据所引证的资料而发表的论断,却有自以为是、信口雌黄之嫌,令人难以理解。

从张君所引用的资料中,可以说把古代对青阳少昊的几种不同说法都点出来了,即青阳少昊与青阳玄嚣为一人说,青阳少昊与青阳玄嚣为二人说,青阳、少昊、玄嚣为三人说。应该承认这种引证的态度是公正的,可以使读者知道,少昊其人史书有不同的记载。但从张君的阐述中,可以看出张君是主张少昊与玄嚣两青阳并存的，当然都属于黄帝族系，这是一个见仁见智的问题，我无意与张君争辩。然而，张君在引述徐旭生先生的论点——少昊是东夷族崇拜的宗族神时，却说“从文化的角度看也没有问题”。接着再引用顾颉刚先生的观点——少昊本是东方鸟夷族的祖先神，又说“这一点和徐先生的观点是一致的”。看来张君是被大学者的权威性给镇住了，不敢直接反对少昊是东夷族，而在加一个“从文化的角度”的前提后，就承认了少昊是东夷族的“宗族神”“祖先神”。这真是自以为是的高论。请问在中国哪一家的“宗族神”“祖先神”不是由血缘关系确立的？难道“从文化的角度”就能确认“宗族神”“祖先神”吗？特别是在黄帝时期，各族间的接触尚处于初期阶段，即使黄帝与蚩尤之战促进了民族融合进程，但也远远没达到同化的程度。在远古时代谈什么“从文化的角度”确认“宗族神”“祖先神”，只能是信口开河而已。

从张君大量引证古籍资料后语无伦次的论述中，我发现一个奥秘，张君最明确的目的，就是寻找或制造批“濮阳说”的论点、论据。在此前提下，只要对批我有利，他随时可以改变观点，立论予以批判。如张君本是主张少昊、玄嚣两青阳并存，都是黄帝之子，但他在批《国语・晋语四》“凡黄帝之子，二十五宗，其得姓者十四人”这一段话时，却又站在一个青阳说的立场上，硬把十四人说成是十三人，而制造出莫须有的矛盾，然后予以批判。在第二个标题下，他又故伎重演，改变他主张少昊为黄帝族的观点，提出新的假设问题，再予以批判。张君在《山海经・大荒东经》中查到关于“少昊孺帝颛顼于此”的资料，然后又把这条资料与《帝王世纪》所说的“颛顼生十年而佐少昊，二十而登帝位”联系起来，就把帝颛顼也假设为东夷族，然后就理直气壮地质问说：“颛顼又能是黄帝族吗？如果颛顼不是黄帝族，还会有挥佐颛顼，受颛顼赐姓吗？”世界上无论做什么游戏都有个底线，越过底线就是胡闹。学术讨论也应该有个底线，在讨论五帝的族属问题时，颛顼是不是属于黄帝族系就是底线。请问在中国史学界有哪一位史学家认为颛顼是东夷族而不是黄帝族系呢？况且对

“少昊孺帝颛顼”本来就有不同的解释。一说指少昊孺养帝颛顼，大概这符合张君的观点，另一种说法认为，颛顼与少昊非一族，“孺”不是父子相承，疑为人质。对此解释张君大概不会同意，但学术问题可以各抒己见，不能强加于人，想以“少昊孺帝颛顼”而把颛顼说成是东夷人，这种牵强附会的说法是不能令人信服的。

关于少昊金天氏，可以说是研究中国远古帝王最有争议的一位。司马迁作《史记》“不纪少昊”，就足以说明其问题的复杂性。《山海经》中所记“少昊孺帝颛顼”，不仅解释不同，而且其可靠性也要大打折扣。学术界都肯定《山海经》对研究中国神话和中国古代历史地理有很高的学术价值，但对中国古代史学者来说，却很少引用，因其神话成分太重，难以窥其底蕴。关于“少昊孺帝颛顼”，作少昊孺养了颛顼解，也与其他古籍所记相抵牾。如拿张君所引用并很欣赏的《逸周书·尝麦解》来说，其所记就可以完全否定“少昊孺帝颛顼”的说法。《逸周书·尝麦解》云：“昔天之初，□作二后，乃设建典，命赤帝分正二卿，命蚩尤于宇少昊，以临四方。”上引文字由于有一处掉字，故对“□作二后”已难明其真意，但对下边的文字“命赤帝分正二卿，命蚩尤于宇少昊”是明确无误的。人所共知，炎帝为天子是在黄帝之前，炎帝年长于黄帝，而蚩尤与黄帝同时。“命蚩尤于宇少昊”，说明此时少昊已不在世，如果少昊在世又怎能命蚩尤去镇守少昊之地呢？请想在蚩尤时少昊就不在世，那么少昊还能孺养黄帝之孙颛顼吗？张君对《逸周书·尝麦解》津津乐道，在此不会又否定这条资料吧。

张华封先生为了反对我的“帝丘设防”说，又制造出一套黄帝征服蚩尤后，“华夏族同东夷族大约相处得还好，就渐渐地互相同化了”，“说明颛顼时期，已经很难区分东夷文化与炎黄文化了”。从辩论技术讲，这叫釜底抽薪。炎黄族与东夷族已经互相同化了，矛盾已经不复存在，黄帝还在帝丘设什么防？理由多么充分啊！其实这是张君顾头不顾尾的信口雌黄，与史实并不相符。

所谓东夷，实际是对中国东方各少数民族的总称，在炎黄时期，由于其历史全为后人所追记，故简略而多分歧，对于东夷族，人们只知太昊、少昊、蚩尤是东夷族的先后领袖（其中也有歧意），至于东夷族中包含哪些部落和族群，都不甚了解。黄帝战败蚩尤，并没有征服所有东夷部落，就是蚩尤集团也不是所有人都降服于黄帝集团。黄帝与蚩尤的战争结果，当然会促进民族融合，但融合的范围是有限的，说什么黄帝战胜蚩尤之后，华夏族与东夷族“就渐渐地互相同化”，“说明颛顼时期，已经很难区分东夷文化与炎黄文化了”，只有不懂中国古代史的人才敢这样自以为是。黄帝征服蚩尤后，其势力范围确实有所扩大，“东至于海，登丸山，及岱宗。西至于空桐，登鸡头。南至于江，登熊、湘。北逐荤粥，合符釜山”。其实这也仅是黄帝所能达到的势力范围，在这一势力范围内，还存在很多少数民族处于时叛时服状态，否则就不会有“天下有不顺者，黄帝从而征之，平者去之，披山开道，未尝宁居”（《史记·五帝本纪》）的紧张情况了。事实上直到夏、商、周时期，东夷各族仍处于独立发展状态，国家有乱，东夷族必定是叛乱的成员。

关于民族间的融合与同化问题，这是研究民族关系中的重要课题之一。一般来说其总的趋势是，在民族形成与融合的初期，血缘关系起决定性作用，即以互通婚姻为主，文化因素几乎不起什么作用，因此融合的进程相当缓慢，当民族发展至高级阶段时，文化水准也相应提高，文化因素在民族融合中的作用也越来越大，甚至已超过血缘关系的作用。陈寅恪先生提出的“胡汉之分，不在种族，而在文化”的论点，得到学术界的普遍赞同，但陈老的话是针对南北朝和隋唐时期的民族融合状况说的，还不适用于黄帝时代，因为黄帝时代的文化水平，远远起不到这种作用，而血缘关系仍起主要作用，特别是具体到东夷族与黄帝族的关系，还谈不上文化上的同化问题，这有历史事实为证。

如按张君的推论，东夷族和黄帝族已经逐渐同化，再经过颛顼、帝喾、尧、舜四帝时期融合，到夏、商、周三代应该早已融合为一体。实际恰恰相反，在三代时期，东夷族不仅没有与华夏族融为一体，而且对夏、商、周的统治，仍是时叛时服，东夷集团中各族团的名称也都显露出来了，并都处于独立发展状态。

据《古本竹书纪年》记载，在夏代，东夷族集团中计有如下名号：畎夷、风夷、于夷、方夷、黄夷、白夷、赤夷、玄夷、阳夷，以上合称为“九夷”。此外还有淮夷、东海夷、缗山夷等，他们对夏朝的统治是时叛时服的。特别令人注意的是，夏朝两次亡国，都与东夷族有关联。第一次亡国即所谓“太康失国”。据《左传·襄公四年》记载：“昔有夏之方衰也，后羿自鉏迁于穷石，因夏民以代夏政。”后羿乃东夷族的首领，他乘夏王朝衰败之机，夺取了夏的政权。后羿夺权后，“不修民事”，被其本族人寒浞所杀，不久寒浞又被夏少康所杀，恢复了夏国，史称“少康中兴”。

夏第二次亡国，即商汤灭夏桀。我们可以这样说：夏直接亡于商，而间接亡于东夷。夏桀即位后，荒淫无道，国势削弱。当此之时，他不整饬内政，反而向东夷各族发动战争，于是就埋下了亡国伏笔。《国语·晋语一》说：“昔夏桀伐有施，有施人以妹喜女焉，妹喜有宠，于是乎与伊尹比而亡夏。”这一段记载有明显的矛盾之处，即妹喜既然得到桀的宠爱，她为什么还要与伊尹“比而亡夏”呢？读了《古本竹书纪年》如下一段文字后，才了解事实的真相。《纪年》云：“后桀伐岷山，进女于桀二人，曰琬，曰琰。桀受……而弃其元妃于洛，曰末喜氏。末喜氏以与伊尹交，遂以间夏。”原来妹喜是为报复夏桀，才与伊尹“比而亡夏”（妹喜亡夏另有他说，略而不具）。按，有施氏、有缗氏都是东夷族中的一支，夏桀征伐有施氏、有缗氏都是无理逞凶，但也自食恶果，故《左传·昭公十一年》说：“桀克有缗，以丧其国。”真是一语破的，把本质的问题说清楚了。

在殷商时期，由于疆域的不断扩大，与周边各少数民族的接触日益增多，民族矛盾也有上升的趋势，尤其是西方的周族与东方的夷族，对商的威胁最大。郭沫若先生主编的《甲骨文合集》中，关于“征夷”“征东夷”“征人方”的卜辞较多，不能备引，其中特别是帝辛十年（前1066年）、十五年（前1061年）两次征人方的卜辞，尤其引人注目。陈梦家先生在《殷墟卜辞综述》中，对此次征人方的历程有个概括的简述：“此历程，始于王十祀九月甲午，终于第二年（当为王十祀又一）五月癸丑，中间有一闰九月，计260日。始于出发自大邑商，中经商、亳而及于淮水，然后复由攸、商而至于沁阳田猎区。自十祀九月至十二月渡淮以后，卜辞记曰‘正人方’；自十一祀正月回至淮北之攸以后，卜辞记曰‘王来正人方’。‘正人方’是说去伐人方，指其往程；‘来正人方’是说来于正人方，指其归程。”[①]有了陈梦家先生的概述，我们对帝辛十年征人方的往返行程及经历的时间已是一目了然。行程千里，历时260日，在此前的军事史上是罕见的。卜辞所记帝辛对人方的战争，与历史文献所记殷纣王（帝辛）对东夷的战争是一致的。《左传·昭公四年》记载说：“商纣为黎之蒐，东夷叛之。”“黎”指东夷之国。所谓“商纣为黎之蒐”，就是帝辛向东夷族的武装挑衅，所以才引起东夷族的叛乱，于是殷纣王东向用兵，大举进攻东夷，俘获了大量夷人，但殷商也元气大伤，再无力对抗西周。故《左传·昭公十一年》说：“纣克东夷，而陨其身。”夏、商灭的原因何其相似乃尔。商是直接亡于西周，但也间接亡于东夷。

在西周初期，东夷仍保持独立状态，实力有增无减。故武王灭商后，把大军事家姜尚封于齐，把大政治家周公旦封于鲁，都是为了对付东夷。周公旦因在中央任职，故由伯禽主持鲁政，担子是非常重的。据《史记·鲁周公世家》记载：“伯禽即位之后，有管、蔡等反也，淮夷、徐戎亦并兴反……（伯禽）遂平徐戎，定鲁。”又据《史记·齐太公世家》记载：太公望至齐，“莱侯来伐，与之争营丘（齐都，山东淄博北）。营丘边莱。莱人，夷也”。说明姜尚初至齐，也受

① 陈梦家：《殷虚卜辞综述》，中华书局，1988年，第304页。

到莱夷的攻击,实际东方并不平静。故武王在灭商后,除派管、蔡、霍三叔为“三监”,以监视商残余势力外,还想营建洛邑以震慑东方,但武王并没有实现营建洛邑就逝世了。时成王年幼,周公摄政,管、蔡、霍“三监”发动叛乱,得到东方夷族的响应,周公奉成王之命率军东征,先平定“三监”武庚之乱,然后“东伐淮夷,残奄,迁其君蒲姑”,周公、成王对东夷战争取得胜利。东北的肃慎族都遣使来贺,至此东方的夷族问题,基本得到解决。特别是齐、鲁两国势力不断壮大,在政治、经济、军事、文化等方面都取得绝对优势,东夷族才逐渐被齐、鲁两国所融合、同化。

据上所述,东夷族在夏、商、周时期仍处于独立发展状态,与华夏政权的关系尚处于时叛时服的情况,绝对不像张君所说那样,在黄帝时代“华夏族同东夷族大约相处得还好,就渐渐地互相同化了”,“说明颛顼时期,已经很难区分东夷文化与炎黄文化了”。张君这话说得太早了,如果放在春秋可能还差不多。要知道历史不是一团泥巴,不能任意捏造。

最后再谈一谈关于黄帝族在帝丘设防的问题。按张君的推论,认为黄帝征服蚩尤后,华夏族与东夷族在文化上已很难区分了,“周人仍称东方之人为夷人,主要是方位识别因素和称谓习惯”,这又是自以为是,信口雌黄。东夷族都不存在了,怎么还会以东夷族代指东方?难道周人能把东方的齐、鲁称为东夷吗?张君提出这一论点,只不过是在说明,夷夏已经同化了,黄帝就不可能在帝丘设防了,这是一种不顾历史事实的论断。

前文已经讲过,夷夏直到西周初年还处于对立状态,还发生过激烈战争。即使退一步讲,在黄帝时期夷夏已经同化,难道就没有争夺地盘、扩大势力、争霸称雄、分裂割据的战争了吗?按张君的论断,民族同化了就不需要设防,这是违反军事常识的臆想。按一般情况而论,一个征服者对于新征服地区不可能不严加防备,夏、商、周可算同属华夏族吧,商灭夏后,就把首都迁至西亳,其目的是防备夏残余势力的复辟。周灭商,设“三监”,同样是为防备殷商残余势力的复辟,尽管如此,在武王死后仍爆发了“三监”武庚之乱。周公东征之后,“三监”武庚及东夷之乱已平,成王仍然承武王之遗意,命周、召二公营建洛邑,并派八师军队驻守成周,其目的是控制殷商残余势力。难道黄帝在征服蚩尤之后,对东夷就那么粗心大意不加防备?事实恰恰相反,黄帝在讨伐蚩尤时,就把政治、军事中心的所谓“都”移至涿鹿,至颛顼、帝喾时又把都城设在帝丘,其目的是对付东夷族的反扑,这就是我所说的在帝丘设防的明证。关于帝丘设防问题,张焕书先生在《张姓文化》第四期上发表的《关于张华封先生〈对朱绍侯教授《张姓祖根在濮阳》的质疑〉一文的商榷》中已有辨析,故不再赘论。总之,要知道研究历史必须以时间、地点为转移,历史是动态的、发展的,而不是静态的、不动的。如按张君的说法,“太行山以东地区当时都属于东夷族所占据的地域”。如此说来,颛顼、帝喾都城所在地帝丘,岂不也属于东夷族了。请问张华封先生,对这个结论你能同意吗?奉劝张君不要意气用事,为了反对别人的意见,连历史常识都不顾了。

本文到此为止,余容后论。

(本文作者为河南大学教授,河南省历史学学会原会长)

王符没有说古张国是张姓祖居地

——答张华封先生《质疑》之四

朱绍侯

张华封先生在《对朱绍侯教授〈张姓祖根在濮阳〉的质疑》一文中，对张姓发源地的几种说法，按历史年代排了个顺序：认为"'河东张城说'，早在汉代就有学者王符提出……'河北清河说'，自唐以后广为流传；'山西太原说'，在明代已经产生；而'河南濮阳说'，出自朱教授的文章《张姓祖根在濮阳》，不过才10多年的历史"。按张先生如此排列顺序的本意，是要说明"张城说"汉代已有，年代最久，当无疑义。"濮阳说"出自我的文章，年代最近，当然不能成立。关于"濮阳说"出自我的文章说法，我已在《答疑》之一中予以驳斥，现在已有回应，张先生在《评〈张姓渊源〉所载〈张姓祖根在濮阳〉的诸文》的附论《山阴白鱼潭〈张氏族谱序〉有关濮阳的记述浅释》中，已承认在宋代已有"濮阳说"。但又认为濮阳，即濮阳郡，指鄄城，非今濮阳。这真是不懂历史的信口雌黄。我们知道濮阳县在远古时期是颛顼的都城，在春秋战国时为卫国国都,两汉时属东郡,濮阳是东郡的郡治。晋时先建濮阳国后改濮阳郡,治所均在濮阳县,魏因之不改,此时鄄城属濮阳国或濮阳郡。东晋后濮阳郡治移至鄄城,北魏濮阳郡治仍在鄄城。隋时设濮州,州治在鄄城。唐天宝初复改为濮阳郡,郡治在鄄城县。五代后晋设澶州,濮阳县为州治。宋雍熙四年(987 年)设濮阳郡,治所在鄄城,雍熙四年设澶渊郡,治所在濮阳县。金设开州,以濮阳为倚郭,元因之不改。明设澶州,州治在濮阳。以上所述,只是濮阳县建置变迁的简单过程,要详细论证可以写成一篇很长的大文章,甚至能写一本书。但不论是详述还是短论,都不能得出"鄄城自汉至明,一直是濮州或濮阳郡治或州治"的糊涂结论。就以宋朝而论,北宋始于 960 年,终于 1127 年,前后长达 167 年,而濮阳郡治在鄄城仅 27 年(960 年至 987 年),而且就是濮阳郡治在鄄城的时候,鄄城仍名鄄城,没有称作濮阳,濮阳县也并没有改名。因此怎能说"濮阳,即濮阳郡,指鄄城,非今濮阳"呢?从上述张华封先生的糊涂结论来看,可以说明张君确实不懂历史,更不懂历史地理,却敢于乱下结论。我奉劝张先生遇事要冷静一些,不要一看与自己不合的意见,就乱发议论。

回过头来再谈一谈张华封先生所提的"张姓起源地古张国说"吧。张先生说这是东汉学者王符说的,在四种张姓起源说中,时间最早,最为可靠。那我们就看王符是怎么说的吧。王符的原话是说:"河东解邑有张城,有西张城,岂晋张之祖所出邪?"(《潜夫论·志氏姓》)其实王符的话说得很清楚,是说河东的张城、西张城,难道是晋国张姓始祖之所出吗?请注意:第一,王符说的是晋国张姓之始祖,并不是指张姓之始祖;第二,王符用的是疑问句(张君称之为反问句),王符连张城、西张城是不是晋国张姓的祖居地都持疑问态度,怎能说王符说过古张国是张姓的祖居地呢?这不是有意误导读者吗?请问古张国是谁封的?是什么时候封的?有什么文献根据?《国语·晋语》说:"凡黄帝之子,二十五宗,其得姓者十四人为十二姓。"其中没有张姓,也没说封古张国事。张华封先生为了使黄帝与古张国挂上钩,而推出了黄帝时的张若和西周时的张仲,其实这两个人与古张国是风马牛不相及的。更奇怪的是张先生把与黄帝并称“七圣”的张若,推论成是黄帝的孙子或重孙子,真是匪夷所思。

据《庄子·徐无鬼》记载,黄帝与方明、昌寓、张若、謵朋、昆阍、滑稽等七人到具茨山去见大隗(大道之人),行至“襄城之野,七圣皆迷,无所问涂”,幸赖牧马童子的指点,才得解迷津。《徐无鬼》本属杂篇,纯是寓言。故陈鼓应注曰:“方明、昌寓、张若、謵朋、昆阍、滑稽等人名都是寓言。”[①]张君硬把《庄子》寓言中的人物当成实有其人,想象力太丰富了,胆子也是非常大的。由一个假设又推论出另一个假说,但结果还是突不破历史的迷津,而陷入自相矛盾之中而不能自拔,这是因为张君分不清寓言和历史的区别。请想“张若”如果实有其人,他和黄帝并称“七圣”,怎么能是黄帝的孙子或重孙呢?正因为张若是寓言人物,所以张姓的后代子孙就不可能承认张若是张姓的始祖,这本是洞若观火的事实。张君之所以推论出张若是黄帝的孙子或重孙,其目的是圆古张国是张姓祖居地的臆说。

为了圆古张国为张姓祖居地之说,张华封先生把黄帝与蚩尤之战的涿鹿定在山西解梁之地。关于涿鹿的今地确有山西说、山东说与河北说,学术界多数学者主张在河北涿县,故各辞书均主此说,张焕书先生的文章已有说明,不再赘言。关于蚩尤墓的传说地点更多,有山东寿张说、河南濮阳说、河北巨野说,由于张君的古张国为张姓祖居地的前提不能成立,故考证涿鹿的今地对解决张姓祖居地问题毫无价值可言。

张华封先生在其文章中多次提到黄帝向东发展的问题,意思是说黄帝原来居住西方(山西或陕西),以便使黄帝与古张国联系起来。其实黄帝生于轩辕之丘,长在少典之国,其现在的地址就是河南新郑市,这在中国正史及注释

---

① 陈鼓应注译:《庄子今注今译》,中华书局,1983 年,第 634 页。

家的注释中，都有明确的记载。特别是最近几年在新郑连续举办祭祀黄帝大典，召开黄帝文化学术研讨会，其声势之大绝对不亚于陕西祭黄帝陵的规模，对此若说张君毫不知情，未免低估了张先生的知识面及信息的灵通性。最大的可能是知而不言，知而不论。张华封先生曾向濮阳人士表明自己也是河南人，其用意是想表明他不会与"濮阳说"故意作对。但张君对黄帝生长在新郑避而不谈，恐怕是别有所虑，其实谈不谈黄帝生长在新郑无关紧要，就是张君反对黄帝生长在新郑说，对张姓祖居地在古张国说也无所补益。

一般学者在写寻根文章时，多采取三重论证法：一是古文献的根据，二是当地遗留的文物古迹，三是当地民间流传的古代传说。张华封先生在论证古张国为张姓祖居地时，仅依据一条王符说的："河东解邑有张城，有西张城，岂晋张之祖所出邪？"这是一条站不住脚的根据。对于古张国有无张氏始祖的文物古迹，是否有张氏始祖的民间传说，都避而不谈，这怎能令人信服呢？张先生为维护"古张国说"，发表很多文章扫清障碍。先批"山西太原说"，后批"河北清河说"，再批"河南濮阳说"，真是"横扫千军如卷席"！但是，张华封先生自己捧出来的"古张国说"，竟是漏洞百出，苍白无力，而批别人的文章中又说出不少有欠水准的言论，不知张君将何以自处？张先生是不肯也不会认错的，可能还要继续"战斗"下去。不过，我要声明，我是不会再陪张先生玩这种缺乏水准的游戏了。因为学术研究不是泼妇骂街，不能不负责任地随便乱说。现在张先生已不论理了，硬说"鄄城自汉至明，一直是濮州或濮阳郡治或州治"。硬说王符说过"古张国是张姓的祖居地"。对此，我们还要继续辩论吗？我想不必了。

（本文作者为河南大学教授，河南省历史学学会原会长）

说雷泽

许顺湛

雷泽又称雷夏泽。最早见《尚书·禹贡》:“雷夏既泽,雍、沮会同”,《史记·夏本纪》也引了这两句话。《集解》引郑玄曰:“雍水沮水相触而合入此泽中。”又引《地理志》曰:“雷泽在济阴城阳县西北。”《正义》引《括地志》云:“雷夏泽在濮州雷泽县郭外西北。雍、沮二水在雷泽西北平地也。”《史记·五帝本纪》有“舜耕历山,渔雷泽”的记载,《集解》引郑玄曰:“雷夏,兖州泽,今属济阴。”《路史·发挥五·辩帝尧冢》说:“尧之冢在济阴成阳,尧母灵台在南。汉章帝元和二年,使奉大牢祠尧于成阳灵台是其处也。今皆在濮之雷泽东南。”引《述征记》曰:“成阳城东南九里有尧陵,陵东有中山夫人祠,在城南二里,盖尧妃也。东南六里有庆都冢,上有祠庙。”《水经注》言:“成阳城西二里有尧陵,陵南一里有尧母庆都陵,于城为西南,称曰灵台,乡曰崇仁,邑号修义,皆立庙。”据《汉廷尉仲定碑》云:“迁廷尉卿病,乞归修尧灵台黄屋三十余。”而《成阳灵台碑》言:济阴太守、成阳令“各遣大掾辅仲君,由知为仲定矣”。上述几段话对尧陵及庆都陵的地望说法不很一致,但共同的一点,都承认尧陵和庆都陵在成阳范围内。《史记·五帝本纪·集解》引《皇览》曰："尧冢在济阴城阳。"引《吕氏春秋》曰："尧葬谷林。"皇甫谧曰："谷林即城阳。"引《括地志》云："尧陵在濮州雷泽县西三里。"又云："雷泽县本汉城阳县也。"据《中国古今地名大辞典》"成阳县"条下可知：尧游成阳而死，葬焉。汉曰成阳县，晋为城阳，隋更名为雷泽。故城在今山东濮县（今属河南濮阳）东南。"尧陵"条下说："尧陵在山东菏泽县东北五十里旧雷泽城西，与濮县接界。"引《吕氏春秋》《汉书·地理志》《集古录》《清一统志》《括地志》《述征记》《皇览》《文献通考》等古籍，其说法基本一致。"雷泽县"条下说：雷泽"在山东濮县东南，接菏泽县界"。引《周礼·注》《史记·五帝本纪》《汉书·地理志》及《水经注》诸古籍，大体说法一致，其地望在成阳县与濮县之间。在汉魏时期雷泽面积已经缩小到东西10公里，南北7.5公里。"雷泽县"条与"成阳县"条所说相同。"濮县"条介绍："濮县，春秋时卫鄄邑，后魏置濮阳郡，隋置濮州。故治在今山东濮县东二十里。明徙今治。"烦琐地引用以上文献记载，其目的是要说明古雷泽地望，这个目的可以说达到了。如果用今天的行政区划来说，成阳即雷泽县在山东省鄄城县境内，其代表地望即旧城乡。濮县旧址在今河南省濮阳市的范县境内，其代表地望为濮城镇（濮阳县境内还有一个小濮城村）。濮城镇在西北，旧城乡在东南。其实古时的范县、鄄城县都属于濮阳郡、东郡或濮州。古雷泽在濮城镇与旧城乡之间，早年被湮淤，今黄河改道后从中穿过。

黄河中下游泽薮甚多，雷泽是其中之一。但是雷泽在众多泽薮中是比较出名的，《禹贡》提到雷泽，舜"渔雷泽"，尧游雷泽（成阳）而死，又葬在雷泽城西，这不能不是提高雷泽知名度的一个原因。另外还有一个重要的原因，就是雷泽本身的神奇传说。如《山海经·海内东经》说："雷泽中有雷神，龙身而人头，鼓其腹。在吴西。"《淮南子·坠形训》也说："雷泽有神，龙身人头，鼓其腹而熙。"《史记·五帝本纪·正义》引《山海经》则说：雷神"鼓其腹则雷也"。这传说太神奇了，雷泽中竟有雷神，这个雷神竟是龙身人头，而且肚子一鼓便会发出雷声。这应是古人看到雷泽中出现雷电现象的一种理解，而且把这种现象加以神化，成为雷泽周围地区居民信仰的大神，甚至成了图腾。这个图腾就是描述中的雷神。王充的《论衡·龙虚篇》中说得很清楚，“雷龙同类”。因此雷泽也可以称为龙泽，雷神实际就是龙神。后人称伏羲为人祖，女娲抟土造人可称为女祖。伏羲、女娲是兄妹，后结为夫妻。对这一对人祖，史书记载为“蛇形人首”“蛇身人首”“龙身牛首”。蛇、龙同类。汉代画像石上有不少伏羲、女娲图像，皆蛇（龙）身人首。这两位人祖的形象竟是龙身人首，如果从人体科学的角度来看，简直是不可想象的。但关于他们的传说确实是代代相传的。伏羲太昊是龙身人首，而且“以龙纪官”。如“太昊命朱襄为飞龙氏造书契；昊英为潜龙氏造甲历；大庭为居龙氏造屋庐；浑沌为降龙氏驱民害；阴康为土龙氏治田里；渠陛为水龙氏繁滋草木，疏导泉流。又立五官：春官为青龙氏，又曰苍龙，夏官为赤龙氏，秋官为白龙氏，冬官为黑龙氏，中官为黄龙氏”。（《竹书纪年》）伏羲在当时实际是代表了一个庞大的龙族集团，建都宛丘（今河南淮阳）。从他后代的封国来看，其地域主要在我国的东方。有关他的传说故事多发生在中原和南方。这样一个了不起的人祖，说起来他的父母更为神奇。如《竹书纪年》载：“太昊之母居于华胥之渚，履巨人迹，意有所动，虹且绕之，因而始娠，生帝于成纪。”《路史·后纪一》载：“帝女游于华胥之渊，感地而孕，十三年生庖牺。”《诗含神雾》云：“大迹出雷泽，华胥履之，生宓牺。”庖牺、宓牺即伏羲太昊。伏羲的母族是华胥氏，华胥氏族居住在华胥渊中的小岛上，伏羲之母在雷泽履巨人迹而孕（或说感地而孕）。从伏羲龙身人首的形象可知，大迹（巨人迹）当为熊类龙。伏羲的祖族在雷泽，即“大迹出雷泽”。“雷泽中有雷神，龙身而人头”，与伏羲形象完全相符。伏羲的母族华胥氏，前人以为在陕西的蓝田，他的通婚族却在濮阳的雷泽，不合乎情理，特别是说华胥氏族在甘肃的成纪生伏羲，更不合于情理。史学界多认为太昊伏羲是东夷族，都宛丘，后代建国又都在东方，所以伏羲母族不会距祖族太远，对他的地望应该重新研究。女娲与伏羲是兄妹关系,其形象也是龙身人首,其祖族应与伏羲相同。《路史·后纪二》说女娲出生于“承匡”。注:“(承匡),山名,在任城县东南七十里。《寰宇记》云:女娲生处,今山下有女娲庙。”《中国古今地名大辞典》说:任城郡“晋鲁郡,北齐改为任城。隋省,故治在今山东曲阜县”。又说任城县“汉置……为任城郡治……即今山东济宁县治”。因此说女娲出生地在济宁或曲阜,均在山东境内,距祖族居地濮阳雷泽不远。淮阳为伏羲太昊建都地,相邻的西华县有女娲城。以上这些传说,进一步证明濮阳雷泽地区是伏羲女娲的祖庭圣地。如果与龙的传人结合来看,濮阳的雷泽称为龙泽或称为龙源圣地是顺理成章的。

雷泽周围存在的古老而十分重要的传说故事和遗迹,都与雷泽有内在的联系。如黄帝是有名的龙图腾族,他的正妃名曰“雷祖”(《史记》为嫘祖,也有作累祖),生子玄嚣,是为青阳,青阳降居江水。《史记·五帝本纪·索隐》引皇甫谧云:“次妃方雷氏女,曰女节,生青阳。”《史记·五帝本纪·正义》引《括地志》解释云:“安阳故城在豫州新息县西南八十里。”应劭云:“古江国也。”《地理志》亦云:“安阳古江国也。”这是认为青阳降居在与濮阳毗邻的安阳地区。《路史·后纪五》说:“玄嚣姬姓,降居泜水。”《大戴礼·帝系》亦作“泜水”。其地在河北漳河以南、河南淇水以北地区。青阳为“雷祖”或“方雷氏”所生,他的母族都与“雷(龙)”有关,而且地望距濮阳雷泽不远。黄帝二子名昌意,为“雷祖”所生,在濮阳的南乐县有“昌意城”,《读史方舆纪要》说昌意城“黄帝子昌意所筑”。玄嚣是为青阳,青阳是为少昊,都曲阜。昌意城在濮阳,青阳都在曲阜,雷泽在两者之间。

雷泽地区在古代还是一处宗教圣地。与黄帝同时期的仓颉,以造字传闻后世,《路史》卷六说他是“龙颜”“四目”“受河图绿字,于是穷天地之变”。《河图玉版》说:“仓颉为帝,南巡登阳虚之山,临于玄扈洛汭之水,灵龟负书,丹甲青文以授之。”这样一个赫赫有名的传说人物,他的陵墓在濮阳。据《南乐史略》记载,仓颉陵古文化遗址位于濮阳县西 17.5 公里的吴村北古繁水之阳,面积已知有 4 万多平方米。耕土层下发现大量隋唐以前的砖瓦建筑构件,其中不少汉代遗物。再下为龙山文化层,再下为仰韶文化层。仓颉陵即使是后人附会的纪念性建筑,为什么会出现在雷泽地区?形似“龙颜”的仓颉,与“龙泽”有什么内在联系?这些都值得我们思考。雷泽地区最突出的是颛顼,颛顼也是“龙颜”,属龙族系统。《史记・五帝本纪》说:“黄帝崩,葬桥山。其孙昌意之子高阳立,是为帝颛顼也。”又说:“帝颛顼高阳者,黄帝之孙而昌意之子也。静渊以有谋,疏通而知事;养材以任地,载时以象天,依鬼神以制义,治气以教化,絜诚以祭祀。北至于幽陵,南至于交址,西至于流沙,东至于蟠木。动静之物,大小之神,日月所照,莫不砥属。”“静渊以有谋,疏通而知事”是说他有谋略,通晓道理。“养材以任地,载时以象天”是说在土地上生财,全是按照天象规律进行的。“依鬼神以制义,治气以教化”是说按照鬼神的意志制定法规,依阴阳五行之气以教化人。“絜诚以祭祀”是说要虔诚地祭祀神灵。后边几句即《大戴礼・五帝德》所说的“乘龙而至四海”,象征天下太平,在颛顼时代前,“民神杂糅,不可方物。夫人作享,家为巫史”,颛顼时他命重、黎“绝地天通”。

这里的意思是以前人人敬神,家家都有史,颛顼时“绝地天通”,命“南正重司天以属神,命火正黎司地以属民”(《国语・楚语下》。一般人不能与天神交往,只有专职的重才能上通天神,黎管人间的巫。这样重大的改革和决策是颛顼所为。所以徐旭生先生在《中国古史的传说时代》中说,颛顼是巫,是宗教主。《庄子》里有“颛顼得之,以处玄宫”语,《墨子》也说“高阳乃命(禹于)玄宫”。颛顼是宗教主,玄宫是宗教主活动地。这个玄宫由颛顼创建,传了若干代,直到大禹时高阳氏还一直主持玄宫。这个有神秘色彩的玄宫在哪里?如《史记・五帝本纪・集解》引皇甫谧曰:“(颛顼)都帝丘,今东郡濮阳是也。”引《皇览》曰:“颛顼冢在东郡濮阳顿丘城门外广阳里中。”《帝王世纪》也同此说。颛顼建都濮阳,死葬濮阳(颛顼陵尚存),说明玄宫必在帝丘,即今濮阳。因此我们应该把濮阳称为古代的一处宗教圣地。

雷泽周围还有许多传说。《史记·五帝本纪·集解》引《皇览》曰:"蚩尤冢在东平郡寿张县阚乡城中,高七丈,民常十月祀之。"今冢尤存,在今濮阳市的台前县城关镇油房村,其地望在古雷泽的东北,相距很近。帝喾是继颛顼而立的领袖人物,他的后代人丁兴旺,散居的范围很大,发明创造也很多。后来主宰中原的宗主国如尧、契、稷等族都是他的后代。据《路史》说,他与伏羲一样,其母都是履大迹怀孕而生,属于龙族的后代。帝喾活动的地域不很清楚,但是他死后也葬在雷泽地区。《史记·五帝本纪·集解》引《皇览》曰:"帝喾冢在东郡濮阳顿丘城南台阴野中。"今冢尚存。综合来看,仓颉、蚩尤、颛顼、帝喾和尧,都葬在雷泽地区。这几位不平凡的人物都是部族的领袖,或者说是邦国的首领,也都是龙族的后代,他们葬在雷泽地区是否与"龙源"有关不得而知,但是雷泽地区作为这些部族的祖茔圣地也是可以说通的。

舜的出生地说法各异,但《史记·五帝本纪·正义》引周处《风土记》云:"舜东夷之人,生姚丘。"引《孝经援神契》云:"舜生于姚墟。"又引《括地志》云:"姚墟在濮州雷泽县东十三里。"《路史》云,"应邵谓(姚墟)与雷泽相近",引《寰宇记》云:"今濮之雷泽西北六十(里)有小山孤立,谓之历山。山北有小阜,属池目之姚墟。"姚丘、姚墟其意相同。姚墟与濮之雷泽相近是合理的。因为舜是东夷人,如果说他生在浙江的余姚或山西的晋南倒不可解释。另外,《史记·五帝本纪》说:"舜耕历山,渔雷泽,陶河滨,作什器于寿丘,就时于负夏。"前边提到濮州有历山、雷泽,《史记·五帝本纪·集解》引皇甫谧曰:"济阴定陶西南陶丘亭是也。"《史记·五帝本纪·正义》案:"于曹州滨河作瓦器也。"关于寿丘,《史记·五帝本纪·集解》引皇甫谧曰:"在鲁东门之北。"关于"负夏",《史记·五帝本纪·集解》引郑玄曰:"负夏,卫地。"《史记·五帝本纪·索隐》引《尚书大传》曰:"贩于顿丘,就时负夏。"历山、雷泽、河滨、寿丘、负夏都在鲁西与濮阳地区。由此进一步证明姚墟与雷泽相近是可信的。如果把《国语・鲁语上》中“有虞氏(舜)禘黄帝而祖颛顼”,与颛顼都帝丘、葬顿丘结合来分析,更有其特殊意义,说明雷泽地区也是有虞氏(舜)的祖庭和祖茔。

《墨子》说:“高阳乃命(禹于)玄宫。”颛顼在帝丘创建的玄宫,一直到大禹时,禹在宗教信仰上还受制于玄宫。禹的重孙夏后相也曾都于帝丘。祝融的后代昆吾,早期都帝丘,以后迁到许地;韦居于与濮阳相邻的滑县境;顾居于濮阳的范县境。三个侯国基本上都在濮阳雷泽地区之内。即使到了商代,濮阳一带也是商族活动的重要地区。

从上述情况可以看出濮阳雷泽地区远古时代的辉煌历史,但基本上是以文献资料为依据,如果在这一地区没有相对应的考古学文化,也就失去了起码的科学基础。事实上在古雷泽的周围发现了不少新石器时代遗址,主要是仰韶遗址和龙山遗址,如台前县的徐堌堆遗址、玉皇岭遗址,范县的玉皇庙遗址和丹朱墓遗址,鄄县的尧王墓遗址,濮阳颛顼女儿坟遗址、颛顼太子墓遗址,南乐仓颉陵遗址等数十处新石器时代遗址,奇特的是这些遗址都冠以尧王墓、丹朱墓、仓颉陵、颛顼的女儿和太子等名称。在新石器时代遗址中最值得重视的是濮阳西水坡仰韶遗址,距今约 6500 年。在遗址中发现的 45 号大墓,墓中埋一壮年男性,头南足北,仰身直肢,其东侧有一用蚌壳摆塑的龙,其西侧是用蚌壳摆塑的虎。墓圹形状南端为圆形,北端方形。冯时先生认为是东宫苍龙、西宫白虎,是确定生产季节的真实的天象布局。墓圹形状反映了“天圆地方”盖天说观念的形成。另外,在 45 号墓之北,有一蚌壳摆塑的合体龙虎,龙虎为一躯,虎背上还有一鹿。龙的头部摆塑一蜘蛛,正对龙的前方摆塑一圆球。还有一组蚌壳摆塑的龙,头朝东,背上骑一人。龙以北附近又有一蚌壳塑的虎,头朝西。有学者认为西水坡发现的龙虎鹿形象,可能是古代原始道教的龙虎鹿三蹻。据《抱朴子・内篇》说:“若能乘蹻者,可以周流天下,不拘山河。凡乘蹻道有三法:一曰龙蹻,二曰虎蹻,三曰鹿庐蹻……思五龙蹻行最远,其余者不过千里也。"《太上登真三矫灵应经》里对"三蹻"的性能有较详细的记载。所谓"蹻"就是仙道的脚力。前边曾说过雷泽地区是一处龙源圣地,正巧在这里考古发现了6000多年前蚌壳摆塑的龙,这个龙不同于燕山地区的猪龙,也不同于江汉地区、太湖地区发现的龙,它的形状与秦汉以后的龙形相近,可以说是中国传统龙的祖型,难怪学者们把它誉为"中华第一龙"。据文献记载,黄帝时代对天象历法已非常重视,颛顼时帝丘建立了"玄宫",把原始宗教与天象历法糅为一体。西水坡仰韶遗址中发现的天象资料和原始道教资料,与黄帝、颛顼时代的天象历法、宗教正相吻合。濮阳雷泽地区是古代一处宗教圣地的提法,从考古学上进一步得以证明。

文献记载的传说与考古学结合起来,我们可以这样说:濮阳雷泽地区是龙源圣地、古代宗教圣地(主要是道教和天象历法),华夏族的祖庭圣地和祖茔圣地。中华第一龙在濮阳。

(本文作者曾任河南省博物馆馆长、名誉馆长、研究员)

关于“青阳”所示的地望

浙江苍南《张氏通志》编纂委员会

关于张姓起源地望，历来有三种说法：一是认为张姓的得姓始祖挥是青阳氏的儿子，青阳氏的居住地青阳就是张姓的发源地，而古代“清”与“青”通用，“青阳”就是“清阳”，而古人习惯以水北为阳，水南为阴，清阳就是清河以北。汉代以后有清河郡，辖地相当于今河北清河以及枣强、南宫的一部分，山东临清、夏津、武城三县以及高唐、平原的一部分，郡治在今河北清河县东南。人们认为清河郡就是张姓的起源地。此说由来已久，邓洪波先生的《中华姓氏通书·张姓》也持此说。二是宋人郑樵主张的山西说。《通志·氏族略》说：“谱家谓，黄帝子少昊青阳氏第五子挥为弓正，观弧星始制弓矢，主祀弧星，赐姓张氏。此非命姓氏之义也。按，晋有解张，字张侯。自此晋国世有张氏，则因张侯之字以命氏，可无疑也。”就是说张姓得姓于春秋时期的晋国，在今山西省境内。三是认为张姓起源地在今河南濮阳。

比较以上三种说法，张姓起源于春秋时期的晋国（即今山西）的说法最不可靠。诚然，晋国确实是春秋时期张姓的聚居之地，晋国张姓除张侯以外，见于记载的还有张果、张君臣、张骼、张抑朔等人。但是尚不能说晋国是张姓的起源地，因为早在西周宣王时期就有张仲其人见于文献记载。《诗经·小雅·六月》曰：“侯谁在矣，张仲孝友。”张仲和尹吉甫等辅佐周宣王，以孝顺父母、友爱兄弟著称。另外，除晋国以外，春秋时期其他国家也已有张姓先民存在。如宋国有个张匄，是华貙的家臣，曾怒杀多僚，事迹载于《左传·昭公二十一年》。总之，春秋时期晋国的张姓先民，是张姓人群中的一支，但不是张姓先民中最早的一支，因而今山西省不可能是张姓的起源地。

张姓起源于河北清河说和河南濮阳说，都与“青阳”“清水”有关，因而有必要考察古代清河的发源和流向。清水是一条古老的河流，由于黄河改道的影响，清水也屡有变迁。

清水源出何地？《水经注·清水》言：“清水出河内修武县之北黑山。”郦道元注：“黑山在县北白鹿山东，清水所出也。”古修武县即今河南省获嘉县，黑山当在获嘉县北，它是清水的源头。《山海经·北山经》云：“北次三山之首，曰太行之山……又北二百里，曰谒戾之山……其东有林焉，名曰丹林。丹林之水出焉，南流注于河。”郦道元《水经注·清水》言：“清水又东南流，吴泽陂水注之。水上承吴陂于修武县故城西北……西则长明沟入焉。水有二源。北水上承河内野王县东北界沟，分枝津为长明沟。”熊会贞疏：“今曰小丹河，自河内县东北大丹河分出。古初分为光沟，又分为界沟，又分为长明沟。长明沟分处仍在野王县东北，即今之河内县东北也。”清代的河内县即今河南省沁阳市，大丹河郡即古丹林水。古丹林水发源于今山西省高平县，向南穿过太行山后分为两支：一支向南注入沁水，合流入黄河；另一支向东称作长明沟水，注入吴泽陂。此水源远流长，应为清水的另一源头。

关于清水的流向，《水经注·清水》称它“东北过获嘉县北，又东过汲县北,又东入于河”。古获嘉县在今河南省新乡市西,古汲县在今河南省卫辉市西南。清水在此与淇水合流而入黄河。郦道元注曰:“谓之清口,即淇河口也,盖互受其名耳。”魏晋时期清、淇二水入黄河处,在朝歌,即今河南省淇县,其实淇县并不是清水的尽头。杨守敬疏《水经注·清水》曰:“清水本自入海,自周定王时河徙,南注黎阳以北,清水之流遂绝,而故道犹存。至曹操开白沟遏淇水北流行清水之道。故《淇水注》谓之清淇,互受通称。”可见古清河由此继续北流,曹魏开的白沟就是古清河的一段河道,故白沟又称清水。《水经·洹水》云,洹水“又东过内黄县北,东入于白沟”。《左传·成公十七年》曰:“声伯梦涉洹。”杜预注:“洹水出汲郡林虑县,东北至魏郡长乐县入清水。”魏郡长乐县即今河南安阳,可见晋人仍称白沟为清水。白沟进入河北省清河县后,北经枣强县,至东光县南汇入古黄河入海,《水经注》称此为清河,它应是最早的清河下游。

综上所述,古代清水有两个源头:一是河南省获嘉县北黑山,二是山西省高平县,即《山海经》所记的古丹水,此水向南穿过太行山,东流入吴泽陂,然后注入发源于获嘉县北的清水。二水汇合后向东北流,经今河南省新乡市、卫辉市、淇县、内黄县,然后进入河北省的魏县、清河县、景县、沧州市,至天津入海。后来因为年长日久,黄河改道的影响,或某段河道淤塞,或某段河道易名,清水遂隐没无闻。

由此可见,河南濮阳地处古清水上游,河北清河处于清水下游。两地都可能是张姓的起源地。要想弄清楚张姓究竟起源于何处,还需要对两地加以比较、分析。

从古史传说看,濮阳古称帝丘,是五帝活动的主要地区之一。《史记·五帝本纪·集解》引皇甫谧曰:“都帝丘,今东郡濮阳是也。”又引《皇览》曰:“颛顼冢在东郡濮阳顿丘城门外广阳里中。顿丘者城门,名顿丘道。”《史记·五帝本纪·索隐》引皇甫谧云:“据《左氏》,岁在鹑火而崩,葬东郡。”又《山海经》曰:“颛顼葬鲋鱼山之阳,九嫔葬其阴。”由此可见,濮阳既是颛顼的都城,又是颛顼葬地,因而是颛顼活动的中心区域。帝喾是颛顼族子,《史记·五帝本纪·集解》引《皇览》曰:“帝喾冢在东郡濮阳顿丘城南台阴野中。”可见濮阳也是帝喾活动的主要地区。而颛顼是黄帝之孙,正与黄帝之孙挥大体同时。《史记·五帝本纪·索隐》引皇甫谧曰:“帝喾名夋也。”帝夋据说是商族的祖先。帝丘又称商丘,为夏王相所都。《帝王世纪》:“自太康已来,夏政凌迟,为羿所逼,乃徙商丘。”《寰宇记》卷五十七引云:“相土徙商丘,本颛顼之墟。陶唐氏火正阏伯之所居也。”故《春秋传》曰:“阏伯居商丘,祀大火,相土因之,……今濮阳是也。”《水经注·瓠子河》:“河水旧东决,径濮阳城东北,故卫也。帝颛顼之虚。昔颛顼自穷桑徙此,号曰商丘,或谓之帝丘,本陶唐氏火正阏伯之所居,亦夏伯昆吾之都,殷相土又都之。”总之,濮阳是夏王相建都之地,商先公相土的东都,附近的内黄又是商代前期的都城之一。尧的火正阏伯、夏代的昆吾均居于此,楚族也发源于此。

从考古学上看,濮阳地区位于新石器时代华夏部族的仰韶文化遗址与东夷部族的北辛文化遗址的接合部。前些年在濮阳西水坡发现的仰韶文化时期的蚌壳堆塑龙,被人们称为“中华第一龙”。濮阳出土的仰韶文化器物多带有北辛文化的因素。近年来考古工作者又在这里发现有众多的龙山文化遗址和先商文化遗存。这些文物考古资料可以和文献记载相印证。古濮阳既可能是玄嚣、颛顼部族活动地域,也可能是少昊部族活动地域,无论张姓的始祖挥属于少昊青阳氏之子,还是玄嚣青阳氏之子,无论他属于华夏部族还是东夷部族,濮阳都有可能是挥的居住地。河北省也是传说中黄帝活动过的地区。如黄帝与蚩尤战于涿鹿之野,黄帝与炎帝战于阪泉等,但是涿鹿、阪泉都在河北省西北部,而河北省南部的清河县一带,未发现黄帝活动的迹象。清河一带的文物考古资料也远没有河南濮阳一带丰富。因此笔者认为,张姓起源于清水上游即今河南濮阳一带的可能性较大。

挥是弓箭的发明者，他的部族以制造弓箭为业，因而他被授任弓正之职。最原始的弓当用木条弯成弧形加上弦而成，箭当用竹加上石镞或骨镞而成。根据文献记载，濮阳及其周围地区有着丰富的制造弓箭的材料。《诗经·鄘风》有《桑中》篇，云："期我乎桑中，要我乎上宫，送我乎淇之上矣。"又《定之方中》篇中有"降观于桑""说于桑田"的记载。古人常说"桑间濮上"，《诗经》所反映的是春秋时期的情况，但也可说明古帝丘、朝歌一带多桑树。《诗经·卫风》有《淇奥》篇，其中有"瞻彼淇奥，绿竹猗猗""瞻彼淇奥，绿竹青青""瞻彼淇奥，绿竹如箦"的记载。淇河沿岸的竹十分茂密，郁郁青青。《诗经·卫风》还有《竹竿》篇，云："籊籊竹竿，以钓于淇。"春秋时期淇水流域多野竹，在春秋以前此地的竹也不会少。桑木柔韧富有弹性，它和竹都是制造弓箭的主要材料，由此推断，濮阳一带多竹多桑，很可能是挥发明制造弓箭的地区。

对"青阳"所表示的地望，也可以从另一方面理解。春秋战国时期的人们，习惯以"青"代表东方，所谓青阳，就是天子的东堂。如《礼记·月令》："孟春之月……天子居青阳左个。"青阳左个，即东方之堂北头的室。古代太子居东宫，东方色为青，故称太子宫为青宫。青龙是东方星宿名。古代排列五帝，东方的天神称青帝。青土是指东方之地。青社是祭祀东方土神处。商代的甲骨文中就有"东"字，它有两个意思，一是指东方、东土，二是指具体的地名。濮阳的帝丘，就是夏代商先公相土的东都。甲骨卜辞中的东地也是西周以后的东地。《逸周书·作雒解》曰："武王克殷，乃立王子禄父，俾守商祀。建管叔于东。"西周初的东地，就在古濮阳城。古濮阳在战国时期仍称东地，如《史记·卫康叔世家第七》云："元君十四年，秦拔魏东地，秦初置东郡，更徙卫野王县，而并濮阳为东郡。"总之，春秋战国时人以"青（或青阳）"代表东方或东地，而濮阳一带一直有东地之名称。从这种意义上说，青阳表示的地望就指古濮阳一带。挥既是青阳氏之子，张姓的得姓地望也应在濮阳。

通过上述对张姓起源地望的三种说法的辨析,张姓起源于清水上游即河南濮阳一带的可能性最大。

(本文节选自张祖辉主编的《浙江姓氏志·苍南张氏史志》第一章《源流·挥的身世与青阳之地望》第二节)

关于“张姓祖根的一封信”

张醒民

广思、焕书宗长大鉴：

连上二函，谅均收到。昨日之信乃呈请邮赠书刊、VCD 给台北县永和市张荣强、金门张璋全、云霄张友金三位族老。三位均为著名宗贤，极有影响力。

张荣强住址：台湾省台北县永和市永和路一段 202 号 5 楼。

金门同乡会张璋全先生住址：台湾省金门县金沙镇沙美胜利路 8-1 号。

张氏宗亲会张友金住址：福建省云霄县城关云漳路 46-1 号。

前信邮赠复印之《山阴白鱼潭张氏族谱》，年代久远，经考证，史料极其珍贵。

该族谱最早是由宋初名臣张咏（太平兴国进士、官至枢密直学士、礼部尚书，谥忠定）修撰。后张咏十六世孙张以弘，重修于弘治辛酉年（1501 年）。张以弘进士出身，官礼科都给事中、江西布政司左参议。崇祯元年（1628 年）张元淑续修。

考证提出下述史实：“吾家本名族，受姓轩辕氏，濮阳蕃本根”，“张之受姓,昉于轩辕之子,天下之张,厥初无不本于一人耳,濮阳吾祖之所自出"。此观点是976年北宋名臣张咏首次提出,1501年张咏十六世孙、明进士、布政使张以弘再次提出,可以有力佐证近代学者之论点。

其实这篇谱序台北张桂元宗长1995年4月邮赠之《张氏统宗世谱溯源》第118—122页即已录入。我曾常为参阅,但没有注意到其珍贵性。张咏是北宋名臣、学士,976年即提出:轩辕赐姓张,祖根在濮阳。这比目前聘十位史学者来考证有力百倍。

为此,这篇珍贵谱序应引用于下期宗史刊物载之。深感其珍贵性,再次论之,以供宗长们参考,谢谢。

专此顺祝

新春愉快,宗事兴旺

宗亲　醒民上

2003年2月4日(初四)

(来信者张醒民先生,福建泉州人,爱国归侨,姓氏学者,族谱收藏家)

第三章 张姓源流研究

张——创制长弓得来的姓

谢钧祥

一、起源

张氏的起源,可以推溯到远古传说时代。唐代林宝《元和姓纂》云:“黄帝第五子青阳生挥,为弓正,观弧星始制弓矢,主祀弧星,因姓张氏。”那么,青阳是谁,挥在何时任弓正,为何观弧星能发明弓和箭呢?《史记·五帝本纪》载:“黄帝居轩辕之丘,而娶于西陵之女,是为嫘祖。嫘祖为黄帝正妃,生二子,其后皆有天下:其一曰玄嚣,是为青阳,青阳降居江水;其二曰昌意,降居若水。”又载:“帝颛顼高阳者,黄帝之孙而昌意之子也。”于此可知,青阳就是玄嚣,他所居之“江水”,东汉应劭注为“古江国也”。青阳的儿子挥,与帝颛顼同是黄帝之孙,生活在同一时代,他所任之“弓正”,是监管制造弓箭的官,应在颛顼之时,活动地点也当在颛顼的都城帝丘(今河南濮阳)一带。“弧星”即弧矢星,共9颗,在天狼星东南,其中8星如弓形,1星像矢,很像上弦的弓箭。挥经过许多个夜晚的观察,从弧星的形状受到启发,创制成弓箭,对当时社会做出了很大贡献，因此便以张为氏。张字本义为弓上弦，引申为开弓，与官名“弓正”及古星名“弧”均密切相关。

南宋郑樵《通志·氏族略》认为林宝等人的说法“非命姓氏之义”，而将张氏列入“以字为氏”之类，说：“晋有解张，字张侯，自此晋国世有张氏，则因张侯之字以命氏，可无疑也。”这是说，张氏形成于春秋时期，系晋国大夫解张（张侯）的子孙以其字为氏，才有了张氏。此说显然有误，因为西周宣王时有位卿士姓张名仲，以孝友著称，说明在周宣王以前已有张氏，而春秋晋国的解张，只不过是张仲的后裔而已。对此，《新唐书·宰相世系表》有明确记载，该书说：“周宣王时有卿士张仲，其后裔事晋为大夫。张侯生老，老生趯，趯生骼。至三卿分晋（前403年韩、赵、魏三家瓜分晋国），张氏仕韩。”

综上所述，张氏形成于上古帝颛顼时期，距今约4500年，起源于今河南濮阳，得姓始祖是弓箭的发明者、黄帝之孙挥。

南宋罗泌《路史·国名纪·黄帝后姬姓国》云：“张，挥之封，然黄帝臣自有张若。”这是说，在挥得张氏之前，已有一位叫张若的人，是黄帝之臣。如此说成立，则张若得氏应在黄帝的都城轩辕之丘，即今河南新郑。但是，张若其人，既未见正史记载，也无姓氏由来，其后亦无世系可考。因此，张氏族人均以张挥为得姓始祖。

此外，据《三国志·魏志》载，魏国名将张辽本姓聂，后改为张姓，世居马邑；据《读史方舆纪要》载，世居云南的南蛮酋长龙佑那，于三国时被蜀相诸葛亮赐姓张，此后其子孙便以张为姓。由改姓、赐姓形成的张姓，为本已兴旺的张氏又增添了新的属员。

二、播迁

张氏形成后，主要是在其起源地今河南及其附近繁衍发展，后由于任官、战乱、自然灾害等原因，不断向外播迁。西周时有一支迁入今陕西，春秋时又有一支迁入今山西，在当时的晋国繁衍发展，至前403年韩、赵、魏三家瓜分晋国，张氏又在韩国发展。韩国初都平阳（今山西临汾西南金殿），正式建都阳翟（今河南禹州），前375年韩哀侯灭郑，又迁都新郑（今属河南），于前230年被秦国灭掉。所以，战国时期张氏主要是在今河南境内发展繁衍。此后，又从河南向外散播。

据《新唐书》载，张开地任韩相，“生平，凡相五君。平生良，字子房，汉留文成侯。良生不疑。不疑生典。典生默。默生大司马金。金生阳陵公乘千秋，字万雅。千秋生嵩。嵩五子：壮、赞、彭、睦、述。壮生胤。胤生皓，字叔明，后汉司空，世居武阳犍为。皓生宇，北平、范阳太守，避地居方城。宇孙肥如侯孟成。孟成生平，魏渔阳郡守。平生华，字茂先，晋司空、壮武公。二子：祎、韪。祎字彦仲，散骑侍郎。生舆，字公安，太子舍人，袭壮武公。生次惠，宋濮阳太守。二子：穆之、安之。安之之族，徙居襄阳”，“韪，晋散骑常侍，随元帝南迁，寓居江左。六世孙隆，太常卿，复还河东，后徙洛阳”。南宋邓名世《古今姓氏书辩证》记载与此略同。

分布在各地的张氏，大抵皆留侯（张良）远裔，都有分支始祖及迁徙原因。例如：河东张氏出自晋司空张华裔孙吒子，吒子在隋时任河东郡丞，自范阳徙居河东猗氏，传四代有张嘉贞，在唐玄宗时任宰相，嘉贞之子延赏在唐德宗时任宰相，延赏之子弘靖相宪宗，时号“三相张家”；始兴张氏，亦出自晋司空张华之后，随晋南迁，至君政，因官居于韶州曲江，至唐有张九龄，唐玄宗时任宰相；冯翊张氏，出自汉司空张皓少子纲，字文纪，东汉时任广陵太守，曾孙翼，字伯恭，任蜀冀州刺史，子孙自犍为徙下邽，传至德言，生荣，荣生张仁愿，唐中宗时任宰相；吴郡张氏，出自张嵩第四子睦，字选公，东汉时任蜀郡太守，始居吴郡，裔孙显，任齐庐江太守，后有张镒，唐德宗时任宰相；清河东武城张氏，出自汉留侯张良裔孙司徒张歆，歆弟协，生魏太山太守岱，自河内徙清河，传至彝，为北魏侍中，隋末徙魏州昌乐，后有张文瓘，唐高宗时任宰相，文瓘弟文琮之子张锡，武后及温王时任宰相；河间张氏，为汉常山景王张耳之后，世居鄚县，裔孙张文蔚，唐哀帝时任宰相，张濬于唐昭宗时任宰相；中山张氏，为汉北平文侯张仓之后，世居中山义丰，裔孙张行成，在唐太宗、唐高宗两朝任宰相；魏郡张氏，世居繁水，裔孙张大安，唐高宗时任宰相；汲郡张氏，世居平原，裔孙张镐，唐肃宗时任宰相；郑州张氏，裔孙张亮，唐太宗时任宰相。

从以上记载及一些人物资料可知，张氏在晋代以前已分布于今河南、陕西、山西、湖北、河北、江苏、四川、甘肃、宁夏、山东、江西、浙江、安徽等地。

张氏自中原迁往福建，始于西晋末年的“永嘉之乱”。据《台湾省通志·人民志·氏族篇》载，当时从中原入闽者共有 13 氏，其中包括张氏。不久，福建张氏又有迁至广东等地者。唐代，中原张氏又两次入闽：一次是在唐高宗时期，光州固始人陈政、陈元光父子奉命到福建南部平乱，率领 64 姓 7000 名将士，后均留居福建漳州安家落户，其中军职可考的张姓人有，分营将张虎、张龙，医士张光达，队正张来、张本仪等；另一次是唐僖宗时期，固始人王潮、王审知兄弟率领 27 姓 5000 人入闽，有固始人张睦随从前往，居古田之梅溪，卒葬福州赤塘山，还有固始人张延齐等兄弟 3 人随从前往，居泉州之惠安、安溪等地，支派甚多。福建张氏，大致以居住地分为鉴湖、金坡、板桥等派，于宋末分支广东梅州、蕉岭等地。

北宋末年的“靖康之变”，再次引起中原人南迁的高潮，除继续迁往上述地区外，又有迁至今湖南、贵州、云南、上海等省市者。与此同时，还有北迁至今天津、北京、辽宁等省市者，其中包括许多张姓人。

郑成功治台时期，闽、粤张氏有不少人渡海到台湾，其有文献可考的有同安人张灏，任郑氏兵部职方司部中，其弟张瀛同时入台，后留居。还有郑氏部属张阿春及梅丰人张祐，在台湾开垦。清代又有张滥、张茂、张振葛、张达京、张方高、张附春、张启宁、张仲和、张春始、张嗣征、张征扬、张济伯、张楚伯、张春抑、张必荣、张沛世、张治全、张孝思、张国俊、张光彩、张聪、张大满、张卓徽、张启明、张阿吉、张捷、张阿苟、张爽、张寿华、张德正、张秀钦等多人移居台湾。

从清末开始，闽、粤、台有不少张氏人远渡重洋，去海外求发展，现主要分布于泰国、马来西亚、菲律宾、新加坡、印度尼西亚、美国、英国、法国、巴西、新西兰、澳大利亚、巴拿马等国家。

三、政权

东汉末年，天师道首领、汉中人张修（？—191），于中平元年（184 年）黄巾起义时，率众在巴郡（治今重庆市江北区）举行武装起义。后归益州牧刘焉，任别部司马。天师道另一位首领张鲁（？—216），字公祺，沛国丰县（今属江苏）人，系天师道创立者张道陵之孙，世为天师道教主。初平二年（191 年），任益州牧刘焉的督义司马，与张修率部共同攻杀汉中太守苏固，占领其地。不久，张鲁袭杀张修，并其众，遂割据汉中，称“师君”，推行天师道，从者甚众，信徒多为贫苦农民，关西人民迁往的有数万家，賨人也有很多迁往。他以教中“祭酒”管理地方政治，并在各地设立“义舍”，置“义米”“义肉”，过路者量腹取食。又禁止酿酒，在春夏禁止杀牲。犯法的人，原宥三次，然后用刑。有小过者则修治道路百步。张鲁所建政权，持续约 30 年，并被东汉政府任为镇夷中郎将、汉宁太守。建安二十年（215 年），曹操攻汉中，他退避入巴中（今四川东北部），不久降曹，被任为镇南将军，封阆中侯。

十六国时，安定乌氏（今宁夏固原东南）人张轨（255—314），字士彦，于永康二年（301 年）任凉州刺史。他联合汉族和少数民族统治阶级，稳定当地秩序，扩建姑臧（今甘肃武威）城，立学校，定币制，创造了一个安定繁荣的社会环境。张轨死后，其子孙继续保有凉州 70 余年，成为割据政权，史称前凉，是十六国之一。

五代时，南汉有农民起义首领张遇贤（？—943），博罗（今属广东）人。初为小吏。光天元年（942 年）在循州（治今广东惠州西北）被起义农民推为首领，称“中天大国王”（一作“中天八国王”），年号永乐。署置百官，以黄伯雄为副，以僧景全为谋主。屡败南汉军，众至 10 余万人。起义军都穿红衣，人称“赤军子”。次年越岭进攻虔州（治今江西赣州），连下诸县，在白云洞建造宫室营署。后被南唐将领严恩击败，撤退中被叛徒李台台所执，于金陵被杀。

北宋时，有张邦昌（1081—1127），永静军东光（今属河北）人，字子能。举进士。历任礼部侍郎、少宰、太宰等职。靖康元年（1126 年）金军围攻汴京（今河南开封）时，任河北路割地使，力主对金投降。次年金军攻陷东京，他建立傀儡政权，曾称“楚帝”33 日。高宗即位后因李纲力主严惩，被放逐到潭州（治今湖南长沙）处死。

元末，泰州白驹场（今江苏大丰西南）人张士诚（1321—1367），幼名九四，盐贩出身。至正十三年（1353 年）与弟士德、士信率盐丁起兵，攻下高邮等地。次年称诚王，国号周，年号天佑，渡江攻下常熟、湖州、松江、常州等地，十六年定都平江（治今江苏苏州）。次年降元，受封为太尉，曾与方国珍从海道运粮，接济元都。后继续扩占土地，割据范围南到浙江绍兴，北到山东济宁，西到安徽北部，东到海。至正二十三年（1363 年）攻安丰，杀红巾军领袖刘福通，自称吴王。后屡被朱元璋击败，二十七年（1367 年）秋平江城破，被俘至金陵（今江苏南京），自缢死。

明代，有闽、粤、赣边区农民起义首领张琏，广东饶平乌石村人，生卒年不详。因杀死族长，投奔郑八、萧晚（雪峰）的起义军。郑八死后，他被推为首领。嘉靖三十九年（1560 年）称帝，年号造历。在粤北山中建造宫殿大寨，周围环列小寨数百。聚众 10 万，出击福建的汀、漳、延平、建瓯和江西的宁都、瑞金等地。四十一年（1562 年）明政府调俞大猷到广东，袭破山寨。他为叛徒所俘（一说脱险后率余部移居南洋），萧晚也被明军所俘，起义失败。

明末,有农民起义首领张献忠(1606—1647),字秉吾,号敬轩,延安柳树涧(在今陕西定边东)人。出身贫苦。初从军,因被人陷害革役。崇祯三年(1630年)在米脂十八寨起义。自号八大王,因身长面黄,人称黄虎。后为王自用三十六营主要首领之一,实自成一军。崇祯八年(1635年)荥阳大会后,与高迎祥大举东征,攻破凤阳,焚明皇陵,转战豫、陕、鄂、皖各地。崇祯十一年(1638年),接受明兵部尚书熊文灿的招抚,驻兵谷城(今属湖北)。但拒绝裁减军队,不受调度。次年再起。崇祯十三年(1640年)率部突围,进兵四川,用"以走制敌"的战术,拖垮明军。次年,在川东开县(今属重庆)黄陵城击破明军,继又出川,破襄阳,粉碎了明军的围攻。十六年(1643年),取武昌,称大西王,旋克长沙,宣布钱粮三年免征,湘、赣农民群起响应。次年,再取四川,在成都建立大西政权,即帝位,年号大顺,严厉镇压地主阶级的反抗。大顺三年末(1647年初)清兵南下,他引兵拒战,在西充凤凰山中箭而死。

四、名人

张氏枝繁叶茂,名人辈出,不绝于史。

战国纵横家张仪(?—前309),魏国贵族后代,相传与苏秦同师事鬼谷子。他于秦惠文君十年(前328年),任秦相,封武信君。采用连横策略,迫使魏献上郡,帮助秦惠文君称王,游说各国服从秦国,瓦解齐楚联盟,夺取楚汉中地。秦武王即位后,他入魏为相,一年后去世。

西汉张良(?—前189或前190),汉初大臣,字子房,传为城父(今河南襄城西南)人。祖与父相继为韩国五世之相,秦灭韩后,他图谋恢复韩国,结交刺客,在博浪沙(今河南原阳东南)狙击秦始皇未中。传说他逃亡至下邳(今江苏睢宁北)时,遇黄石公,得《太公兵法》。秦末农民战争中,聚众归刘邦,不久游说项梁立韩贵族成为韩王,任韩司徒。后韩王成为项羽所杀,复归刘邦,为其重要谋士。

楚汉战争期间，提出不立六国后代，联结英布、彭越，重用韩信等策略，又主张追击项羽，歼灭楚军，都为刘邦所采纳。汉朝建立，封留侯。张骞（？—前 114），汉中成固（今陕西城固东）人，官大行，封博望侯。建元二年（前 139 年），奉汉武帝命出使大月氏，相约共同夹攻匈奴。他越过葱岭，亲历大宛、康居和大月氏、大夏等地，元朔三年（前 126 年）方归汉，在外共 13 年。途中曾被匈奴扣留，前后达 11 年。元狩四年（前 119 年）又奉命出使乌孙，并派副使出使大宛、康居、大夏、安息等地。他两次出使，加强了中原和西域少数民族的联系，进一步发展了汉朝与中亚各地人民的友好关系，促进了经济文化的交流和发展。

东汉时科学家、文学家张衡（78—139），字平子，河南南阳西鄂（今河南南阳石桥镇）人。曾两度担任执管天文历法的太史令。精通天文历算，创制世界上最早利用水力转动的浑天仪和测定地震方位的地动仪。第一次正确解释了月食的成因，说明月光是日光的反照，月食是由于月球进入地影而产生的。天文著作有《灵宪》，总结了当时的天文知识。在《灵宪》一书中，明确地提出“宇之表无极，宙之端无穷”，认识到宇宙无限性，并认识到行星运动的快慢与距离地球的远近有关。文学作品如《二京赋》铺写京都景象，规模巨大。《归田赋》形式短小，重在抒情。《四愁诗》《同声歌》各具特色，在五言、七言诗发展史上有一定的地位。原有集，已佚，明人辑有《张河间集》。汉末著名医学家张仲景，名机，南阳郡（治今河南南阳）人。学医于同郡张伯祖。相传曾任长沙太守。当时伤寒流行，病死者很多。他钻研了《内经》《难经》《胎胪药录》等古代医书，并广泛收集有效方剂。著《伤寒卒（杂）病论》。其书辗转流散，经后人多次收集整理，成《伤寒论》《金匮要略》两书，分论外感热病与内科杂病。倡“六经分证”和“辨证论治”原则，具体阐述寒热、虚实、表里、阴阳的辨证及汗、吐、下、温、清、和等治法，总结了汉以前的医疗经验，对祖国医学的发展有重大贡献，被后人誉为“医圣”。

蜀汉大将张飞（？—221），字益德，涿郡（治今河北涿州）人。东汉末从刘备起兵。曹操取荆州，刘备败于长坂（今湖北当阳东北），他率骑拒战，曹军不敢近。后随刘备取益州，任车骑将军。当时与关羽同称“万人敌”。章武元年（221 年），从刘备攻吴，临行，被部将刺死。

西晋时有大臣、文学家张华（232—300），字茂先，范阳方城（今河北固安西南）人。晋初任中书令、散骑常侍，排除异议，力劝武帝定灭吴之计。统一后出为持节都督幽州诸军事，加强了对东北地区的统治。惠帝时，历任侍中、中书监、司空。后被赵王伦和孙秀所杀。以博洽著称。其诗委婉妍丽，后人评为“女儿情多，风云气少”，有的作品也间接表现出对当时政治状况的忧虑和感慨。原有集，已散佚，后人辑为《张司空集》。另著有《博物志》。

唐代张氏更是人才济济，仅宰相即有 17 人。其中，有 14 人已在“播迁”一节中叙述，另外 3 人分别是：张光辅，相武后；张柬之，相武后、中宗；张说，相睿宗、玄宗。在这 17 位宰相中，有 3 人值得专门介绍。一是张柬之（625—706），字孟将，襄州襄阳（今湖北襄樊市襄阳区）人。中进士后任清源丞。永昌元年（689 年）以贤良征试，擢为监察御史。后出为合州、蜀州刺史。武周后期任宰相。神龙元年（705 年）武则天病，他与桓彦范、敬晖等乘机发动政变，恢复中宗帝位，擢天官尚书，封汉阳郡公，旋改郡王。不久为武三思所排挤，罢相职。次年，贬为新州司马，愤恨而死。二是张说（667—731），字道济，一字说之，洛阳（今属河南）人。武则天时应诏对策，得乙等，授太子校书。中宗时任黄门侍郎等职。睿宗时进同中书门下平章事，劝睿宗以太子隆基（玄宗）监国。玄宗时，任中书令，封燕国公。曾任朔方节度使，建议招募壮士以充宿卫。他擅长文辞，当时朝廷重要文件多出其手，与苏颋（袭封许国公）并称为“燕许大手笔”。亦能诗，被贬岳阳时的作品，较有特色。有《张燕公集》。三是张九龄（673 或 678—740），字子寿，一名博物，韶州曲江（今广东韶关西南）人，既是唐玄宗时宰相，又是诗人。长安进士，任右拾遗，迁左补阙。当时吏部考试选拔人才与应举者，常由他和赵冬曦评定等第，时称平允。开元二十一年

(733年)任中书侍郎、同中书门下平章事,主张不循资格用人,设十道采访使。玄宗怠于政治,他常评论得失。开元二十四年(736年)为李林甫所谮,罢相。其《感遇》12首即作于贬谪之后,抒怀感事,以格调刚健著称。有《曲江集》《千秋金鉴录》。此外,有诗人张若虚,扬州(今属江苏)人。官兖州兵曹。与贺知章、张旭、包融齐名,号"吴中四士"。诗以《春江花月夜》著名,描写细腻,音节和谐,但仍受六朝时期柔靡诗风的影响,流露出人生无常之感。今仅存诗2首。诗人张祜("祜"或误作"祐"),字承吉,清河(今属河北)人。初寓姑苏,后至长安,为元稹排挤,遂至淮南。爱丹阳曲阿地,隐居以终。卒于大中年间。以宫词得名。有《张处士诗集》。诗人张为,江南人,《唐才子传》作闽中人。大中末,曾流寓长沙。有诗一卷,今仅存数首。又撰《诗人主客图》,以白居易、孟云卿、李益、孟郊、鲍溶、武元衡6人为主,分附入室、升堂、及门等客,每人下并摘句举例,开宋人诗派之说。其于中晚唐诗歌流派的划分和诗人的评价,与实际情况及一般见解颇有不同。诗人张碧,字太碧,籍贯不详。诗学李白。其《农父》一诗,反映人民疾苦,较为突出。孟郊谓其诗"下笔证兴亡,陈辞备风骨"。原有集,已失传。诗人张志和,字子同,初名龟龄,婺州金华(今属浙江)人。年十六举明经。肃宗时待诏翰林,后隐居江湖,自号烟波钓徒。善歌词,能书画、击鼓、吹笛。作品多写闲散生活。其词今存5首,《渔父》词描写季节景物,鲜明生动,为早期文人词中较著名的作品。有《玄真子》。

北宋词人张先(990—1078),字子野,乌程(今浙江湖州)人。天圣进士,历官都官郎中。晚年退居乡间。其词内容大多描写士大夫的诗酒生活和男女之情,对都会生活也有所反映。语言工巧。喜作慢词,对词的形式发展起过一定的作用。《后山诗话》曰:"张先善著词,有云:'云破月来花弄影''帘压卷花影''堕轻絮无影',世称诵之。号张三影。"有《张子野词》。诗人张耒(1054—1114),字文潜,号柯山,楚州淮阴(今属江苏)人。熙宁进士,曾任太常少卿等职。为"苏门四学士"之一。诗歌受白居易、张籍影响,平易流畅,对社会矛盾有所反映。也善词与散文。有《张右史文集》。画家张择端,字正道,东武(今山东诸城)人。早年游学汴京(今河南开封),后习绘画,徽宗朝供职翰林图画院。专工界画宫室,尤擅绘舟车、市肆、桥梁、街道、城郭。存世作品有《清明上河图》,描绘当年汴京近郊在清明时节社会各阶层的生活景象,真实生动,是一件具有重要历史价值的优秀风俗画。南宋词人张孝祥(1132—1170),字安国,号于湖居士,乌江(今安徽和县东北)人。绍兴进士,官荆南、湖北安抚使。其词风格豪迈。在建康留守席上所作《六州歌头》,表现出要求恢复国家统一的激情,对南宋政权的苟且偷安予以强烈谴责,张浚曾为之感动罢席。有《于湖居士文集》《于湖词》。学者张栻(1133—1180),字敬夫,又字乐斋,号南轩,张浚子,汉州绵竹(今属四川)人。迁于衡阳。官至右文殿修撰。和朱熹、吕祖谦齐名,时称"东南三贤"。断言"所谓礼者天之理",即把封建秩序看作永恒不变的规律。为学主"明理居敬",认为"居敬有力,则其所穷者益精;穷理浸明,则其所居者亦有地"。著作有《南轩集》。书法家张即之(1186—1263),字温夫,号樗寮,历阳(今安徽和县)人。官至司农寺丞,授直秘书阁。工书,学米芾而参用欧阳询、褚遂良的体势笔法,尤善写大字。存世书迹有《报本庵记》《书杜诗卷》等。词人、词论家张炎(1248—1314后),字叔夏,号玉田、乐笑翁,临安(今浙江杭州)人。张俊后裔。宋亡,北游元都,后南归。其词用字工巧,追求典雅,早年多反映贵族公子的优游生活,宋亡后则多追怀往昔之作。又曾从事词学研究,对词的音律、技巧、风格,皆有论述。有《山中白云词》及《词源》。

金有张通古(1088—1156),金初易州易县(今属河北)人,字乐之。辽天庆进士,入金任工部侍郎等职。天眷元年(1138年)充江南招谕使到临安(今浙江杭州),自称以大国之卿当小国之君,傲慢无礼。订和约后还金,即主张毁盟攻宋。封曹王。医学家张子和(约1156—1228),名从正,号戴人,睢州考城(今河南民权西南)人。他继承刘完素的学说而有新的见解,治病以祛邪为主，认为“先论攻其邪，邪去而元气自复”。善用“汗”“吐”“下”三法，并谓三法能兼众法，切责医者滥用补药与平稳药贻误病人之非。著有《儒门事亲》。医学家张洁古，名元素，易州（今河北易县）人。认为治病不应完全拘泥古方，并创“药物归经”及“药性气味厚薄，升降浮沉”的理论，对后世医学有一定的影响。著有《珍珠囊》《医学启源》等。

元代散曲家张养浩（1270—1329），字希孟，号云庄，济南（今属山东）人。曾任监察御史，以批评时政为权贵所忌，免官，后复官至礼部尚书，参议中书省事。辞职归隐，屡召不赴。天历二年（1329年），关中大旱，出任陕西行台中丞，办理赈灾，积劳病卒。其散曲多写弃官后的田园隐逸生活，有的流露出对官场的不满。又能诗。有《云庄休居自适小乐府》《归田类稿》。散曲家张可久（1280—约1352），字小山（一作号小山），庆元路（治今浙江宁波）人。以路史转首领官。又曾漫游江南。专力写散曲，留存作品800多篇，为元人中最多者。有《小山乐府》。诗人张翥（1287—1368），字仲举，世称蜕庵先生，原籍晋宁襄陵（今山西襄汾西北）。早岁居杭州，受业于理学家李存，又从仇远学诗。至正初，以隐逸荐为国子助教，官至翰林学士承旨，加河南行省平章政事。曾参修宋、辽、金三史。有《蜕庵集》。又能词，有《蜕岩词》。词人张埜，字野夫，号古山，邯郸（今属河北）人，大德至延祐年间在世。官翰林修撰。有《古山乐府》。父之翰，号西岩老人，亦为词人。画家张渥，字叔夏，号贞期生、江海客，杭州（今属浙江）人，或作淮南人。博学多艺，尤善画人物，学李公麟白描，笔法细劲，形象生动有神。存世作品有《九歌》《雪夜访戴》等图。画家张守中，一名中，字子政，亦作子正，画山水得黄公望指授。尤擅绘花鸟，多以水墨点簇晕染，生动有致；间作设色，清隽可喜。存世作品有《桃花幽鸟》《芙蓉鸳鸯》等图。

明代，有道士张三丰，名全一，一名君宝，号玄玄子，以其不修边幅，又号张邋遢。辽东懿州（治今辽宁阜新东北）人。史称他龟形鹤背，大耳圆目，须髯如戟，寒暑只有一衲一蓑，曾在武当山幽栖。明太祖、成祖屡遣使求之，不遇。

英宗时封为“通微显化真人”。画家张路(1464—1537或1538),字天驰,号平山,祥符(今河南开封)人。擅绘人物,师法吴伟,笔势狂放。山水兼学戴进。亦能鸟兽、花卉。戏曲作家张凤翼(1527—1613),字伯起,号灵墟,长洲(今江苏苏州)人。嘉靖四十三年(1564年)举人。屡考进士不中。晚年以卖字和诗文为生。所作传奇《红拂记》《祝发记》《窃符记》《虎符记》《灌园记》《扊扅记》6种,合称《阳春六集》,前5种今存。均以辞藻华丽著称。医学家张景岳(1563—1640),名介宾,字会(惠)卿,会稽(今浙江绍兴)人。学医于金英(梦石)。钻研《内经》一书,深有领会,历30年时间进行整理、注释,著成《类经》和《类经图翼》《类经附翼》,又著有《景岳全书》《质疑录》等。在医学理论上颇有阐发。以明阴阳、辨六变为分析人体生理活动和病机变化的纲要。倡“阳非有余,真阴不足”论,治疗着重于补益“元阳”“真阴”。还自订不少新方,为后世医家所重视。张燮(1574—1640),龙溪(今福建漳州)人,字绍和,别号海滨逸史。万历二十二年(1594年)举人。撰有《东西洋考》12卷。明末,有画家张宏(1577—?),字君度,号鹤涧,吴郡(治今江苏苏州)人。善画山水,重写生,笔力峭拔,墨色湿润。兼工人物,用笔疏朗。

清代,有医学家张石顽(1617—1701?),名璐,字路玉,号石顽老人,长洲(今江苏苏州)人。著《伤寒缵论》《伤寒绪论》《本经逢原》《诊宗三昧》等。又著《张氏医通》,广辑历代医学理论、治法,并载验案,对内科杂病颇多阐发;末附《祖方》,认为历代流传的方剂,皆有渊源,即由某一祖方(基础方)加减组合而成。张英(1637—1708),安徽桐城人,字敦复,号乐圃。康熙进士。官至文华殿大学士兼礼部尚书。先后任《一统志》《渊鉴类函》《政治典训》《平定朔漠方略》总裁。著有《周易衷论》等。张玉书(1642—1711),江南丹徒(今江苏镇江)人,字素存。顺治进士。官至文华殿大学士兼户部尚书。曾数次出差视察河工,对治理黄河、运河提出不少建议。后从圣祖出巡热河,病死。文学家张潮(1650—约1709),字山来,号心斋,歙县(今属安徽)人。能词。以刊刻丛书为当时所知。刻有《昭代丛书》《檀几丛书》。辑有短篇小说集《虞初新志》。著有《心斋聊复集》《花影词》《幽梦影》等。张伯行(1652—1725),河南仪封(今兰考东)人,字孝先,号敬庵,一号恕斋。康熙进士。历任福建巡抚、江苏巡抚,官至礼部尚书。康熙称其操守为天下第一,江南口碑则有"勤上本,懒结案,准谎词,冤到底"之语。他治程朱理学,编辑整理程朱学派著作,汇刻《正谊堂丛书》,著有《困学录》《续困学录》《正谊堂文集》《正谊堂续集》等。大臣张廷玉(1672—1755),安徽桐城人,字衡臣,号研斋。康熙进士。官至保和殿大学士、军机大臣。雍正时设军机处,规制均出其手。乾隆时深得信任。前后居官50年,《明史》即在他任总裁时告成。有《传经堂集》。经学家、文学家张惠言(1761—1802),字皋文,江苏武进(今常州)人。嘉庆进士,官翰林院编修。尤精《周易》《仪礼》,《仪礼》主郑玄,《周易》主虞翻。有《周易虞氏义》《仪礼图》。工词及散文。论词强调比兴,为常州词派的创始人。散文简洁,与恽敬同为阳湖派之首,两人思想倾向大致相同。善篆书。有《茗柯文编》《茗柯词》,并编有《词选》《七十家赋抄》。诗人张问陶(1764—1814),字仲冶,号船山,四川遂宁人。乾隆进士,官莱州知府。主张诗歌应抒写性情,反对模拟,曾为袁枚所赞扬。作品多表现日常生活,情调流于感伤。并能书画。有《船山诗草》。学者、词人张琦(1764—1833),字宛邻,号翰风,阳湖(今江苏常州)人。嘉庆举人。历官知县。为常州派词人,亦精医学。有《立山词》《战国策释地》《素问释义》等。学者张澍(1782—1847),字伯瀹,号介侯,甘肃武威人。嘉庆进士。历任玉屏(今属贵州)、泸溪(今江西资溪)等县知县。他好游历,远游晋、鲁、豫、浙等10余省。博览经史,留心关陇文献,辑乡邦遗籍数十种及其他阙佚书为《二酉堂丛书》。著有《姓氏五书》《五凉旧闻》等。诗人张维屏(1780—1859),字子树,号松心,广东番禺(今广州)人。道光进士,官南康知府。其早期诗作多抒写个人生活。晚年家居,目睹英国侵略军的暴行,所写诗篇如《三元里行》《三将军歌》等,激昂悲愤,歌颂了鸦片战争时期的反侵略斗争。有《松心诗集》《松心文集》等,又辑有《国朝诗人征略》。

五、郡望

张氏繁衍昌盛,人丁兴旺,支脉众多,在全国许多地方发展成为名门望族。北宋时的《广韵》说张氏"出清河、南阳、吴郡、安定、炖(敦)煌、武威、范阳、犍为、沛国、梁国、中山、汲郡、河内、高平十四望"。《张氏谱图》则云"有四十三望",除《广韵》所列者外,还有太原、修武、上谷、荥阳、平原、京兆、河东、始兴、冯翊、魏郡、郑州等地。张氏在中国姓氏中是郡望最多的氏,这说明张氏在全国分布非常广泛。

清河郡:西汉置,治所在清阳县(今河北清河东南);东汉改为国,移治甘陵县(今山东临清东北);三国魏复为郡;西晋又改为国;北魏又复为郡;北齐移治武城县(今清河县西城关乡西北,隋改名清河县);隋开皇初废,大业及唐天宝、至德时曾改贝州为清河郡。

南阳郡:战国时秦昭襄王三十五年(前 272 年)置,治所在宛县(今河南南阳);西晋改为国;南朝宋复为郡;隋开皇初改为邓州,大业初复为南阳郡,治所在穰县(今河南邓州);唐武德二年(619 年)改为邓州,天宝元年(742 年)复为南阳郡,乾元元年(758 年)复改邓州。

吴郡:西汉初以会稽郡治所在吴县,故亦称吴郡,一说楚、汉间置,汉武帝后废;东汉永建四年(129 年)复置,治所在吴县(今江苏苏州);南朝梁太清三年(549 年)改为吴州,大宝元年(550 年)复为吴郡;隋开皇九年(589 年)移治今苏州市西南横山东 5 里,改为苏州,大业初改吴州,后复为吴郡;唐武德四年(621 年)改名苏州,天宝元年复为吴郡,乾元元年仍名苏州。

安定郡:西汉元鼎三年(前 114 年)置,治所在高平县(今宁夏固原);东汉移治临泾县(今甘肃镇原东南);东晋移治安定县(今甘肃泾川北);隋开皇三年(583年)废,大业三年(607年)复置;唐初改为泾州,天宝元年复改安定郡,至德元年(756年)又改名保定郡。

敦煌郡:西汉元鼎六年(前111年)置,治所在敦煌县(今甘肃敦煌西);北魏改为敦煌镇,后复改郡;隋开皇三年废,大业三年复置;唐武德五年(622年)改置西沙州,贞观七年(633年)又改沙州,天宝元年仍改敦煌郡,乾元元年又改为沙州。

武威郡:西汉元狩二年(前121年)置,治所在姑臧县(今甘肃武威);隋开皇三年废,大业初复置;唐武德初改置凉州,天宝初复改为武威郡,乾元初仍改为凉州。

范阳郡:三国魏黄初七年(226年)改涿郡置,治所在涿县(今河北涿州),西晋改为国,北魏复为郡,隋开皇初废。

犍为郡:西汉建元六年(前135年)置,治所在鳖县(今贵州遵义西),始元元年(前86年)移治僰道县(今四川宜宾西南);东汉永初元年(107年)移治武阳县(今四川彭山东);南朝齐复移治僰道县,梁废;隋大业初又改戎州为犍为郡;唐初复改为戎州。

沛国:东汉改沛郡置,治所在相县(今安徽淮北市相山区);三国魏移治沛县(今属江苏);西晋还旧治,后复为郡。

梁国:西汉高帝五年(前202年)改砀郡置,文帝时移都睢阳县(今属河南商丘);三国魏改置梁郡;晋改梁国;南朝宋改梁郡。

中山郡:西汉高祖置,治所在卢奴县(今河北定州),景帝时改为国;十六国后燕慕容垂定都于此,改为中山尹;北魏改为郡;隋开皇初废。

汲郡:西晋泰始二年(266年)置,治所在汲县(今河南卫辉西南),后废;北魏太和十二年(488年)复置,后移治枋头(今河南浚县西南淇门渡);隋开皇初废,大业初复改卫州为汲郡,移治卫县(今河南浚县西南卫贤乡);唐武德初仍改为卫州,天宝初改为汲郡,乾元初复为卫州。

河内郡:西汉高帝二年(前205年)置,治所在怀县(今河南武陟西南);西晋移治野王县(今河南沁阳);隋开皇三年废,大业初复置;唐武德初改为怀州,天宝初复改为河内郡,乾元初改为怀州。

高平郡:西晋泰始元年(265年)改山阳郡为高平国,治所在昌邑县(今山东巨野南),十六国后赵改为郡,南朝宋移治高平县(今山东邹城西南),北齐移治任城县(今山东济宁),隋开皇初废。

太原郡:战国秦庄襄王四年(前246年)置,治所在晋阳(今山西太原西南);西汉文帝改为国,不久复为郡;西晋改为国;北魏复为郡;隋开皇三年改为并州,大业三年复为太原郡;唐武德元年(618年)又改为并州。

修武郡:北周分汲郡地置,治所在南修武县(今河南获嘉);隋开皇初废。

上谷郡:隋大业初改易州置,治所在易县(今属河北);唐武德四年改为易州,天宝时复改为上谷郡。

荥阳郡:三国魏正始三年(242年)置,治所在荥阳县(今河南郑州西北),寻废;西晋泰始二年复置;北魏太和中移治今荥阳。

平原郡:西汉置,治所在平原县(今山东平原西南);东汉永宁元年(120年)改为国,后复为郡;三国魏黄初三年(222年)又改为国,七年复为郡;西晋改为国;南朝宋复为郡;北魏废。

京兆郡:三国魏以京兆尹改置,治所在长安县(今陕西西安西北);北魏移治霸城县(今陕西西安东北);北周还治长安县,复为京兆尹;隋开皇三年废,大业三年复置,改治大兴城(今陕西西安);唐武德元年改置雍州。

河东郡:战国魏置,后属秦,治所在安邑县(今山西夏县西北禹王城);东晋移治蒲坂县(今山西永济西南蒲州镇);隋开皇初废,大业三年废蒲州,复置河东郡,治所在河东县(今山西永济西南蒲州镇);唐武德元年又废,天宝元年又改蒲州为河东郡,乾元元年复改为蒲州。

始兴郡:三国吴甘露元年(265年)置,治所在曲江县(今广东韶关东南莲花岭下);南朝宋泰豫元年(472 年)改为广兴郡,齐复名始兴郡;隋开皇九年废;唐天宝元年又改韶州置,治所在曲江县(今广东韶关西武水西),乾元元年复改为韶州。

冯翊郡:三国魏以左冯翊改置,治所在临晋县(今陕西大荔);北魏移治高陆县(今陕西高陵);北周废;隋大业三年复置;唐武德元年改置同州,天宝元年复为冯翊郡,乾元元年又改置同州。

魏郡:西汉高帝十二年(前 195 年)置,治所在邺县(今河北临漳西南邺镇);北周大象二年(580 年)移治安阳城(今河南安阳西南);隋开皇初废,大业初复置;唐武德初改名相州。

郑州:隋开皇元年(581 年)改荥州置,治所在成皋县(今河南荥阳西北汜水镇);唐贞观七年移治管城县(今河南郑州);北宋熙宁五年(1072 年)废,元丰八年(1085 年)复置;1913 年废州为县。

六、堂号

张氏的堂号主要有百忍堂、金鉴堂、清河堂、孝友堂、亲睦堂、冠英堂、燕贻堂、敦睦堂、宗岳堂、敬谊堂、源流堂等。

百忍堂:唐代寿张人张公艺,九世同居,远近闻名。唐高宗封泰山后,亲自到他家,询问保守家业、和睦同族的大道理。公艺书“忍”字百余以进,受到高宗的称赞,于是,其族人便以“百忍”为堂号。

金鉴堂:唐朝开元年间,群臣多献珍奇宝物为唐玄宗祝寿,唯张九龄呈献《千秋金鉴录》5 卷,详述古今兴亡之道,受到唐玄宗的嘉奖及赐书褒扬,其族人引以为荣,于是便以“金鉴”为堂号。

清河堂:系以著名郡望为堂号。

七、堂联

西都十策,金鉴千秋。

上联说北宋初曹州冤句人张齐贤,字师亮,少年时孤贫而勤学,有远大志向。宋太祖到西都洛阳时,他以布衣身份上十策,太祖认为他有宰相之才。太宗时中进士,历官大理评事、左拾遗、江南西路转运使、代州知州、吏部侍郎、兵部尚书、同中书门下平章事(宰相)。下联说唐代大臣、诗人张九龄,字子寿,韶州曲江人。长安年间进士,任右拾遗,迁左补阙。当时吏部考试选拔人才与应举者,常由他和赵冬曦评定等第,时称平允。开元二十一年任中书侍郎、同中书门下平章事,主张不循资格用人,设十道采访使。玄宗怠于政治,他常评论得失。开元二十四年,为李林甫所谮,罢相。其《感遇》12 首即作于贬谪之后,抒怀感事,以格调刚健著称。有《曲江集》《千秋金鉴录》等。

烟波徒钓,横渠理学。

上联说唐代诗人张志和,字子同,初名龟龄,婺州金华(今属浙江)人。年十六举明经。肃宗时待诏翰林,后隐居江湖,自号烟波钓徒。善歌词,能书画、击鼓、吹笛。作品多写闲散生活。其词今存《渔父》5 首,描写季节景物,鲜明生动,为早期文人词中较著名的作品。另有《玄真子》。下联说北宋哲学家张载,字子厚,凤翔郿县(今陕西眉县)人,世称横渠先生。曾任著作佐郎、崇文院校书等职。后讲学关中,故其学派被称为“关学”。提出“太虚即气”的学说,肯定“气”是充塞宇宙的实体,由于“气”的聚散变化,形成各种事物现象。批判佛、道两家关于“空”“无”的观点。猜测到事物对立面统一的某些原理,强调对立面的协调、和解。他在认识论上主张“德性之知,不萌于见闻”;在人性学说上提出“天地之性”和“气质之性”对立的命题;在教育思想上强调“学以变化气质”。著作有《正蒙》《经学理窟》《易说》等,编入《张子全书》中。

渔阳惠政，江左清才。

上联说东汉宛人张堪，字君游，少年时被称为“圣童”。光武初年拜郎中，后任渔阳太守，捕击奸猾，劝课农桑，深受百姓爱戴。下联说西晋文学家张翰，字季鹰，吴郡（治今江苏苏州）人，有清才，善写文章，纵任不拘，时人号为“江东步兵”。齐王司马冏执政时，被任为大司马东曹掾。知冏将败，又因秋风起，思念故乡菰菜、莼羹、鲈鱼脍，便归吴。不久冏果被杀。

紫光烛剑，黄石授书。

上联说西晋大臣、文学家张华，字茂先，范阳方城（今河北固安西南）人。晋初任中书令、散骑常侍，排除异议，力劝武帝定灭吴之计。统一后出为持节都督幽州诸军事，加强了对东北地区的统治。惠帝时，历任侍中、中书监、司空。诗作委婉妍丽，也有感慨忧时之作，另著有《博物志》。据说晋武帝时，斗、牛（星座名）间常有紫气，张华曾问通纬象的雷焕，雷焕说“宝剑之气冲到天上了”，又说“在丰城县”。后来，果然掘得龙泉、太阿二剑。下联说西汉初大臣张良，前已有述，不再赘述。

八、族谱

张氏的家乘、谱牒，记录了张氏各分支的世代系统、人物传记、迁徙居住、婚姻嫁娶、子孙繁衍和与此相关的政治、经济、文化状况，不失为研究家族史、社会史的重要原始资料。有资料显示，现存张氏最早的族谱，是唐朝人张太素的《敦煌张氏家传》20 卷。此后，又有《曲江张氏家谱》1 卷。明朝嘉靖年间的《张氏统宗世谱》18 卷，后来又扩展到 21 卷，并附有《文献》11 卷，卷帙极为丰富。这部谱书将当时全国各地张氏家族的有关情况全部收入，书中还附有《张氏古今迁居地理图》17 幅。这是张氏的一部极为重要的谱书。民国时期，张氏聚族修续家谱之风方兴未艾，中华人民共和国成立后一些地方也有续修家谱的情况。

现在图书馆收藏和目录书著录的张氏谱书有100多种。《中国家谱目录》一书收录张氏家谱114种,计949册。限于篇幅,这里无法一一介绍。这些张氏谱书,如果按地区分,以江苏省最多,达25种;其次是湖南省,有18种;再次是山西和浙江两省,各有12种。此外,湖北省有8种,山东省有6种,河北、安徽、福建、四川4省各有5种,广西、甘肃、宁夏三省区各有2种,河南省有1种。不分地区的有4种。如果从支派族望上看,清河张氏的家谱最多,达10余种;其次是湘潭张氏,有6种。定阳、南张、姚江、余姚、中湘、湘乡等地张氏,各有3种;浙江、安丘、南皮张氏,各有2种;其他地区张氏支派,多为1种。

这些张氏谱书,名称各异,有家谱、宗谱、族谱、世谱、世系谱、会通谱、房谱、支谱、草谱、通谱、谱书、纪略、家乘、世系、先芬录等。名称中往往还包含具体郡望、门派或者先祖谥号,以及郡、县、乡名,以与别的谱书相区别。有的名称中还加有"续修""三修""四修"等字样。各谱尽管文字繁简不一,记述范围有别,但内容却大体相同,一般包括序言、凡例、家族世系、家族法规、先祖行状和家族文献等,其中家族世系是家谱的中心内容。关于家族世系的记述,既要注重上下垂直关系,使源流承递清楚,又要注重左右横向关系,详列人物事迹。世系不仅要记载本宗族的人物名谓,而且还多通过派语来说明人物的宗派和辈分。例如,茂陵(今陕西兴平)张氏宗族的《宗规》中就有"族派字目"。

九、字辈

张氏没有全国统一的字辈,但各地张氏的字辈则丰富多彩,这里仅选部分内容。

清光绪年间张允选等修《张氏族谱》中,所列山东黄县张氏字辈为:基业可久,名望堂昭,衍庆为志,肇锡永超。

张绶青刊修《张氏族谱》所列江苏润城张氏字辈为：好学用典，有文斯远，积庆之家，儒宗以衍，运际昌明，时乘光显。

民国时期张勉西所修《张氏族谱》所列广西桂林张氏字辈为：增其心性学，器宇自温纯，积厚垂麻远，国恩申锡频。

茂陵张氏宗族共分10个支派，取南宋大儒朱熹“忠孝持家远，诗书命世长”10个字，让各支派分占一字；再以这一字为首，形成五言四句，作为派语。如“忠”字一支的派语是：“忠勤襄国事，正直立人纲。龙虎风云会，修齐诩世良。”这一支派的第一代取名要用上“忠”字，第二代取名要用上“勤”字，第三代取名要用上“襄”字，依此类推。

《湘西学士桥张氏族谱》所列派语，原定：齐家汉国，起文仕邦。续定：光明正大，孝友忠良。再续：克承先志，远绍书香。

《洋湖张氏三修族谱》所列派语：开国忠为上，承家孝在先，立基图远大，积德自绵延。

湖南益阳《张氏族谱》所列派语：大宝时国日，万正仕祈芳，和世家声远，千秋学业长，承宗敦孝友，应题启文光，基植先培本，源开永发祥。

湖南平江《张氏支谱》所列派语，白泉公立派：添志必文天，朝尚池仁承。福积公立派：汉道丹玉单，大本汝兴臣。丙申重修字派：礼乐光昭远，诗书发泽长，于今登一本，世代显而昌。己未重修派：礼乐光青阳，诗书发泽长，两铭传道德，百忍肃家常，业以千秋著，名因万选芳，云礽绵世德，奕叶自辉煌。己丑重修字派：礼乐光青阳，诗书发泽长，传家原孝友，立品在端方。

湖南益阳《张氏四修族谱》所列派语，旧派：富标瑞世，贵显都京，唐宋廷秀，元明尚应。新派：克让光尧代，允恭裕舜朝，中天开景运，盛德自宣昭。

湖南浏阳《金冈段张氏二修家谱》字辈派语：庆清公胜士，光国永世昌，宗德延先泽，人文启瑞祥，纯儒钦佐运，动业耀铭常，孝友传家政，忠良万代扬。

《长沙坳上张氏族谱》所列派语：献光王国声名远，孝友传家世泽延。新增宗派:肇锡宏庆,翊赞昌明,振志宣定,应运维新。

《绵西张氏族谱》所列派语:国正崇文学,安邦本德能,永怀先世泽,绍述定昌荣。附女派语:兰秀芳征茂,荑柔淑质延,英华聪慧至,礼范端庄全。

《上湘张氏金房支谱》所列派语:安邦宗道学,耀祖肇湘湖,盛绍千秋鉴,通才式敬夫,迪光敦礼义,笃庆富名儒,仁德传良训,书香定远谟。

《靖江张氏宗谱》所列派语:永言孝义,照明嗣服,肇应昌期,业宏丕绩,翊宣文华,显扬祖德,启后承先,同心敬述。

《新坪塘张氏族谱》所列派语:肇明元德永,振起世家声,孝友承先泽,文华显国英。

《泾川张氏宗谱》所列派语:懋守臣子道,本元思有继,克尚光宗祖,国士文世正。

十、歌曲

(一)《张姓祭祖歌》

巍巍中华,山高水长,浩浩张姓,族史辉煌。始祖挥公,英武非常,轩辕嫡后,帝胄世昌。

其父玄嚣,封邑青阳,清河之滨,滋润成长。手足情深,颛顼臂膀,生而颖悟,巧技尤强。

体恤民疾,苦苦思量,主祀孤星,夜观天象。顿生灵感,折枝效仿,始制弓矢,史书记详。

用于狩猎,猎物盈仓,衣食无忧,黎庶赞扬。用于御敌,威力无双,大胜凯旋,拓土开疆。

诸侯咸服,颛顼帝王,华夏共主,万民敬仰。挥公功德,万古流芳,颛顼嘉之，封为弓长。

以职为姓，乃赐姓张，张姓始祖，肇始四方。瓜瓞绵延，繁荣盛昌，遍及全球，远播五洋。

英贤辈出，峥嵘自强，为将为帅，入阁拜相。科技艺文，工农学商，不乏大家，星辰相映。

而今我等，飞临濮阳，不远万里，祭祖上香。始祖功德，铭记心上，不忘故土，为国增光。

挥公后裔，再创辉煌，祖神有灵，来格来尝。

（二）《张公·百忍歌》

百忍歌，歌百忍；忍是大人之气量，忍是君子之根本。

能忍夏不热，能忍冬不冷；能忍贫亦乐，能忍寿亦永。

贵不忍则倾，富不忍则损。

不忍小事变大事，不忍善事终成恨；

父子不忍失慈孝，兄弟不忍失爱敬；

朋友不忍失义气，夫妇不忍多争竞。

刘伶败了名，只为酒不忍；陈灵灭了国，只为色不忍；

石崇破了家，只为财不忍；项羽送了命，只为气不忍。

如今犯罪人，都是不知忍；古来创业人，谁个不是忍。

百忍歌，歌百忍，仁者忍人所难忍，智者忍人所不忍。

思前想后忍之方，装聋作哑忍之准；忍字可以走天下，忍字可以结邻近；

忍得淡泊可养神，忍得饥寒可立品；忍得勤苦有余积，忍得荒淫无疾病；

忍得骨肉存人伦，忍得口腹全物命；忍得语言免是非，忍得争斗消仇憾；

忍得人骂不回口，他的恶口自安靖；忍得人打不回手，他的毒手自没劲；

须知忍让真君子，莫说忍让是愚蠢；忍时人只笑痴呆，忍过人自知修省；
就是人笑也要忍，莫听人言便不忍；世间愚人笑的忍，上天神明重的忍；
我若不是固要忍，人家不是更要忍；事来之时最要忍，事过之后又要忍；
人生不怕百个忍，人生只怕一不忍；不忍百福皆雪消，一忍万祸皆灰烬。

十一、典故

孺子可教：出自《史记·留侯世家》，说的是张良年轻时为黄石公拾鞋、穿鞋，黄石公授他《太公兵法》，使他日后辅佐刘邦成就一番事业的一段故事。有一次，张良在下邳圯桥上闲游，"有一老父，衣褐，至良所，直堕其履圯下，顾谓良曰：'孺子，下取履！'良鄂然，欲殴之。为其老，强忍，下取履。父曰：'履我！'良业为取履，因长跪履之……父去里所，复还，曰：'孺子可教矣。'"（《史纪·留侯世家》）后因用"孺子可教"称赞年轻人有出息，可以把本事传授给他。

借箸代筹：箸，筷子；筹，策划。据《汉书·张良传》记载，郦食其劝刘邦立六国之后同他们一起攻打项羽，被刘邦接受。"郦生未行，良从外来谒汉王。汉王方食，曰：'客有为我计桡楚权者。'具以郦生计告良。"张良说，如按此计，"陛下事去矣"。刘邦问为何，张良曰："臣请借前箸以筹之。"意思是借你面前的筷子来指画当时的形势。后因以"借箸"或"借箸代筹"比喻代人策划。

助桀为虐（或助纣为虐）：比喻帮助坏人做坏事。夏桀、殷纣向来被认为是古代的两个暴君。成语出自《史记·留侯世家》，是张良劝说刘邦的话。秦末，刘邦进入咸阳城后，见宫殿巍峨，珍宝无数，美女成群，就想留在宫中享受一番。当时的武将樊哙劝他不要因小失大，可是他不听，张良又劝他说："夫为天下除残贼，宜缟素为资。今始入秦，即安其乐，此所谓'助桀为虐'。"刘邦认为张良的话有道理，于是撤出咸阳，把军队驻扎在霸上。

画龙点睛：出自唐代张彦远《历代名画记》，说的是南朝梁著名画家张僧繇的故事。该书卷七载:“(梁)武帝崇饰佛寺,多命僧繇画之……金陵安乐寺四白龙不点眼睛,每云‘点睛即飞去’,人以为妄诞,固请点之,须臾雷电破壁,两龙乘云腾去上天,二龙未点眼者见在。”后来,人们常以“画龙点睛”比喻作文或讲话时在关键地方加上精辟的语句,使内容更加生动传神。

十二、民族

张氏不仅是汉族大氏,而且还分布于古今许多少数民族中。例如:汉武帝时几将侯张陷为朝鲜人;晋代南皮张氏出自鲜卑乌丸族,南安张氏为乌桓人,西河张氏为匈奴屠各部人,上党张氏出自匈奴羌渠部,属羯族;唐代太原张氏有回鹘人,契丹奚人有张氏;五代后晋太原张氏有突厥人,沙陀人有张氏;宋代西夏人有张氏;金时女真人颜盏氏、赤盏(亦作石盏、食盏)氏、温迪罕氏、兀撒惹氏等,汉氏均为张;明清时,云南土司多张氏,多系白族,云南临安府猛丁寨土寨长为张氏,系哈尼族,哈尼族苟角氏汉氏为张;清代高丽人有张氏,世居沈阳、辽阳等地的满洲人有张氏,满洲八旗爱义氏、罕楚氏、彰锦氏、扎库塔氏、颜扎氏、赫舍哩氏、扎拉哩氏等均有改氏张者,蒙古八旗治良匡氏汉氏为张,湖广永顺地区土司为张氏。佤族司岗尔特氏,汉氏为张;景颇族张木氏、嫩木皆氏,汉氏均为张;基诺族普西氏,汉氏为张;达斡尔族扎莫氏,汉氏为张;辽宁沈阳锡伯族札库哩氏,汉氏为张;犹太人后裔有张氏;今白、京、侗、苗、水、彝、满、黎、壮、藏、土、瑶、回、羌、朝鲜、阿昌、纳西、高山、布朗、布依、裕固、拉祜、土家、蒙古、仫佬、保安、东乡、鄂伦春、俄罗斯等民族均有张氏。

十三、名次

人们以往在谈论中华姓氏的时候,往往爱用“张王李赵遍地刘”来概括前五大姓，把张氏列为诸氏之首。1996 年 10 月出版的《中华姓氏大辞典》称，张氏约占汉族人口的 7.07%，如今在中华姓氏中排名第三，略少于李氏和王氏人口。2007 年 4 月 24 日公安部公布的公安部治安管理局对全国户籍人口的一项统计分析排出的我国当时“位列前 100 名的姓氏”，仍将张氏列为我国第三大姓，说张氏“有 8750.2 万人，占全国人口总数的 6.83%”。

十四、分布

张氏分布极广，以北方较多，陕西省不足 7%，其他各省张氏在省人口比例中均高于 8%。以绝对人数而论，山东、河南、河北、四川 4 省为最多，总计约占全国汉族张氏人口的 36%。

十五、遗迹

张氏起源地濮阳，位于河南省东北部，南临黄河，邻接山东省，境内有张氏始祖挥公墓。河南省兰考县西曹新庄火车站南侧有张良墓，原阳县城关镇有博浪沙遗址，南阳市石桥镇有张衡墓，南阳市城东温凉河畔医圣祠内有张仲景墓。

2009.4.7 增订稿

（本文作者为中国姓氏文化研究著名专家）

中原姓氏寻根——张

程有为

张姓是中华民族的大姓之一。俗话说，“张王李赵遍地刘”，意思是这几个姓氏的人分布很广，到处皆有；又说，“张王李赵陈，天下一半人”，就是说全国虽有许多个姓氏，而这 5 个姓氏的人口占到全国人口的一半。

“张”字的本义是弓上弦，又引申为开弓。可见“张”与弓箭有直接的关系。后来也指乐器上弦，如“改弦更张”。“张”字还指设置机关网罗以捕捉鸟兽，如“纲举目张”。

平时人们列举姓氏，常说“张王李赵”；泛指某人或某些人，就说“张三李四”；比喻弄错了对象，又说“张冠李戴”。这些成语表明，人们习惯于将“张”“李”并提，作为姓氏或人群的代称。

这表明，张姓在社会上影响巨大。

一、寻根问祖

张姓起源于“青阳”，也就是古代冀州的清河流域。清河上游的濮阳一带为“颛顼之虚”（上古帝王颛顼建都之地），也是张姓的起源地。张姓是一个古老的姓氏，它起源于遥远的传说时代。据说张姓的始祖名“挥”，他是黄帝的孙子（一说是黄帝的儿子），也是一个伟大的发明家，他发明了弓箭和网罟，使人们可以猎取更多的鸟兽，捕捞更多的鱼虾，又能够减少猛兽对人的伤害。“挥”所在的氏族部落世代以生产弓箭和网罟为业，他的后裔就以“张”字作为自己的姓氏。

二、黄帝后裔

濮阳是黄帝活动的地区，张姓的起源与黄帝有着直接的关系。

黄河流域是中华民族的主要发祥地之一。早在旧石器时代晚期，在辽阔的黄河中下游地区，先民们已步入原始社会的母系氏族公社时期。他们主要依靠渔猎和采集维持着低水平的生活。之后，由采集野生植物果实逐渐过渡到原始农业，由猎取鸟兽和捕捞鱼虾逐渐过渡到原始畜牧业。神农氏发明农作物种植和陶器制作，使先民的生活得到明显改善，因而得到人民的拥戴，被推举为部落联盟的首领。神农氏据说就是炎帝。和炎帝大体同时或稍后，另有黄帝部族兴起。黄帝又称轩辕氏，传说他诞生在河南新郑（一说寿丘，即今山东曲阜东北）。黄帝率领本部族的民众，先后战胜了炎帝、蚩尤等部族，成为中原地区最大的部落联盟首领。在今河南灵宝阳平，有黄帝铸鼎处。最先在河南省渑池县的仰韶村发现的仰韶文化大体反映了黄帝时期人们的生产和生活状况。

黄帝娶有4个妻室，分别是嫘祖、方雷氏、彤鱼氏和嫫母。黄帝妻室多，儿子也多。据说他有25个儿子。传说中的张姓始祖，就是黄帝的子孙。

根据唐宋时期的文献记载，在黄帝的子孙中，有一个名叫“挥”的人，就是张姓的得氏始祖。但是关于挥的身世，却是众说纷纭，莫衷一是。北宋时人刘恕写有《通鉴外纪》一书，说挥是黄帝的第三个妃子彤鱼氏所生，因而是黄帝的儿子。又有人说挥是黄帝的孙子。战国时期的史官著有一种书，名叫《世本》，早已散佚不全，后人有多种辑本。秦嘉谟的辑补本说：“黄帝第五子青阳生挥，为弓正，观弧星始制弓矢，主祀弧星，因姓张氏。”唐代人林宝在《元和姓纂》中也说了同样的话：挥是黄帝的孙子，他的父亲是青阳氏。他观察天上的弧星，发明了弓和箭，又担任负责制造弓箭的官职——弓正，负责祭祀弧星，于是得姓张氏。

挥是黄帝的孙子，青阳氏的儿子，已如上述。但中国远古时代有两个青阳氏。西汉著名史学家司马迁所著的《史记》第一卷《五帝本纪》中说，黄帝和他的正妃嫘祖所生的玄嚣，就是青阳氏。但是北宋欧阳修等人撰写的《新唐书·宰相世系表》却说：“黄帝子少昊青阳氏第五子挥为弓正，始制弓矢，子孙赐姓张氏。”又以为挥的父亲是少昊青阳氏。那么，挥的父亲究竟是哪个青阳氏，究竟是玄嚣，还是少昊呢？

少昊是东夷部族的首领，他活动的中心地区在今山东曲阜一带。而黄帝属于华夏部族，活动的中心地区在中原地区，就是今天的河南、河北、陕西等地。少昊和黄帝不属于同一部族，这就排除了少昊是黄帝的儿子和挥的父亲的可能性。宋代人罗泌认为，说挥是少昊的儿子是一种无稽之谈。因此我们认为，挥是玄嚣的儿子，黄帝的孙子。

传说中的五帝时代的社会组织是氏族、部落和部落联盟。黄帝、颛顼、帝喾、少昊等，并不一定是一个具体的人，很可能是一个部落联盟首长的称号，一个称号可以沿用若干代而不变。因此，我们认为，挥是黄帝部落联盟中的一个部族首领。

三、得姓地望

关于张姓的得氏地点,目前至少有三种说法:一是河北清河,二是河南濮阳,三是山西太原或永济。诸说纷纭,需要辩说明白。

张姓的得氏始祖挥的活动地区,文献没有明确记载,我们只能从挥的父亲玄嚣说起。《史记·五帝本纪》记载:"玄嚣,是为青阳,青阳降居江水。"意思是说玄嚣降生在江水,封邑在青阳。玄嚣的封邑青阳应该是挥成长、活动的地方。

"清"和"青"两字古代通用。古代又以山南水北为阳,山北水南为阴。因此,人们认为,青阳,就是清水的北面。

古代的清水有两个源头:一是河南省修武县北黑山,二是今山西省高平县。后者就是古代的丹水,它向南穿过太行山,东流入吴泽陂,然后注入发源于修武县北黑山的清水。再向东北流,经今河南省新乡市、卫辉市、淇县、内黄县,然后进入河北省的魏县、清河县、沧州市,至天津入海。周定王五年(前602年),黄河改道,南注黎阳,清水就由此流入黄河,以下仅存故道。三国时曹操开白沟遏淇水北流,就走的清水故道。由于年长日久,受黄河改道的影响,河道淤塞,或某段河道改名,清水于是隐没无闻。

被人们称为张姓起源地的河北清河和河南濮阳,都属古代清水流域。清河在下游,濮阳在上游。至今,濮阳帝丘遗址仍有清河故道。

张姓得氏于河北清河的说法见于明代嘉靖年间纂修的《张氏统宗世谱》。这部谱书的《得姓郡望》篇说:"挥,观弧制矢,赐姓张氏,官封弓正,主祀弧星,居尹城,国于青阳,后改清河郡。此张氏得姓之由。"意思是说青阳是挥造弓矢、封弓正、祀弧星的地方,也是张氏得姓的地方。但是没有文献记载河北清河是“帝后所都”，黄帝、颛顼、帝喾等都没有在这一地区活动，挥也不大可能在这一地区生活。然而清河张氏从郡望角度说，是张氏中声望最高、影响最大的一支。

河南濮阳古称帝丘，是传说中的五帝（黄帝、颛顼、帝喾、尧、舜）活动的主要地区之一。濮阳是颛顼的都城所在地。颛顼埋葬在“顿丘城门外广阳里中”，他的侄子帝喾埋葬在“顿丘城南台阴野中”，就是今天的河南内黄县境内，并称“二帝陵”。颛顼和帝喾活动的主要地区在濮阳，因此，同为黄帝部族的挥，在濮阳一带活动是有根据的。

濮阳不仅是颛顼和帝喾活动的中心区域，而且还是夏王相建都之地，又是商先公相土的东都。前些年在濮阳西水坡发现的仰韶文化时期的蚌壳堆塑龙虎，被人们称为“中华第一龙”。在这里又发现有众多的龙山文化遗址和先商文化遗存。

挥是弓箭的发明者，他的部族又以制造弓箭为业，因而挥生活的地区一定有制造弓箭的材料。我国最原始的弓箭有“桑弧蓬矢”，就是用桑木做弓，蓬梗做箭，但更多的是用竹作箭。濮阳古代有“桑间濮上”等地名。濮阳西边的鄘（周朝国名，在今河南新乡西南）地也多桑树，因此我国第一部诗歌总集《诗经》的《鄘风》中有《桑中》和《定之方中》两首诗歌，说“期我乎桑中”，又说“说于桑田”。这虽然是西周和春秋时期的情况，但也可以证明古代帝丘、朝歌一带桑树很多。竹也是制造箭的原料。《诗经》的《卫风》中有《淇奥》《竹竿》等诗篇，说这里“绿竹猗猗”“绿竹青青”。既然西周春秋时期卫地（今濮阳、淇县一带）有美丽茂盛的竹林，远古时代这里的野竹也不会少。濮阳一带既有柔韧的桑树，又有坚硬的竹竿，为制造弓箭提供了便利。因此可以说濮阳是挥发明弓箭和他的部族制造弓箭的地区，因其条件是具备的。

上述是关于张姓得氏地望的两种说法，即河北清河说和河南濮阳说，都认为挥是张氏的始祖，张姓得氏地望在青阳，也就是清水以北。比较而言，张姓得氏于濮阳一带更为可信,更有事实根据。

此外,还有张姓得氏的第三种说法,就是山西说,这种说法认为张氏的始祖是解张。宋代人郑樵在《通志·氏族略》中写道:“晋有解张,字张侯,自此晋国世有张氏,则因张侯之字以命氏,无可疑也。”但是晋国的张氏,并不是始于解张,而是始于西周宣王卿士张仲的后代。《新唐书·宰相世系表》记载:“周宣王时有卿士张仲,其后裔事晋为大夫。”在解张以前的西周后期,就有张仲存在,解张当然不可能是张氏始祖。晋国的都城太原等地也不可能是张姓得氏地望。今天还有人提出,张城(今山西境内)可能是张姓得氏之地,也没有多少切实的根据。

通过以上分析辩说,可以得出这样的结论:张氏的得姓始祖挥生活在青阳,就是清水的北面。清水流域的濮阳一带是挥生活的地区,也是张姓得氏的地方。

四、得氏缘由

关于张姓的得氏缘由,古文献有三种不同的说法:一说“挥始制弓矢,官为弓正,主祀弧星,世掌其职,赐姓张氏”,一说挥“始造弦弧,以张网罗取禽鸟,世掌其职,遂以为氏”,一说“挥封于张,为张氏”。简单地说,一是挥发明弓箭,他的后代以制造弓箭为业;二是挥发明网罗捕捉飞鸟,他的后代以此为职业;三是挥的封邑在张地,因为封邑而得氏。这三种说法,以第一说最为多见,第三种说法较为罕见。

尽管古文献关于挥的记载有分歧,但都承认他制弓矢、任弓正和祭祀弧星这一基本事实。有的文献又说他是网罗的创造者。那么挥是怎样发明弓箭的呢?据说他是在夜晚观天象看到弧星的形状,受启发而制造的。弧星就是弧矢星,共9颗,在天狼星东南。其中8颗星如弓,1颗星像矢。弧矢星位于大犬、船尾两星座内，酷似上弦的弓箭。挥是否因为观察弧星而创造弓矢如今已难以考究，但弓箭的发明必须有一定的生产、生活实践经验的积累，了解各种物品的性能，则是不容置疑的。对远古时代的人们来说，学会使用弓箭不是一件简单的事，需要长期的实践。人们逐渐学会用一只手持弓的中部和箭的前部，另一只手将箭的末端放在弓弦正中，然后用力拉弯弓弦，眼睛瞄准目标，后面的一只手突然松开，利用弓弦的弹力，将箭镞射出去，以击杀禽兽。

在生产力相当低下的远古时代，弓箭和网罟的发明，实在是一件很了不起的大事。弓箭的发明使人们可以在较远的地方射杀猎物，而又使自身免受猛兽的伤害。在原野或森林中施设网罟，引诱或驱赶禽兽进入其中，也是狩猎的一种有效手段。网罟放在河流湖泊中，又可以捕捞鱼虾。总之，弓箭和网罟的使用，极大地提高了当时的社会生产力。恩格斯说过："弓箭对于蒙昧时代，正如铁剑对于野蛮时代和火器对于文明时代一样，乃是决定性的武器。"在新式枪炮发明以前，弓箭一直是人们打猎的主要工具，也是战争的主要兵器之一。因此，弓箭及网罟的发明，对于人类社会的发展，具有重大的意义。

张姓得氏与弓箭及网罟的发明有密切的关系，挥的后裔得姓张氏，就是因为挥发明了弓箭及网罗的制造技艺，他的后裔世代以制造弓箭及网罟为职业。张姓得氏是以职业或官守（担任弓正）为氏，简单地说，就是以职官为氏。需要说明的是，虽然挥是张姓的得氏始祖，但是他当时尚不姓张。他的后裔才姓张。先秦时期，姓和氏是有区别的，秦汉以后二者就混淆起来不再区分了。

还有改姓张者，如春秋时期晋国大夫有一个姓解名张的人，作战十分勇敢。前 589 年，齐国出兵攻打鲁国。鲁国派人向晋国求救。晋国大将郤克率战车 800 乘前往救援。晋军行进到鲁国的鞌，与齐军遭遇。两军展开激战。齐军乘胜进攻，斗志高昂；晋军能征惯战，不甘示弱。两军交锋，解张被敌箭射中。箭从手掌射入，穿肘透出，血流不止，战车的左轮被血液染成赤黑色。解张忍痛将箭折断，继续坚持战斗。不久，主帅郤克也被乱箭射中，因失血过多，难以支持，就对解张说："我不行了！"解张深知，在这关键时刻，如果主帅倒下，兵将没人指挥，就会导致全军覆没。于是他一边鼓励郤克咬紧牙关坚持，一边腾出一只手，拿起鼓槌，奋力擂击。他驾驭的指挥车如风驰电掣一般冲入敌阵，晋军士兵紧随其后，把齐国军队冲得七零八落。齐军溃败，鲁国转危为安。解张因为在这场战争中立下了大功，受到晋国君主的嘉奖，被封为张侯。从此，他的后代就以张字作为自己的姓氏。解张的子孙改姓张，这是由其他姓氏改姓张氏的一个最早的事例。这成为晋国张姓的一个重要支派。

五、迁徙繁衍

先秦时期张姓起源于黄河中下游地区的清水流域，清水养育了张姓的世代子孙。远在大禹治水时期，由于洪水频繁，张姓先民就开始了第一次大播迁。先秦时期，张姓先民已初显身手，崭露头角。西周宣王时期，有个名叫张仲的人，担任朝廷中的"卿士"要职，曾辅佐宣王，使西周王朝在厉王失国后得以中兴。他不但为西周王朝建立了显著功勋，而且以对父母孝顺和对兄弟友爱见称于世。《诗经·小雅·六月》曾对他加以称赞，写道："侯谁在矣，张仲孝友。"张仲是最早见于史书的张姓先民。

到了春秋时代，晋国（今山西境内）是张姓人群聚集的重要地区。张仲的后裔大都迁往晋国居住。张姓中有很多人担任晋国大夫，例如：张老，晋悼公时大夫，后来被提升为中军司马；张君臣，晋平公时也担任中军司马；张骼，晋平公时曾领兵击败楚国军队；张趯，晋国大夫，才干非凡，和张骼等受到楚国人的称赞。

战国时期晋国分为韩、赵、魏三国，张姓先民随之迁徙到黄河南北，在广阔的中原地区建立家园。

韩国初建时，定都平阳（今山西临汾西南），后灭掉郑国，迁都于郑（今河南新郑）。赵国初建都晋阳（今山西太原西南），最后北迁邯郸（今属河北）。魏国初定都安邑（今山西夏县西北），后来东迁到大梁（今河南开封西北）。原来居住在晋国的张姓贵族，除部分留居原地外，大多随着韩、赵、魏三国的建立和都城的迁移，率领族人向北、南、东三个方向迁徙，到黄河南北生活。

赵国有个张孟谈，在智、韩、魏三家大夫联合进攻赵氏、包围晋阳时，暗自劝说韩、魏两家与赵氏和好，共同灭亡智氏，使赵氏转危为安。他曾担任赵国的相国。待赵国迁都邯郸，张孟谈家族也迁到那里。后来赵国又有张勤，显贵一时。

魏国被强秦逼迫，将都城东迁到大梁。出身贵族的魏国人张仪，是一位颇有影响的历史人物。他和苏秦都是战国时期纵横家的著名代表人物。魏国还有个张倚，在秦、赵两国军队联合进攻魏国时，奉命出使赵国，以献邺城（今河北临漳西南）为名，使赵背离秦国，从而保证了国家的安全；又有一个张旄，曾劝谏魏王不要和秦国联合攻打韩国，给魏王讲了“唇亡齿寒”的道理，提醒魏王注重韩、魏两国互相依存的密切关系。

韩国灭亡郑国以后，将都城迁至新郑。原来在晋国的张姓贵族，大多来到了韩国。张开地辅助韩昭侯、宣惠王和襄哀王三世，他的儿子张平又历任韩釐王、桓惠王的宰相，深得韩王的信任。还有张去疾和张遣二人，都是当时的名士。

战国时代的张姓先民中，也有少数人足迹到达东海之滨和西南地区。东方的齐国有一位谋士张丑，能言善辩，足智多谋。在楚国和赵国军队联合进攻齐国时，他奉命出使楚、赵，与两国在魏地讲和，从而避免了一场战争，保卫了国家的安全。还有个张丐，曾说服鲁国在齐、楚战争中保持中立。在西方的秦国，有个张若，在秦国灭蜀以后，为第一任蜀郡守，迁关中地区民众万户到蜀地，开垦荒地，发展生产，这不仅促进了蜀地的开发，而且也增强了秦国的国力。

魏国人范睢,遭到魏国宰相魏齐毒打后,死里逃生,为躲避仇人的迫害,改名换姓为张禄,西入秦国,屡次向秦王献奇计,后担任宰相。这是战国时期其他姓氏的人改姓张氏的一个例子。各种原因的改姓,壮大了张氏先民的队伍。

秦王嬴政二十六年(前 221),秦王朝建立。但因其统治苛暴,历时仅 10 余年,就爆发了陈胜领导的农民起义。经过几年楚汉战争,刘邦打败项羽,建立了汉王朝。张姓的英雄豪杰在反秦战争和楚汉战争中建树功勋,得以封侯赐爵。其家族大多随迁到封地,在那里繁衍生息,成为显赫的大族。秦汉时期的张姓先民,足迹不仅遍布关中、中原、齐鲁、燕赵地区,而且开始跨越长江,到达江南地区建设家园,逐渐发展成为声名远播、人口众多的大姓。

秦汉时期是张姓先民大显身手、建功立业的辉煌时期。他们称王封侯,开宗立派,成为各地显赫的家族。其中赵王张耳、留侯张良等是颇有代表性的西汉王侯。

秦汉时期"张姓滋多",人口大量增加。东汉人王符在他的《潜夫论·志姓氏》中说:"司邑闾里,无不有张者。"意思是说,在都城和乡里都有姓张的人。

张姓先民由中原、关中地区向长江以南迁徙,在西汉时期就已开始。留侯张良的后裔阳陵公张乘,始居封地阳陵(今陕西咸阳东北)。他的儿子张嵩有 5 个儿子,其中有 4 人迁往外地建设新家园。其中,张睦带领家人,渡过长江天堑,迁居吴郡(今江苏苏州)。可能因为北方人初到江南,不适应当地的生活,其子张况又北迁襄国(今河北邢台)。张况后裔张存不务仕宦,隐居吴江(今属江苏)横山,他的儿子就在江南定居下来。从清河流域迁居徐州地区的张姓人群也逐渐南下,在西汉末越过扬子江,分别迁居衢州、湖州、赣州、福州、汀州、建州等地,就是今天的浙江、江西和福建的一些地区。

东汉末年,北方连年战乱,百姓朝不保夕,而江南地区相对安定,于是北方民众纷纷逃往江南,躲避战乱。北方的张姓家族也多向南迁移。如彭城(今江苏徐州)人张昭,就是在这场战乱中南渡长江的。他先被孙策任命为长史,后来又担任孙权的军师,成为东吴的著名辅臣。又如广陵(今江苏扬州西北)人张纮,也在东汉末避难江东,成为东吴的主要谋士。

汉武帝时,张骞出使西域,开辟了关中地区通往今新疆的道路。西汉击败匈奴以后,在西北地区实行屯田,兵士百姓也有不少张姓民众。汉代有张惇,敦煌渊泉(今属甘肃)人,曾任汉阳太守。武威祖历(今甘肃会宁西北)人张济、张绣叔侄,汉末为董卓部将,占据南阳。后张济战死,张绣投降曹操。由此可见,汉代已有不少张姓先民在祖国大西北地区定居。

张姓先民早在战国时期,就已经进入四川地区。汉代有更多的人翻越秦岭,在巴蜀地区安家落户。成都人张霸,曾在朝廷担任侍中。蜀郡(治今四川成都)人张宽,在汉武帝时担任侍中。张良的后裔张壮从关中迁到犍为郡武阳(今四川彭山东北)居住。汉代四川地区已有不少张姓人群在那里生活。

秦汉时期,张姓人的迁徙大多由于统一的封建国家实行有计划的迁民,或由于张姓士人建功立业后被封为王侯而迁往封地,因而张姓先民在黄河流域的绝大部分地区都有分布,西至甘肃、宁夏,东到山东、江苏沿海,北至长城,南至秦岭、汉水、淮河。而且有部分张姓先民迁居巴蜀和江南的江、浙、闽地区。

随着张姓影响的扩大,不断有其他姓氏的人改姓张氏,从而扩大了张姓队伍。如东汉时有个姓聂名壹的人,因和别人结下仇怨,为逃避仇人的追杀,改姓张氏,隐居在雁门马邑(今山西朔州)。其后人张辽,字文远,是三国时期曹魏大将,战功卓著,封晋阳侯。东汉末农民起义军黑山军首领张燕本姓褚。他聚集一万多人,加入张牛角领导的黄巾军。张牛角死后,他被推举为义军首领,改姓张。因为身体矫健敏捷,他被人们称作"张飞燕"。

姓氏是同一血缘的人群的代号,是家族的徽记。一般说来,它是比较固定,不会随意改换的。但是由于种种原因,如恩赐、贬斥、避难、避嫌等,人们不得不改变自己原来的姓氏。在张姓的发展演变过程中,既有别的姓氏的人改姓张氏,也有张姓人改为其他姓氏的情况。例如秦汉之际颍阴(今河南许昌)人张孟,曾经充任颍阴侯灌婴的舍人,得到灌婴的赏识和荐举,做了二千石的高官。为了报答灌婴的奖掖提携,他改姓灌氏。他的儿子灌夫,历任代相、淮阳太守、太仆和燕相。

综上所述,秦汉时期是张姓发展演变的重要时期。这一时期张姓人形成了许多宗族,张姓人群开始由中原走向四方,在更为广大的地区建立家园。其他姓氏的人改姓张,愈加壮大了张姓的队伍。

如果说秦汉时期主要以开宗立派的始祖来区别同一姓氏的人群的话,那么魏晋隋唐时期就主要以居住地望和血缘关系的结合——郡望来区别同一姓氏的人们了。魏晋南北朝时期的张姓望族,以安定张氏和吴郡张氏最为著名。

隋唐时期张姓家族获得迅速发展,当时许多州郡排列望族,张氏均在其中。贞观时期,唐太宗诏令朝廷排定士族,涉及张姓望族的有 7 个(一说 6 个)州郡:贝州清河郡、虢州弘农郡、邓州南阳郡、宋州梁国郡、徐州沛国郡和苏州吴郡。

唐高宗永徽六年(655 年),朝廷正式考定全国姓氏,排列各地的望族。开封陈留郡有 5 姓,济阳郡有 6 姓,鄂州武昌郡有 6 姓,洺州广平郡有 9 姓,贝州清河郡有 5 姓,张姓均列在其中。后来唐高宗又诏令朝廷甄别推选全国十大姓氏,称为“国柱”。清河张氏被排在“十国柱”的首位,列入“乙门”,十分显赫和荣耀。

晚唐时期,全国各地的张姓家族更加兴盛,出现了更多的名门望族。唐宪宗时,林宝撰写的《元和姓纂》,依据全族聚居和“丽甲当时”的标准,再次排出了全国各地的显姓望族,其中有清河、安定、范阳、太原、南阳、敦煌等 25 个郡的张氏。

隋唐时期张姓望族中影响最大的是清河张氏、河东张氏、河间张氏、魏郡张氏和始兴张氏。

魏晋隋唐时期，张姓先民的足迹开始遍布于全国大部分地区。

西晋末永嘉和建兴年间（307—316），北方少数民族军队进入中原，黄河中下游地区大乱，张姓先民再次大规模南迁。如方城（今河北固安西南）人张趧被迫携妇将雏，远离故土，随晋元帝司马睿南迁至今江苏南京安家落户。他的同乡张舆，是西晋名臣张华的孙子，也在这时候避难过江。同时渡江的还有安平（今属河北）人张亢。东晋南北朝时期，中原张姓大族成百上千地集体南迁。

唐高宗在位时，陈政、陈元光父子奉命领兵入闽开发漳州，陈元光被称为“开漳圣王”；唐僖宗时，固始（今属河南）人王潮、王审知入闽，王审知被封为闽王。有不少张姓将士跟随他们进入福建。唐末发生黄巢起义，又有不少张姓人士向东南迁徙。这些南迁的张姓人群，又从福建南迁广东，成为客家民系的一个组成部分。

魏晋隋唐时期，又有不少张姓先民迁往西南地区。涿郡（治今河北涿州）人张飞，字益德，随刘备入蜀，夺取益州，子孙在成都定居。唐末黄巢农民起义军逼近长安（今陕西西安）后，国子监祭酒张鳞也到达成都安家落户。以后他的子孙又北迁绵竹（今属四川）。

魏晋南北朝时，许多张姓先民向西北迁徙。安定乌氏（今宁夏固原东南）人张轨，西晋末据有河西之地。不久中原和关中地区大乱，许多张姓人士前往投依张轨。在前凉境内，张姓成为名门望族。晋昌（今甘肃安西东南）张镇、张越兄弟的家族，就是凉州地区的强宗豪门。高昌和楼兰的张姓，大多也是东晋十六国时期为躲避战乱而迁去的。

张姓先民迁往东北地区，也在东晋十六国时期。匈奴、羯等少数民族进军中原，中原汉人为躲避战乱，迁入关东，投奔鲜卑大单于、平州牧、辽东郡公慕容廆。在这些到关东避难的中原汉人中也不乏张姓人士。

张姓在魏晋隋唐时期已经发展成为汉族大姓，社会影响日益广大，一些少数民族出身的人慕名改姓张氏。世代居住在云南地区的蛮族酋长龙佑那，三国时被蜀相诸葛亮赐姓张。在魏晋时期的文献记载中，常出现“屠各胡张某某”“西河胡张某某”，说明当时在匈奴各部族中出现了姓张的人。在鲜卑人建立的后燕政权中，有张离、张良、张豺等达官显贵，他们都属羯族人。乌桓贵族中也有张姓。在今河南省南部和湖北省西部和北部地区的蛮族人中也有张姓。西晋末农民起义军首领张昌，就是蛮族人。在匈奴、羯、蛮、乌桓、回纥等许多少数民族中也出现了张姓人士，这是张姓演变的一个特点。

从宋元以迄明清，张姓家族繁衍很快，分布更为广泛。这一时期全国各地又出现了饶州德兴张氏、湖南宁乡张氏等张姓望族。南迁福建、广东的张姓，成为客家民系中的重要组成部分。

辽金时期，东北地区的渤海张氏成为大姓，以致有些其他姓氏的人也改姓张氏。张孝杰、张琳和张汝霖、张汝弼兄弟，都是当时著名的大臣。宋元以后，在我国大西南的云南、贵州地区的少数民族中也有张姓。清朝在贵州曾发生过苗族人张秀眉领导的起义。

近现代张姓人群在中国腹地的黄河、长江流域的分布相当普遍，不必详细叙述。现将张姓在边远地区的分布概况作一简要叙述。

在位于东南沿海的浙江、福建两省，张姓也是人口较多的姓氏。浙江嵊州、宁海、余姚、江山等地张姓居住较为密集，影响较大。福建的福州、厦门以及长汀、宁化的客家民系中，张姓人较多。

五岭以南的广东省的张姓民众，多为唐宋时代从福建、江西、湖南等地迁去的客家人。居住比较集中的地区有韶关、蕉岭、梅州、大埔等地。

西南地区的云南省的少数民族中有不少人姓张。“土司张姓”就是白族、彝族、哈尼族中的张氏，主要分布在保山、大理、元阳、永胜、开远、南华、腾冲等地。

东北三省的张姓人群大多是从内地迁去的汉族人，也有满族、朝鲜族等少数民族的人。张姓在辽宁分布较为密集。沈阳、辽阳、岫岩、凌海、兴城、朝阳、锦州、肇源等地,是张姓居住较集中的地区。

在我国台湾省的台北、彰化、嘉义和高雄等地,有很多张姓居民。从清初到20世纪中叶,不少张姓人民从福建、广东、江苏、浙江等地迁居台湾。因此,张姓成为台湾的大姓之一。依1995年估计,台湾地区张姓人口有1 455 000人,台湾向来有"无张不成乡"的谚语。在香港、澳门特别行政区,也有不少张姓居民。

在我国的各民族中,除汉族外,满族、回族、蒙古族、朝鲜族、白族、苗族、彝族、瑶族、黎族、壮族、侗族、高山族、阿昌族、藏族、土家族、布朗族中,都有张姓人群。

旅居国外的张姓人士,以东南亚地区为最多。如泰国、印度尼西亚、马来西亚、菲律宾、新加坡、越南等国,都有不少张姓侨民。其迁徙年代有的已经相当久远。

(本文作者为河南省社会科学院历史研究所原所长、研究员)

张姓起源与播迁

田　冰

一、起源

张姓始祖是谁,其祖居地在何处,众说纷纭,其中主要的说法有三:

第一,出自黄帝之后挥。《新唐书·宰相世系表》载:"黄帝子少昊青阳氏第五子挥为弓正,始制弓矢,子孙赐姓张氏。"又《元和姓纂》载:"黄帝第五子青阳生挥,为弓正,观弧星始制弓矢,主祀弧星,因姓张氏。"从这两则史料的记载中可以看出,曾经是重要武器弓矢的发明者挥,其后以张为姓氏。

第二,出自黄帝姬姓的后代。据《通志·氏族略》所载,春秋时期,晋国有大夫解张,字张侯,其子孙以字命氏,也称张氏。

第三,出自赐姓或他姓、他族改张姓。

以上三种说法中,得到众多学者认可的是第一种,它符合张字本身的含义。第二种、第三种说法只能作为张姓的支派或者说是张姓的来源,而不能将其视为张姓的祖源。

挥公被认为是张姓的始祖是合乎历史事实的。在距今5000年左右,中国历史进入传说中的黄帝时代,从黄河流域到长江流域的先民都进入部落、部落联盟的“英雄时代”。黄帝部落当时是我国北方最大、最著名的部落之一,在与其他部落的斗争与融合的过程中,逐渐移到黄河中下游地区,并占据统治地位,最终形成以华夏族为核心的新格局。黄帝被尊崇为华夏族的共同祖先,也是张姓公认的血缘亲祖。黄帝族在黄河中下游占据统治地位后,长期活动在中原地区,其后代繁衍发展很快,派生出许多支脉,形成众多的姓氏,张姓是这些众多姓氏中的一姓,其得姓始祖为张挥。《元和姓纂》《古今姓氏书辩证》《姓氏急就篇》《新唐书·宰相世系表》等有关史籍记载挥为黄帝之孙,“始制弓矢,官为弓正,主祀弧星,世掌其职,赐姓张氏”。张氏后代所修的族谱、家谱多沿用此说。而《广韵》《绎史》等则说挥为黄帝之子。不管古文献记载挥是黄帝的儿子还是其孙子,已无关大局,只要都承认其制弓矢、官弓正、祀弧星而被赐张姓的事实,挥就应为张姓的得姓始祖。

张姓祖居地在何处,争议较多。上述第一种说法衍生出河南濮阳说、河北清河说,两地都承认挥为张姓始祖。有关挥究竟生活在河南濮阳还是河北清河,争执不休。上述第二种说法衍生出山西太原或永济说,这种说法主要运用张姓家谱及地方志的材料,显得牵强。

张姓祖根在濮阳。张姓公认的血缘亲祖黄帝,号有熊氏,又号轩辕氏。据《史记·五帝本纪》记载,黄帝居住在轩辕之丘,娶西陵之女嫘祖,嫘祖为黄帝正妃,生二子,其长子玄嚣,号青阳,青阳降居江水。轩辕丘在今河南新郑。黄帝的长子玄嚣——中华张姓始祖挥公之父,降生在江水。江水在何地?有两种说法:一曰在河南息县,一曰在河南安阳。黄帝的次子昌意,是帝颛顼之父,黄帝崩,颛顼继位,建都帝丘(今河南濮阳)。相传黄帝在与东夷和炎帝作战的过程中逐渐南移,到达黄河流域后,发展很快。尤其是黄帝部落在与东夷部落作战中,黄帝为对付东夷族的进攻,不得不在位于黄帝族势力与东夷族势力交界地区的帝丘设防。为进一步加强军事防御，黄帝把自己的儿子玄嚣和昌意封于古清河流域。玄嚣的封邑顿丘，今属濮阳。濮阳在上古时期的地形与现在差不多，属华北平原，海拔不到 100 米，是一望无际的原野。玄嚣部族、昌意部族依古清河而居，便于人们生活。古清河成为御敌的屏障，是合乎战争时期需要的。幼年的挥随其父玄嚣生活在濮阳一带是情理之中的事。

古代的清河既流经河南的濮阳，也流经河北的清河。《水经注》记载清水源出于修武之北黑山，流经获嘉、卫辉、内黄、濮阳、清丰，然后进入河北，经魏县、清河、沧州，至天津入海。后因黄河改道南移，故内黄、濮阳一段断流，但遗迹尚存。《续汉书·郡国志》《水经注·清水》《读史方舆纪要》等古文献资料都有清河流经濮阳的记载。今濮阳张仪村、班家村一带的村民，仍称村北为北清河，村南为南清河，这说明濮阳、内黄曾存在过一条清河。古代的清河既流经河南的濮阳，也流经河北的清河。如何断定濮阳的古清河是挥活动的地方呢？这是因为濮阳是“帝后所都”及颛顼、帝喾二帝陵（位于今内黄境，古属帝丘）。黄帝之孙、昌意之子帝颛顼时，以濮阳为都城，其后玄嚣之孙帝喾也以濮阳为都城，二帝死后葬于此地。挥作为帝王家族的一员，在当时发明了重要的生产工具——弓箭，被封为弓正官，辅佐其堂兄弟帝颛顼是合乎情理的。

从挥发明弓箭所需的原材料也能说明挥生活在濮阳一带。挥是弓箭的发明者，他的部族又以制造弓箭为业，因此挥生活的地区一定有制造弓箭所需的材料。我国最原始的弓箭有“桑弧蓬矢”之称，就是说用桑木做弓，蓬梗做箭，但更多的是用竹做箭，后来又用骨头制成箭头。古代濮阳有“桑间濮上”之称。濮阳西边的鄘（国名，今河南新乡西南）地也多桑树，我国第一部诗歌总集《诗经》的《鄘风》中有《桑中》和《定之方中》两首诗歌，这虽然是西周和春秋时期的情况，但也可以证明古代的濮阳、朝歌一带适宜桑树的种植。《诗经》的《卫风》中有《淇奥》《竹竿》等诗篇，有“绿竹猗猗”“绿竹青青”等诗句，这说明濮阳一带既有柔韧的桑树,又有坚硬的竹竿,有制造弓箭所需的原材料,为挥发明弓箭提供了可能。

濮阳不仅是黄帝族战胜东夷族的战略要地,而且是古清河流经之地,又是帝颛顼和帝喾活动的中心区域。同时,濮阳一带古时盛植桑树和绿竹,符合张挥发明弓箭和其部族制造弓箭的条件。所以,张姓祖根在濮阳的说法应该是可信的。

张姓祖根在河北清河说,最早见诸明代嘉靖年间纂修的《张氏统宗世谱》。这部谱书的《得姓郡望》篇里认为青阳是挥造弓矢、封弓正、祀弧星的地方,也是张姓得姓的地方。再上溯,则没有能证明这种说法的古文献资料。相反,《新唐书·宰相世系表》明确记载:"清河东武城张氏本出汉留侯良裔孙司徒歆。歆弟协,字季期,卫尉。生魏太山太守岱,自河内徙清河。"张岱由河内徙清河已是三国曹魏时期。据此可知,河北清河张氏,只是张氏族中张良系的分支。从张氏族系发展、演变的角度讲,他是枝而不是根,是流而不是源。再者,到目前为止,没有见到记载河北清河是"帝后所都"的文献资料,至少说颛顼、帝喾等没有在这一地区活动,挥也不大可能在这一地区生活。所以在没有新的关于上古时期考古发掘资料出现之前,张姓起源于河北清河说是缺乏说服力的。从郡望的角度讲,河北清河的的确确是张姓最有名的郡望。

张姓起源于山西,始祖为解张。这是宋人郑樵所持的一种观点。他认为张姓始自春秋时期晋国的解张。解张,字张侯。解张在晋、齐两国的战争中立下赫赫战功,后代以张侯字为姓,解张是最早他姓改张姓的人。但认为解张是张氏始祖或者说是山西张氏的始祖,都是无法站住脚的。因为先于张侯的是西周宣王时的张仲,他的后裔事晋。在一些世系表中,能够见到张仲是始祖挥的后代。因此,解张不可能是张氏始祖,晋国也不可能是张氏的祖居地。山西永济是张姓祖居地一说就更牵强附会。

总之,不论从黄帝族活动的区域还是从古文献资料的记载看,张姓的得姓始祖挥生活在濮阳一带是最有说服力的。

二、播迁

张姓起源于古濮阳的清河岸边,这里的水土养育了张姓先民。他们凭着先祖赐给的长弓迈开了迁徙的脚步。一个家族在一地生活几代之后,随着人口的繁衍增多,生活空间日益狭小,这些促使他们走出故地向外追寻新的宽敞的居住地。同时,迁徙也有受到自然灾害、战争等其他因素的影响,不得已而离开故土的情况。

张姓氏族最早活动在古清河流域,在今河南濮阳一带。之后张姓一直默默无闻,迁徙路线也不明。

据考察,张姓的第一次大迁徙应是在大禹治水时期。大禹之父鲧曾在濮阳筑堤治水,濮阳至今有鲧堤遗迹。北宋史学家司马光有《鲧堤》诗一首:“东郡(今濮阳)鲧堤古,向来烟火疏。堤封百里远,生齿万家余……”鲧治水 9 年没把水治好,被舜杀于羽山,舜又派鲧之子大禹治水 13 年,终于把大水治平。这次历时 20 多年的大水灾,迫使尧、舜把都城迁到今山西境内(其前,颛顼、帝喾都建都于帝丘,即今濮阳),灾民为求生存,只得向高地迁移。但这次张姓大播迁的具体情况,因查不到史书记载,不能妄谈。直到西周宣王(前 827 年—前 782 年)时期,在陕西地区才又出现了张姓的踪迹,张姓先民已初露锋芒,西周青铜器铭文上有张伯、张仲,他们是西周的贵族。张仲辅佐周宣王,使西周王朝在周厉王失国后得以中兴。春秋时期,张仲的后裔大都迁往晋国(今山西)居住,有很多人担任晋国的大夫,见诸史册的有张老、张君臣,二人先后担任晋国的中军司马;张骼、张趯,才能超群,他们对晋国的强大、称霸起了重要作用。晋国除张姓的后裔外,还有他姓改张姓的。晋国有个大夫叫解张,姓解名张,字张侯,英勇善战。在晋齐的一次战斗中,解张被乱箭射中,鲜血把战车的左轮染成赤黑色,他仍咬紧牙关,坚持在最前线指挥战斗,取得了对齐国战争的胜利,受到晋国君主的嘉奖。此后,他的子孙们就以张作为自己的姓氏,这是由其他姓氏改姓张氏的一个最早的例子。从而,张姓在晋国范围内繁衍、发展。

张氏世代事晋,前403年韩、赵、魏三家瓜分晋国后,除部分留住原地外,大部分随着三国迁都而迁移。韩国始都平阳(今山西临汾西南),后南迁宜阳(今河南宜阳西),又迁阳翟(今河南禹州),最后迁至郑(今河南新郑)。赵国初都晋阳(今山西太原西南),后迁中牟(今河南鹤壁西),最后又迁邯郸(今属河北)。魏国始都安邑(今山西夏县西北),后迁大梁(今河南开封西北)。其中,以迁居韩国的张氏影响较大,历代都有人入朝为官。张老的后裔张抑朔遂由晋大夫上升为韩国世卿。抑朔生开地,开地是张良的祖父,曾担任韩国丞相十几年,内修政治,外应诸侯。张良的父亲张平在韩国危难之际接任丞相,振兴韩国不成,含恨离开了人世。总之,西周、春秋战国时期,随着生产力的迅速发展,也因战争和各地区交往的频繁,张姓子孙以三晋(韩、赵、魏)为中心,从今山西、河北、河南出发,分赴四方,将生命的种子不断撒向周邻,由黄河而及长江,迈开新的迁徙步伐。

秦汉是张姓向四周发展和繁衍的重要时期。早在战国时期,秦惠文王于前316年派大将司马错率兵攻占四川,贬蜀王,派张若为蜀相。上任伊始,他迁移民众万户实行农垦,发展生产,又与张仪一起共同经营成都。今云南、四川的白族张姓,相传就是张若组织的移民。

秦始皇统一六国后,为建立统一的多民族的封建国家,北征匈奴,南征越族,统一岭南。为进一步巩固在这些地区的统治,秦始皇三十六年(前211年),迁3万户居民到河北、榆中,垦田生产,开拓边疆。秦始皇三十四年(前213年),迁徙了50万人戍守岭南,与越人杂居。秦始皇组织的两次南北移迁，使张姓连同其他姓氏的人们深入内蒙古以北、长江以南的地区生活，与少数民族一起，共同开发祖国的边疆。

两汉时期，张姓先民也有两次大的迁徙。第一次开始于西汉末年王莽当政建立新王朝之时。有族谱记载：张氏祖脉在清河，后因生子众多，迁入徐州，逐渐南下。西汉末年，王莽当权，元始元年九月十三日，一祖带领族人男妇众多，过扬子江，分往下榻衢州、抚州、福州、汀州、赣州等处；一祖迁往建州；一祖入湖州；一祖入寅州。各成桑梓，四海散处。

第二次是东汉末年，天下大乱，张姓大批向西北迁徙。当时中原、关中等地很多张姓人家西进到张鲁建立的汉中地方政权，或者到张轨建立的前凉政权的辖地避难，在这两地形成很多张姓望族。还有部分张姓向相对安定的江南地区迁移。如彭城（今江苏徐州）人张昭，就是在这次战乱中南渡长江的，先后被孙策任命为长史、军师，是东吴的著名辅臣。

张姓早在战国时期就进入了“天府之国”四川，汉代有更多的人到巴蜀地区安家落户。张良的后裔张壮从关中迁到犍为郡武阳（今四川彭山东北）居住。张骞出使西域，贯通丝绸通道，安定西部边境。从而，张姓人群活动地区迅速发展到北方、西部、四川地区以及长江以南地区。同时，西汉留侯张良的后裔中也有从陕西出发，涉河北入江苏，渡过天堑长江，首次进入江南的。张良的后裔阳陵公张乘，始居封地阳陵（今陕西咸阳东北），他的 5 个孙子中有 4 人分别迁居河北、南阳、吴郡、沛国，留侯世家迈开了迁徙、拓展、推向黄河以南的第一步。张良的后裔张存因不务仕宦，隐居吴江（今属江苏）横山，其后代就在江南定居下来。

西汉以后，张姓已成为声名显赫的大姓。与留侯张良、赵王张耳、北平侯张苍一样，分布于各地的张姓大族还有许多，仅封侯者就有安丘侯张说、博望侯张骞、关内侯张禹等，而张汤一家封侯者有 3 个，可谓盛极一时。至于史籍记载的张姓望族就更多。当时河南的张姓望族也很多，其中南阳堵阳（今河南方城东)人张仲、张季兄弟共居同产,是当地有名的富户。张季名释之,西汉孝文帝时官至廷尉,负责全国案件的审断,他执法公正、刚直不阿。张释之的儿子张挚,字长公,像父亲一样,恪守官箴,被免官后,终身不仕。其子孙在堵阳繁衍,张姓成为地方大姓。

魏晋南北朝隋唐时期,由于北方的战乱和少数民族大批进入中原,张姓继续向西北发展,但主要随其他的原华北居民一起向南方和东南迁移。自西晋灭亡后,中国再度处于长期的分裂之中,张姓先民活动的中心——中原和关中地区,处在战乱之中长达 270 年左右,尤其是五胡十六国时期,他们的生活环境遭到极度的破坏。西晋末年,安定乌氏(今宁夏固原东南)人张轨担任凉州刺史,据有河西之地。中原和关中地区大乱时,张姓和其他姓氏的人为躲避战乱,迁往西北,投靠张轨。高昌、楼兰的张氏,大多也是魏晋南北朝时期迁徙过去的,其子孙至今还繁衍于西北大地。

更多的张姓先民同其他姓氏的先民一起背井离乡,形成历史上规模空前的人口南迁。汉留侯张良的后裔张䡾随晋元帝南迁,来到今江苏南京附近安家。居 6 世复还河东、洛阳,传至 26 世,后代有历任唐睿宗、玄宗两朝宰相的张说。张䡾的哥哥张梓的曾孙在南北朝初年南移襄阳(今湖北襄樊),历宋、齐、梁到隋朝,凡 100 余年,繁衍众多子孙。到唐代,已传至 20 多世,除张君政南移曲江(今广东韶关),其他各支仍居襄阳,号称望族,并出了历任武后、中宗两朝的宰相。

汉留侯的后裔张君政移居曲江后,辛勤开拓,很快就兴旺起来。张君政有 6 个儿子,14 个孙子,29 个曾孙。曾孙辈以张九龄最为有名。张九龄从开元二十一年(773 年)起任玄宗宰相 4 年,以刚直、能干闻名于世,史书说开元以后天下只有曲江公,而不知有九龄,可以将其视为曲江张氏的杰出代表。曲江张氏人口众多,后来除张九龄的弟弟张九皋等少数支派北返首都长安(今陕西西安),大多数散居广东各地,始兴张氏即源出于此。唐代有人作《曲江张氏家谱》一卷，以叙岭南张氏之盛。张九龄著有《金鉴千秋录》，其后人多以“金鉴”作为其祠堂的堂号。

唐末黄巢领导的农民起义军逼近长安，张良后裔张璘当时是国子监祭酒，跟随僖宗及其他群臣到四川避难，家安在成都附近，这是张良后裔第二次入川。传至张文矩，英年早逝，其妻杨氏带着3个未成年的儿子归依绵竹县仁贤乡（今属四川）外祖父家生活，文矩这一支因此而移居绵竹。到了南宋，张家这一支出了一个坚定抗金的宰相张浚，为了抗击金兵，全家迁往湖南宁乡。

唐朝时，我国东北地区的少数民族靺鞨人所建的渤海国中，有很多张姓贵族。五代初年，渤海国为契丹人所灭，有些张姓先民随之从渤海湾地区北上关东。到辽金时代，东北地区的渤海张姓就成为大姓，以至于有一些其他姓氏的人改姓张氏。由高姓改姓而来的辽阳人张汝霖、张汝弼兄弟都是当时名震一时的文武大吏。

张氏的郡望，伴随着门阀制度而产生，在唐代达到了高峰。有关文献提到的张姓郡望有6个（一说7个），其中河南占3个，分别是虢州弘农郡、邓州南阳郡、宋州梁国郡，这是唐朝初年唐太宗时的河南张姓郡望，也是魏晋以来数百年间张姓郡望发展的一个结果。唐高宗永徽六年（655年）正式考订全国姓氏，排列各地大姓望族，张氏位列开封陈留郡5姓之中，还有济阳郡、武昌郡、广平郡、清河郡都把张姓列在其中。后来，唐高宗又诏令朝廷甄别全国十大姓氏，称为“国柱”。这十大姓族分别是清河张氏、广平程氏、武阳李氏、荥阳郑氏、京兆郭氏等。其中清河张氏被排在“十国柱”的首位，列入“乙门”，因为这一支自北魏以后人才辈出，高官荣爵代不乏人。到唐代时，出了张文瓘、张锡叔侄两个宰相，清河张氏遂成为张氏族姓中的望族，其后人遂以“清河世泽，唐相家声”（清河张氏堂联）相标榜，成了最为显赫的郡望。《元和姓纂》依据全族聚居和“丽甲当时”的标准，排出全国各地的显姓望族，25个州郡都有张氏望族，其中河南有南阳、修武、荥阳、汲郡、魏郡、郑州、大梁7个张姓郡望。

其中魏郡张氏在当时是很著名的,世居繁水。唐代有张公谨,字弘慎,官至襄州总管,封郯襄公爵,有大象、大素、大安三子。大象官户部侍郎,大素为给事中,大安为唐高宗时宰相。大安三子皆显贵,长子洽为左金吾将军,次子涚为同州刺史,三子浚为侍御史。三代皆显贵,是名门望族。

北宋年间编修的《广韵》一书,列举的张姓郡望有 14 个,即清河张氏、南阳张氏、敦煌张氏、犍为张氏、汲郡张氏等。南宋时编著的《古今姓氏书辩证》一书,列举的张姓郡望有 10 个,即河东张氏、魏郡张氏、郑州张氏等,这些郡望多数是魏晋隋唐时期形成的。

百忍堂是张姓著名堂号之一,至今海内外张姓多家族谱沿用此堂号。百忍堂是唐朝人张公艺百忍治家留给后人的宝贵遗产。张公艺,唐代寿张人。古籍有载:寿张人张公艺九世同居,齐、隋、唐旌表其门。上(指唐高宗)过寿张,幸其宅,问所以能共居之故,公艺书忍字百余以上。上善之,赐以缣帛。公艺以忍治家,为人急公好义,乐于助人,修身养性,待人处世,宽宏大量,深知小不忍则乱大谋的哲理。但公艺提倡之忍,并非不讲是非原则,明言不当忍则忍,忍者有害。公艺家教有方、道德高尚,故而能九世同堂,唐高宗旌表其门。

宋元时期,张姓家族繁衍很快。人口迅猛增长,分布更为广泛,全国各地又出现了不少张姓望族。经历东晋、隋唐的北方地区战乱,中原人群大量南迁之后,特别是北宋末年金兵南下,到后来蒙古族南下,北方百姓进行了我国历史上第三次大规模南迁。中原及北方的许多张姓大族迁往南方,分布在浙赣、闽台、三湘及南粤等地区。尤其宋朝廷南迁临安后,中国的人口和政治中心第一次由北方转移到南方,许多名门望族往南迁向国家政治经济文化中心。如抗金名将四川绵竹人张浚就东迁湖南宁乡,死后葬于宁乡龙塘,其子以宁乡为家。张浚的孙辈有迁往浙江钱塘江畔、湖北江陵、福建等地者。其中湖北江陵一支传至明代,出了明代内阁首辅张居正,他是中国历史上著名的改革家。散居浙江、福建这两支有返居湖南的,也有在明清之际涉海东渡台湾的。宋元以后,在偏僻的云贵地区及其少数民族聚居地区也有了张姓。清代在贵州曾发生过苗族人张秀眉领导的起义。

明清时期,国家统一,社会相对安定,人口增长较快,移民是有计划进行的。朝廷往往将人口密集、生活空间狭小地区的百姓迁入战乱或灾荒之后人少地多的地区。不少张姓先民也随之迁到地广人稀的地方重建家园,使得张姓人群分布更广。这从明嘉靖年间所修《张氏统宗世谱·张氏古今迁居地理图》中可以看出,在全国 1194 个县中,有 1113 个居住着张姓子孙,总覆盖率达到 93%。再者,明朝永乐、宣德年间郑和 7 次下西洋以及明朝中后期中国人大量去南洋(今东南亚一带)谋生。清朝康熙年间,郑成功率领东南沿海居民赶走荷兰殖民主义者,与台湾当地高山族人共同开发台湾,部分张姓人也随之出海谋生,寻找新的发展空间。近年来,相继有港、澳、台同胞以及马来西亚、新加坡等海外华侨回到祖地濮阳寻根问祖。

目前,张姓在全国的分布很广,但不均衡:主要集中于河南、山东、河北 3 省,大约占张姓总人口的 27.5%;其次分布于江苏、四川、安徽、辽宁、黑龙江、湖北,这 6 省又集中了 28.5%。在人口稀少的西北和西藏地区,张姓在当地汉族中也是主要的群体。在鲁、豫、冀、晋、内蒙古、京、津、陕、宁、甘大部,青海东部,黑、吉、辽、川、渝、鄂、皖、苏等地,张姓人口的比例占 7%以上。全国形成了以长江为界的高比例的北方张姓区和低比例的南方张姓区;而北方区又以太行山为界,东部为高密度的张姓区,西部为低密度的张姓区。

从上述张姓人播迁的记述中可以看出,张姓家族的播迁方式主要以中原为中心向四周辐射,即由祖居地濮阳向四周迁徙发展。自西周到春秋战国时期,张姓主要活动在山西、陕西、河北、山东。关中长期以来则是中央政权所在地,是全国的政治文化中心,因而集中了较多显赫的张氏大族。自秦以后,张姓迁徙的总趋势是以中原和关中为中心,向东、西、南、北四周拓展,辐射全国各地。这其中,既有国家强制性的移民又有自发的迁移,既有大规模的群迁也有零星的移居,但次数最多、人口最众、持续时间最长的则是南迁。

(本文作者为河南省社会科学院历史与考古研究所研究员)

张姓源流研究若干问题初探

张新斌

经过20余年的研究，张姓源流研究取得了较多的收获，如濮阳张姓祖根地的确定、清河张姓郡望地的确定等。而这些成果，对于全球张姓宗亲寻根，无疑具有重要意义。但是，由于张姓研究较强的学术性，普通的族亲对此并不甚了解，这就为某些“研究成果”的散播提供了空间，我们也有必要重新梳理下对张姓源流至关重要的问题。

一、濮阳为张姓祖根地

濮阳为张姓祖根地，是近20年来张姓研究的重要收获。这一研究，得到了国内学术界的认可，可以说千百年来，对张姓祖地的认知是个盲区，祖地的认定，为张姓宗亲提供了一个追根溯源的精神家园。

(一)挥公为张姓得姓始祖,张姓为黄帝的直系族裔

关于张姓得姓始祖,明清家谱较少提及。但历代姓氏通志中,多有涉及。如,《广韵》谈及张姓云:“本自轩辕第五子挥,始造弦,实张网罗,世掌其职,后因氏焉。”《姓觿》引《世本》云:“黄帝子挥为弓正,始制弧矢,张罗网,因氏。”这一记载,与早期氏族中技艺相传的事实是吻合的,也谈到了黄帝轩辕第五子挥,为张姓祖先。《元和姓纂》卷五云:“黄帝第五子青阳生挥,为弓正,观弧星始制弓矢,主祀弧星,因姓张氏。”这里明确表示黄帝之子名青阳,青阳之子名挥,也就是说挥为黄帝之孙。《通志》卷二十七云:“谱家谓,黄帝子少昊青阳氏第五子挥为弓正,观弧星始制弓矢,主祀弧星,赐姓张氏。”《古今姓氏书辩正》云,张“出自姬姓,黄帝子少昊青阳氏第五子挥,为弓正,始造弓矢,实张罗以取禽兽,主祀弧星,世掌其职,赐姓张氏”。《姓氏急就篇》云:“张氏,自轩辕子少昊第五子挥始造弦,实张网罗,世掌其职,后因氏焉。”以上记载,更加详细,可证挥应为黄帝之孙。

由此,我们可以有两点收获。一是挥为张姓的始祖。尽管文献中有挥为黄帝之子与之孙的歧异,但从各种文献综合分析,挥为黄帝子青阳之子的可能性较大,也就是说,挥为黄帝之孙。二是挥为当时的科技专才。他根据多年对天空中弧星的观察而发明了狩猎用的弓矢,并担任“弓正”一职,可以说挥公的发明在当时为先进生产力的代表,“张”的含义,也与“张罗猎兽”有关,挥之所以能留名于文献,为后世得知,与他发明这一先进工具有关,这也从一开始就铸就了张姓族众忠实勤勉、开拓创新的家族精神。

（二）挥的生活地应在颛顼建都之地的帝丘，帝丘在今河南濮阳

挥为黄帝之孙，他任弓正时，显然与黄帝时期是有距离的。《史记·五帝本纪》在谈及黄帝族系时云："黄帝居轩辕之丘，而娶于西陵之女，是为嫘祖。嫘祖为黄帝正妃，生二子，其后皆有天下：其一曰玄嚣，是为青阳，青阳降居江水；其二曰昌意，降居若水。昌意娶蜀山氏女，曰昌仆，生高阳，高阳有圣德焉。黄帝崩，葬桥山。其孙昌意之子高阳立，是为帝颛顼也。"黄帝与正妃嫘祖的长子为青阳，青阳的第五子为挥，也就是说挥为颛顼的堂兄弟。而身为五帝之一的颛顼帝，在早期文明中作出了较大贡献。《史记·五帝本纪》在讲到颛顼时，评价他"静渊以有谋，疏通而知事；养材以任地，载时以象天，依鬼神以制义，治气以教化，絜诚以祭祀"。这里讲的不仅是他的德行，也是贡献。而颛顼最大的贡献，就是"绝地天通"，将"人神杂糅"分为"人职"与"神职"。颛顼对原始宗教、各种祭祀仪式及历法进行改革，促进了生产关系革新，推动生产力向前发展。因此，颛顼帝也是中华人文始祖群体中的一员。

挥与颛顼同一辈分，年龄也应大体相当。《史记·五帝本纪》也提到颛顼之后为"帝喾"，"帝喾高辛者，黄帝之曾孙也。高辛父曰蟜极，蟜极父曰玄嚣，玄嚣父曰黄帝"，也就是说，黄帝之子为青阳，青阳之子为蟜极，蟜极与挥为亲兄弟，或为同父异母的兄弟，挥也应为帝喾的亲叔父或亲伯父，因此挥任弓正的时代，也可能会从颛顼而跨越到帝喾时代。但从颛顼发明历法，而为后世所知"颛顼历"的角度看，历法方面的贡献是颛顼较为突出的贡献，作为弓正的重要职责，挥要"观弧星"，挥有可能为"颛顼历"创制团队的重要成员，而他的重要活动地，无疑要与颛顼连在一块儿。

关于颛顼的"建都"和重要活动地，《史记·五帝本纪·集解》引皇甫谧曰："都帝丘，今东郡濮阳是也。"帝丘，为颛顼之故都，也是东周时卫国都城。

《左传·僖公三十一年》云："狄围卫。十有二月，卫迁于帝丘。"西晋史学家杜预注云："帝丘，今东郡濮阳县，故帝颛顼之虚，故曰帝丘。"《汉书·地理志》也记"卫迁于帝丘，今之濮阳是也。本颛顼之虚，故谓之帝丘"。《水经注·瓠子河》云："河水旧东决，径濮阳城东北，故卫也。帝颛顼之虚。昔颛顼自穷桑徙此，号曰商丘，或谓之帝丘。"帝丘在今河南濮阳，从文献角度考察，这种说法具有权威性。挥公为颛顼之堂兄弟，他与颛顼为同时代人，他为颛顼时的弓正，所以他的活动地在帝丘，帝丘在今濮阳。因此，张姓祖根地在今河南濮阳当是没问题的。

二、清河是张姓最主要的郡望地

（一）张姓郡望地数量众多

张姓是个大姓，一般而言，大姓的郡望地往往不止一个。《广韵》所列出的张姓郡望，"出清河、南阳、吴郡、安定、炖（敦）煌、武威、范阳、犍为、沛国、梁国、中山、汲郡、河内、高平十四望"。《元和姓纂》卷五所列张姓郡望有安定、范阳、太原、南阳、炖（敦）煌、修武、上谷、沛国、梁国、荥阳、平原、京兆等。作为大姓，张姓有较多的郡望是很正常的。什么是郡望？郡望讲的其实就是特定的历史时期，某一个郡最有声望的世家大族，他们不但有好的家族背景、较深的文化素养、较大的政治影响力，最关键则是他们世代，最少有三四代，甚至可以长达数百年而官居豪位，甚或影响当时的政治格局，形成了令人向往、令人仰望的郡内名族。望族的形成，并不是一朝一夕的，也不一定是人为的，但这个家族能够数百年而不衰，人们不得不仰望，如太原王氏、陇西李氏、彭城刘氏、西河林氏、武功苏氏、荥阳郑氏、颍川陈氏等。

历史上张氏支脉庞大，张姓的郡望也不止 14 个，而且张氏的郡望大都是有一定的家族支撑的。据《古今姓氏书辩证》可知，至三卿分晋，张氏事韩，良字子房，汉太傅、留文成侯，裔孙嵩生五子，壮、赞、彭、睦、述。壮裔孙华，字茂先，晋司空、壮武公。至唐，张柬之相武后、中宗，张说相睿宗、明皇，说三子：均、垍、埱。河东张氏，出晋司空华，裔孙张嘉贞，相唐玄宗，嘉贞生延赏，相唐德宗，延赏生弘靖，相唐宪宗。始兴张氏，亦晋司空华之后，随晋南迁，至君政，因官曲江，君政曾孙九龄，相唐玄宗。冯翊张氏，出后汉司空皓，至唐，仁愿相中宗。清河东武城张氏，本自汉留侯良裔孙司徒歆，后魏有侍中张彝，彝玄孙张文瓘，字稚圭，相唐高宗，文瓘弟文琮，文琮生锡，相武后。河间张氏，周有司城中大夫、虞乡定公羡，赐姓叱罗氏，隋复本姓，裔孙文蔚，相哀帝，为朱全忠胁，传禅，又相全忠弟。张濬，字禹川，相昭宗。中山张氏，汉丞相苍之后，至唐，张行成相太宗、高宗。魏郡张氏，大安相高宗。汲郡张氏，镐相肃宗。郑州张氏，亮相太宗。这里述及了河东、始兴、冯翊、清河、河间、中山、魏郡、汲郡、郑州等地的张氏望族中的代表性家族，使我们对汉唐张氏望族，有了较为全面的认识。

根据何光岳先生所收集到的张姓世系，我们也可以寻觅出张氏望族在历史上的蛛丝马迹。[①]《张氏家谱》(1947 年本)所提供的是以黄帝、挥、张良、张典、张皓、张华、张君政、张九龄等为主线的张氏谱系。河东张氏，由张良、张华、张次惠而贯之，一支发展出丞相张说，另一支发展出丞相张柬之。其中在张良之子不疑之后，由张典发展到张华；张高这一支五世发展到张道陵，由此形成张天师世系。始兴张氏，由张华之后南迁，由君政发展到张九龄，在南方繁衍播迁。冯翊张氏，出自东汉司空张皓少子张纲。吴郡张氏，亦为张良之后，由东郡太守张嵩的第四子张睦开启。大梁张氏，为楚汉战争时赵王张耳之后。河间张氏，亦为张耳之后，五代时被赐姓叱罗氏，后又恢复张氏。中山张

① 何光岳：《中华民族流史》第一册，湖南教育出版社，2003 年。

氏,则是西汉丞相张苍之后。其他还有中山张氏、汲郡张氏、郑州张氏等,反映了张氏望族的发达。

(二)清河是张氏最重要的郡望堂号

关于清河张氏,应该说清河作为郡望,只是张氏诸多郡望中的一支,但清河在张氏诸多的郡望中,又是特别重要的一支。清河张氏出自汉留侯张良的裔孙司徒张歆,张歆弟张协,生魏太山太守张岱,张岱由河内迁居清河东武城,而后形成清河张氏。在南北朝至隋唐时期,清河张氏极为显赫,亦因此成为张氏的一个特定符号。明清以来的家谱中,江西、湖南、台湾、广东、福建、浙江、河南、陕西等地的家谱,有的直接冠以"清河张氏家谱"或"清河郡张氏家谱",而其他的郡望与堂号,很难直接成为谱名,反映了宋代以来张氏族人对清河的认同。

关于清河的地望,复旦大学编著的《中国历史地名辞典》中有清河军、清河县、清河城、清河郡之别。其中,清河军为南宋在江苏清江所设,其时间、地点不对。清河城,在今山东省高唐县清平南,与清河郡东武城比较,则城的名称、地点不对。清河县,有两说:一说三国魏置,治所在今山东临清东北,隋开皇六年(586 年)移治今河北清河西北,以后县治多有迁移,但都在今清河县境内。另一说则是南宋后设置,在今江苏清江,与前述清河军相对应,显然与清河张氏中的清河不是一地。清河郡,西汉设置时在清阳县(今河北清河东南),东汉改为国,移治甘陵县后改为清河县(均在今山东临清东北),三国魏复为郡,北齐移治武城县(今河北清河西北),隋开皇初废,大业及唐天宝、至德时又改贝州为清河郡。由此可知,汉唐间的清河郡,包括今河北与山东交界处的清河、临清,其间郡、国与县相互交叉,虽然最早在今清河县设置清河郡,但自东汉、三国及至北齐清河郡、县主要在今山东临清县境内,也就是说清河郡望的高潮时期在今山东临清。

不过,《读史方舆纪要》卷十五云,清河县“汉置东武城县,属清河郡,后汉属清河国。晋因之。后魏为武城县,后周为清河郡治。隋初郡废,改县为清河县,贝州治焉。自唐至宋,皆为州郡治。金移恩州治历亭县,而清河县仍属恩州。元属大名路,明初属大名府,洪武六年改今属(即清代顺德府)”。但是,清河张氏集中于清河东武城,也就是说在清河郡内,张氏望族集中在清河郡下属的东武城,汉代时有东武城县,其故城即今清河县治。因此,今河北清河,因治东武城,且长期以来以清河而名,所以河北清河作为张氏郡望地,仍然是当之无愧的。

三、中华张氏以名人为始（迁）祖，尤其认同张良为主支脉系

(一)张良在中华张氏谱系中居于核心地位

张良被称为“汉初三杰”之一,他是西汉王朝的主要奠基者,在楚汉战争期间,他辅佐刘邦,“运筹策帷帐之中,决胜千里外”,以高超的谋略,成就了一代伟业。他的伟人器质,尤其是不恋极位的作风,堪称高风亮节。他的谋略与智慧,上承姜太公,下传诸葛亮,成为“谋圣”中的代表。“张良文化”不仅是张姓的财富,也是中华优秀传统文化中的宝贵财富,值得传承发扬。

张良在张氏家族谱系中具有特殊地位,从《古今姓氏书辩证》所反映的张氏谱系中可以看出,在张良前后,张氏形成了单一的传承谱系,河东张氏、始兴张氏,虽然出自晋司空张华,但都以张良为祖。清河东武城张氏,出自后魏侍中张彝,也都是张良之后。从前述何光岳收集的张氏家谱中的张氏谱系,也可以看到张道陵族系、张九龄族系、张说族系、张柬之族系、张皓族系等,都是以张良为主,或者说以张良为原点而形成了一个大的谱系体系。尽管在文献中,

中山张氏出自汉丞相张苍,大梁张氏与河间张氏出自汉初赵王张耳,但在当代文化的传承中,已找不到相关的族群。

根据我们在《中国家谱总目》中所看到的张姓家谱共2597种材料看,浙江共有612种,义乌家谱明确其为张良子辟疆(一作辟强)之后,还有以唐代的张成业、张元善、张九龄、张昌、张志和、张巡、张文吉等及宋代的张祥、张浚、张知白为祖者。江苏共有238种,有以晋代的张华,唐代的张九龄、张旭以及宋代的张载、张浚、张轼为祖。上海共26种,也有以南宋名臣张载为祖。安徽共113种,歙县、休宁等地张姓人多为张良的后裔。江西共150种,鹰潭、贵溪、万载等地张姓人为张良、张道陵族系,萍乡有张九龄族系。湖南345种,宁乡、湘乡、湘潭等11个市县的谱载其为张浚之后,长沙、宁乡、益阳、汉寿、安化、湘乡、衡山、宝庆等地张姓人为张轼的后裔,郴州张氏有的为张九龄之后裔。广东共118种,中山、新会等地张姓人有张九龄后裔,南雄、曲江、始兴等地张姓人为唐代张君政的后裔。福建共85种,有的以唐代张虎、张元甫、张睦、张明山、张严日为祖。从这些情况看,张九龄、张轼、张载、张浚等张氏名人,成为分布较广的张氏族群共认的始祖,而这些名人追根,大多与张良连在一块儿。据载,《韵编》共收载张氏1600余人。大略言之,自汉至唐,十之九为张良后裔。

张良在张氏文化中所具有的核心地位,一是反映在早期谱系的构筑中,张良是张氏名人的优秀代表,为族众所认同。二是反映在整个中华民族文化的认同体系中,同姓族系的凝聚性,这与民族文化中的黄帝认同,具有相似的意义。

(二)张良遗存分布广泛,河南的张良文化遗存最具代表性

张良胜迹遍布全国各地,陕西的陈泽孝做过统计,张良辟谷处,全国各地

有20多处,其中以陕西留坝紫柏山、陕西洋县子房山、河南兰考白云山最为有名。张良墓,也有多处,如河南兰考、江苏徐州云龙山、陕西西安龙首原、江西鹰潭龙虎山、山东微山岛、湖南张家界等。河南原阳博浪沙,因曾为张良击秦处而十分著名。江苏睢宁古邳镇有"张良进履桥",传为张良为黄石公拾鞋,而得授兵书之处。陕西汉中褒谷口,在凹形巨石上有隶书"玉盆"二字,传为张良所书。江苏徐州子房山,传为张良"吹箫散楚兵"之地。至于留侯祠(庙),一般都保留在与张良有关的地点,除陕西留坝、洋县,河南兰考,江苏徐州、睢宁,山东微山外,在河南桐柏、鲁山,广东广州,陕西洛南、旬阳、城固等地,均有相关的遗存。至于张良故里,共有安徽亳州说、山西屯留说、山西襄汾说、河南郏县说、河南禹州说等多种说法,有的地方还保留有相关遗存,并进行了专题研讨与论证。

河南作为张良的主要活动地,保留有大量与张良有关的文化遗存、文献记载和传说,尤以郏县、禹州、原阳、辉县、兰考为代表。一是郏县张良故里。郏县李口镇张店村,共6000余口人,其中有80%均姓张,该村有传说中的留侯祠、张良故居草大房旧址、子房庙、五龙山魁星楼、张良品箫石、沙印山疑似张良墓等,新建张良故里坊,保留有较多的张良传说,尤其是新发现的"诸葛亮留侯祠铭碑"(东汉建安年间)值得关注。二是禹州张良故里。禹州县城有张良洞,在张得镇有疑似北宋政和年间的"留侯故里"石碣,清同治时的"子房寨"石碣,还有子房寺等。在三峰山有张良祖张开地墓、父张平墓等。三是原阳的"古博浪沙"碑刻。原阳县城东有留侯村,传为张良击秦时寄居之处。四是辉县张良洞与子房宫。辉县西关山为历史上的白鹿山,不但有地势极为险要的张良洞,还有建在绝壁之侧的子房宫,保留有明清碑刻,所记此处"旧传为子房之居室",而非《辉县志》所记张良"辟谷处",而应为张良击秦,秦兵"大索十日时张良避难之处"。五是兰考张良墓。张良墓,不但在县志上有较多记载,也有历代咏张良及其遗存的诗作以及大量碑刻，张良墓冢周围植以柏树 200 余株。此外，还有张良井以及留侯祠旧址等。

总之，在张姓源流研究中，涉及濮阳与清河的关系问题，濮阳为张姓始祖挥公的活动与建功地，清河为张姓文化发扬光大的郡望地，濮阳的张姓历史可以早到距今将近 5000 年，清河张姓的历史距今 2000 余年。两者为源与流的问题、根与脉的问题，濮阳是源是根，清河是流是脉，两者在张姓发展史上的地位都十分重要。张良在张姓的源流过程中，居于核心地位，张良不但是张姓中的大名人，他所代表的文化及精神内涵，也是中华民族的优秀文化遗产，张良在整个张姓脉叶的发展中，处于关键地位，因此，全国张姓家谱中，以张良为祖的族群，占有较大的比重，这不仅仅是血脉认同，更重要的是对优秀文化的认同、对人文先人的认同，张良现象十分引人关注，值得深入研究。河南作为张姓的祖根地、张良文化的发祥地，欢迎海内外张姓宗亲寻根，河南濮阳无疑是全球张姓宗亲的精神家园。

（本文作者为中国先秦史学会副会长，中华炎黄文化研究会姓氏文化工作委员会原副会长，河南省炎黄文化研究会常务副会长，河南省姓氏文化研究会副会长，河南省社会科学院历史与考古研究所所长、研究员）

张姓起源与郡望之争的历史思考

王大良

张姓是我国最有影响的姓氏之一，在东汉人应劭所编的《风俗通》里就有“张王李赵”的说法，说明早在那时，张姓就已经与王、李、赵等姓一样引起关注。《风俗通》还说张姓与其他3姓“皆黄帝之后也”，意思是说它们的起源都与黄帝有关。事实上，根据敦煌写本《唐贞观八年条举氏族事件》《新集天下姓望氏族谱》和林宝《元和姓纂》、陈彭年《广韵》、欧阳修《新唐书·宰相世系表》、邓名世《古今姓氏书辩证》等书的说法，张姓在起源以后的发展中还逐渐形成了京兆、汝南、敦煌、吴郡、安定、彭城、清河、河东、河间、魏郡、始兴、南阳、武威、范阳、犍为、沛国、梁国、中山、汲郡、河内、高平、冯翊等多个郡望，从而在起源之外又有了郡望这一值得关注的问题，同时也可见张姓郡望与起源相比显然复杂得多。近年来，随着以姓氏为纽带的“寻根热”的出现，张姓起源和郡望问题也引起了不同程度的关注，甚至引发了较为激烈的争论。在张姓研究和联谊不断走向深入的今天，如何看待这些争论，正确理解起源与郡望的概念以及与之相关的问题，的确值得我们认真思考。

一、张姓起源与郡望并不相同

姓氏起源是指姓氏的发源，与之相关的姓氏起源地是指相关姓氏的诞生地，也是其族根所在地，属于姓氏源流中“源”的部分，一个姓氏往往只有一个最有影响的起源地。郡望的本义是指一个地方令人仰望的名门望族，是由姓氏在起源后进一步发展而来，属于姓氏源流中“流”的部分。与郡望相关的郡望所在地是指该望族的家乡所在，一个姓氏的郡望所在地一般不止一个。可见，仅从最简单的概念上看，姓氏起源与郡望并不相同，与之相关的姓氏起源地和郡望所在地也是如此。仅就张姓而言，姓氏起源一般认为与黄帝有关，姓氏起源地在今天的河南濮阳。

关于张姓起源的问题，较为一致的看法是与黄帝第五子青阳氏玄嚣之子挥（晖鼓）有关，《元和姓纂》也说“黄帝第五子青阳生挥，为弓正，观弧星始制弓矢，主祀弧星，因姓张氏”。《元和姓纂》是编写于唐代的一部影响较大的有关姓氏的书籍，对张姓起源的记载具有一定的权威性。但这本书在被其他书转引时，大约由于所见不同而存在着差异，其中如“主祀弧星”，《路史·后纪五》注中所引便作“主祀张星”。另外，在主要参考该书而编成的《新唐书·宰相世系表》中，把上述整段文字改写为“黄帝子少昊青阳氏第五子挥为弓正，始制弓矢，子孙赐姓张氏”，从而出现了“黄帝第五子青阳生挥”和“黄帝子少昊青阳氏第五子挥”的不同。由于历史上曾有过两个“青阳”氏，即玄嚣和少昊，因此也有人认为挥是少昊的后代。不过，根据近代学者的考证，少昊的血统另有所出，挥不可能是他的后代，而应是黄帝之子玄嚣的后代。故而，在《元和姓纂》中所记载的张姓起源，用今天的话说就是与黄帝和玄嚣有关，其始祖是挥，民间习惯称为张挥。

事实上，张挥只是历史上的一个传说人物，一生事迹为人所知者很少，生活在哪里，到过哪些地方，活了多大年纪，去世后葬在什么地方等都不得而知，但也并非毫无踪迹可寻。仅从他的一些血缘近亲的主要活动范围看，便可推测出一些与他相关的事实。如《元和姓纂》记载他是黄帝之孙、青阳氏玄嚣之子，《史记》等书记载黄帝又有子昌意，昌意有子颛顼；玄嚣又有子蟜极，蟜极有子帝喾，帝喾有子唐尧。在这些人中，《世本》说"黄帝都涿鹿"，而"涿鹿在鼓城南"，即在今河北晋县，属于河北省中南部，说明当地至少是黄帝在一个时期的活动中心。又如与张挥同一时期的颛顼，《竹书纪年》说"居濮"，《史记·五帝本纪·集解》说"都帝丘，今东郡濮阳是也"，"颛顼冢在东郡濮阳顿丘城门外广阳里中"，都是说颛顼的居住地和都城在东郡濮阳或帝丘，去世后葬在顿丘城外，其地都是今天的河南濮阳。又如帝喾，《竹书纪年》说"居亳"，《史记·五帝本纪》引《皇览》说"帝喾冢在东郡濮阳顿丘城南台阴野中"。其居住地和葬地与颛顼基本一致。从颛顼、帝喾的居住地和葬地看，他们都没有较大的迁徙活动，濮阳一带应是他们的活动中心。由于张挥的制弓矢和观弧星等活动大致发生在颛顼时期，帝喾是在颛顼之后的部落领袖，二人又都与张挥的血缘关系极近，因此可以在某种程度上认为，颛顼、帝喾的活动范围也就是张挥的活动范围。而与张挥有关的张姓起源地，也就是颛顼、帝喾当年的活动中心所在的今河南濮阳。

张姓的起源地在今河南濮阳，不仅可以通过文献记载进行如上推断，还可以从其生活时代的图腾崇拜习俗作进一步考察。早在黄帝时期，其所在的部落就已经有了对龙的崇拜，《竹书纪年》说黄帝"龙颜"，《史记》说黄帝"生日角龙颜"，《淮南子》说黄帝"兽黄龙"，《春秋合诚图》说"黄帝将亡，则黄龙坠"，《汉书志》说黄帝"黄龙体"，《水经注》说"黄帝登龙"，《路史》说黄帝"乘龙而四巡"，等等，无不与龙有关，都可作为此论的注脚。颛顼作为黄帝的后代，在担任部落领袖时，同样把龙当作图腾。颛顼孙祝融又名烛龙，祝融后代发展而成的"祝融八姓"中的豢龙氏、夔等。同样，接替颛顼担任部落领袖的帝喾以及帝喾之子唐尧等也都以龙为图腾，甚至《春秋合诚图》记载唐尧还是其母庆都与赤龙交合后所生之子。由此可见，张姓始祖张挥所生活的环境中充满了对龙的崇拜，他本人当然也不能免俗。更为重要的是，盛行这种崇拜之地，根据《山海经·海内东经》《淮南子·坠形训》等的记载，都在“雷泽”，即《史记·五帝本纪·正义》引《括地志》所说的“濮州雷泽县郭外西北”，其地仍是今天的河南濮阳。而在1987年5月，考古工作者在濮阳西水坡一带的考古发掘中发现了由贝壳摆塑的“龙虎同躯”“人骑龙”图案，在时代上与颛顼、帝喾时期基本吻合，被认为是迄今发现最早的“中华第一龙”，为张挥及其部落在当地的活动提供了有力的考古证据，更使人确信张姓的起源地就在今天的河南濮阳。

二、张姓郡望所在地具有多元特征

与张姓的起源地问题较为单纯不同，张姓的郡望所在地问题则相对复杂一些。郡望即郡中望族，是标明家族地域来源或血统所出的特殊用语。在过去，居住在某一个地方的某个家族因为这样或那样的原因成为著名家族，能够获得别人的羡慕或仰望，而所居住之地又被通称为郡，因此其家族也被称为郡望。在此意义上，郡望还包含两层意思，一是居住地郡，二是居住在郡里的著名家族。只有有了郡和居住在郡里的著名家族，才能被称为郡中望族，简称郡望。

从历史上看，郡望所在的“郡”是在春秋时期出现并一直延续到隋唐时期的一种地方行政区划。早在春秋时期，随着周王室的衰落和诸侯国的强盛，特别是秦、晋、楚等强国不断开疆拓土，需要对新占领的地区进行管理，于是便创立了“县”“郡”等行政建制，用以代替传统的封建制。秦灭六国后，正式“废封建置郡县”，后来的汉代也承秦制，直到唐代中叶基本都采用郡县制。至于

“郡”的数量,在秦朝统一时是36个,后来增加到40多个。西汉时有郡103个,东汉有105个。东汉以后到隋朝统一以前,由于国家基本处于战乱状态,郡的数量变化无常,到隋朝统一时已达到680个。为了便于管理,隋文帝下诏废除了其中的500多个郡,并把郡名统一改为“州”,隋炀帝又把“州”改回“郡”。在隋朝灭亡以前,全国的郡共有190个。隋朝之后,唐高祖又把“郡”名恢复为“州”,唐玄宗再度改“州”为“郡”,在全国设立328郡。唐肃宗乾元元年(758年)又改“郡”为“州”,这也是历史上最后一次改名。以此为标志,“郡”作为行政建制正式废除,此后所谓的“郡”都是对此前历史的追溯。

郡望便是以郡为基础而形成的。郡县制时期,也是我国古代家族制度中的门阀世族制度盛行的阶段。由于不同的历史和政治原因,居住在同一个地方的人社会地位不可能完全一样,从而每个郡中都会有几个著名家族。由于这些家族往往拥有其他家族所没有的特权,因此,就一个郡而言,他们也都是郡中被人仰望的家族。与此同时,那些地位比较高的人为了表示自己这一支高于其他郡的同姓人,也会在自己的姓氏前加上郡名,从而形成郡望。在这种情况下,郡望成了表明身份地位的代名词,具有了专指性。如《唐贞观八年条举氏族事件》中提到,张姓在清河、弘农、南阳、梁国、沛国、吴郡等郡都是名门望族,这些也都是当时张姓在全国的著名郡望。《元和姓纂》根据唐代中叶的实际情况,记载张姓在全国多个地方郡都是名门望族,这些也同样是张姓当时的郡望。另据其他文献记载,唐代张姓郡望中的清河张氏在唐高宗时被列入“乙门”,位于“十大国柱”之首,也是张姓唯一获得这一殊荣的郡望。此后,随着郡制的变化和社会风气的转变,张姓的清河郡望又逐渐成为天下张姓人的象征。甚至在编写于宋代并流传至今的《百家姓》里,在姓氏之下有些注释仅注一个郡望,张姓的注释仅有清河,其原因便是如此。

其实,关于张姓的郡望问题颇为复杂,但不止清河一个则是实情。早在清河郡望形成之前,张姓就已有京兆、汝南、敦煌、吴郡、安定、彭城等著名郡望,清河郡望形成以后也出现了魏郡、始兴等郡望,都说明清河郡望并不是张姓唯一的郡望。另外,结合历史事实考察更可以发现,清河郡望的形成时间较晚,这从经常被引用且具有权威性的《新唐书·宰相世系表》的记载中也可得到印证,“清河东武城张氏本出汉留侯良裔孙司徒歆。歆弟协,字季期,卫尉。生魏太山太守岱,自河内徙清河。曾孙幸,后魏青州刺史、平陆侯”。根据这段记载,可知清河张氏即清河东武城张氏,虽说是张良的后代,但在张良和东汉桓帝司徒、河内修武人张歆之间并没有明确的世系传承记载,在《三国志·张范传》《魏书·张蒲传》等张歆后代的传记中也没有提到他们与张良的关系,与《后汉书·张王种陈列传·张皓传》及《后汉书·文苑列传·张超传》中记载张皓或张超是张良后代的说法完全不同。此外,在张岱及其曾孙张幸之间不过 4 代人,但前后跨越了曹魏至北魏近 200 年时间,平均每代人相差 50 年,与我国传统的代际传承时间 30 年左右也不相同。更为重要的是,张歆及其弟张协、张协子张岱的籍贯都是河内修武,直到张岱才“自河内徙清河”,可知清河张氏实际上出自河内张氏,形成郡望的时间是在张岱迁居清河之后,在时间上最早不超过张岱迁居时的曹魏时期,甚至是在张幸由南燕入仕北魏后才逐渐奠定望族基础的。张幸原本任职于南燕,任东牟太守,北魏灭南燕后入仕北魏,官至青州刺史,封平陆侯。其子张准袭爵,也任此职。在他们生活的时期,同样出自清河东武城的崔玄伯、崔浩父子先后在北魏道武帝、太武帝身边“决策帏幄”,崔浩甚至为了“齐整人伦,分明姓族”而“荐冀、定、相、幽、并五州之士数十人,各起家郡守”,张幸及其家乡清河东武城一带的许多家族应都是受益者。孝文帝时期进一步按门第高低确定了膏粱、华腴、甲姓、乙姓等郡望地位,其中的“九卿若方伯者为乙姓”,所说的就是张幸父子这样一级的官员,其家族也因为他们而确立了在清河郡的望族地位。在他们之前,清河郡一带本来就有张姓大族,西汉御史张禹、东汉乐浪太守张岐等人都家于当地,《通典》引《关东风俗传》所说的清河张氏等“一宗将近万室,烟火连接,比屋而居”,所指也未必是张幸父子所在的这支,但因为有北魏特殊的历史环境,不仅张幸父子二人相继任职受封,其家族也在众多清河张氏家族中异军突起,成为张氏的代表,唐代被列入“国柱”之首更是在此基础上的进一步发展。

总之,郡望是历史上特定时期的产物,郡望所在地也是一个颇为复杂的问题。但无论其历史多么悠久,问题多么复杂,毕竟都与历史有关。我们只有将其放在特定的历史环境中进行考察,才能得出符合历史实际的结论。

三、客观看待张姓起源与郡望之争

由上可见,张姓的起源和郡望、起源地和郡望所在地等都是在不同历史时期形成的,结合历史事实,我们足以了解其真相。但在近年的寻根活动中,却出现了有悖于历史事实的说法,某些地方甚至大张旗鼓地宣传起源地和郡望所在地都在一处,其做法显然缺乏钱穆先生所说的“对其本国以往历史之温情与敬意”。诚然,在国家大力提倡发展经济和重视文化建设的背景下,相关地方为了扩大知名度、发展经济而把姓氏起源地、郡望所在地等当作文化资源,进行有计划、有目的的开发利用,其做法完全可以理解,其结果也的确为当地的经济发展开辟了一条新途径,对外联系也平添了一条纽带和桥梁,但如果为了争夺利益而与其他地方进行博弈,甚至不惜歪曲事实,误导舆论宣传,则完全不可取。这不仅把文化建设引入歧途,也有损于自己的形象,更不利于改革开放的深入进行。要解决这一问题,就需要对历史充满敬畏之心,坚持尊重事实的科学态度。只有做到了这点,才能经得起时间的检验。

总之,张姓的起源和郡望、起源地和郡望所在地等问题不仅都是值得深入研究和思考的问题,也是应以科学态度参与的文化事业。而通过研究和思考,厘清那些与此相关但仍没有解决的问题，有助于把张姓的文化事业引向正确轨道，进一步增强张姓人之间的凝聚力和认同感。

（本文作者为中国青年政治学院科研处处长、教授，中华炎黄文化研究会姓氏文化工作委员会执行会长）

张姓源流辨析

张放涛

滔滔黄河,发源于青海省的巴颜喀拉山北麓,自西向东流经 9 个省区,渭河、泾河、汾河、洛河等支流汇入其中,形成了一支庞大的水系;滚滚长江,发源于唐古拉山,依然是自西向东流经 11 个省区,岷江、嘉陵江、汉水、赣江、黄浦江等支流汇入其中,形成南方一大水系。任何一个姓氏家族,也都有它的发源地,一些大的姓氏家族,在繁衍、播迁、发展中涌现出不少郡望,特别是历史上居四大族姓之首的张氏家族,早在宋代《张氏谱图》中记载,就有 43 个郡望,如清河、南阳、吴郡、安定、敦煌、武威、范阳、犍为、沛国、梁国、中山、汲郡、河内、高平、太原、修武、上谷、荥阳、平原、京兆、河东、始兴、冯翊、魏郡、郑州等。这些郡望还创建了自己的堂号,如百忍堂、金鉴堂、清河堂、孝友堂、亲睦堂、冠英堂、燕贻堂、敦睦堂、宗岳堂、敬宜堂、源流堂等。从水系到姓氏,都有一个源和流的问题。源就是发源、起源、开始的地方。流分为干流和支流。干流是主体,支流是水系的组成部分,是流入干流的河流。作为姓氏也是如此,根与枝、源与流有着本质的不同。祖根地和郡望、堂号不能混为一谈。在一个姓氏家族中，始祖只能有一个人，祖根地只能有一个，而不能存在两个、三个，在祖根地之外，再大的郡望和堂号，也只能是这个家族中的一支，任何支脉家族的始祖都不能代替这个姓氏家族的始祖。

张姓始祖及祖根地的确立，既要有充分的历史根据，又要对现存史料进行全面的分析、论证。通过心平气和地摆事实、讲道理，统一思想，统一认识。不能采取简单的行政手段进行硬性规定，也不能采取回避矛盾的方法禁止研讨。笔者根据掌握的史料和所了解的情况，完全赞同张姓的始祖是张挥，他受封得姓在帝丘，也就是说张姓的祖根地是在河南的濮阳。

一、史籍中绝大多数有关记载都认为张挥是张姓始祖

《世本》云："张氏，黄帝第五子青阳生挥，为弓正，观弧星始制弓矢，主祀弧星，因姓张氏。"

宋代欧阳修在《新唐书・宰相世系表》中说："张氏出自姬姓。黄帝子少昊青阳氏第五子挥为弓正，始制弓矢，子孙赐姓张氏。"其后宋人邓名世的《古今姓氏书辩证》、邵思的《姓解》、罗泌的《路史》、王应麟的《姓氏急就篇》等基本上遵循挥公为张姓始祖说，且在内容上更加充实一些。

二、张姓族谱也大都记载始祖是挥公

宋初名臣张咏早在北宋太平兴国元年（976年）就提出张姓"轩辕赐姓，祖根在濮阳"。

《山阴白鱼潭张氏族谱》重修叙文说："张之受姓，昉于轩辕之子，天下之张，厥初无不本于一人耳，濮阳吾祖之所自出。"叙文还说："吾家本名族，受姓轩辕氏，濮阳蕃本根。"

明朝宋濂的《戴亭张氏谱图》(见《文宪集》卷四)、明嘉靖年间张浚的《张氏统宗世谱》、清乾隆朝重修的《张氏族谱·受姓渊源考》等都认定挥为张姓始祖。即使其他姓氏书籍不完全同意上述意见,起码也都同意张挥是张姓始祖。张姓始祖为挥公之说,广为国内外姓氏专家和张姓族人所认可。

三、濮阳相关的遗址遗迹印证了张姓祖根地在濮阳

《史记·五帝本纪》曰:"嫘祖为皇帝正妃,生二子,其后皆有天下:其一曰玄嚣,是为青阳,青阳降居江水;其二曰昌意,降居若水。"意思就是说玄嚣出生在江水,即安阳,青阳即青河之北,青河即清河。古代清河很多,山东、安徽、浙江都有清河。在河南,从邓州流入湖北的一条河也叫清河。河南古代还有一条清河,发源于修武县的北黑山,流经今获嘉、卫辉、浚县、内黄、濮阳、魏县、清河、沧州,然后从天津入海。内黄以南的清河为白沟水,亦称青河。清河从帝丘城东流过,后因黄河向南改道,清河水流入黄河,致使内黄、濮阳及下流地区河水中断。但清河故道尚存。今濮阳市区胡村乡的班家、店当村一带的村民仍把村北叫为北清河,村南叫为南清河。说明濮阳和清河有着密切的关系。那么,怎样判定濮阳的古清河就是玄嚣时的封地呢?这是因为在史籍中不仅有"濮阳,帝后所都"的记载,而且在濮阳还有其他与张姓起源有关的遗址遗迹。濮阳县城中心四牌楼上面镌刻"颛顼遗都"四个大字。此牌楼在明代《嘉靖开州志·地理志》中就记载得很清楚,至今仍保留完好,该志在"城丘"一栏,首先介绍了颛顼城,志曰:"在东郭里,去州二十里,所谓帝丘者。"在"陵墓"一栏,第一个介绍了颛顼陵,志曰:"在东郭里,高二丈,广数亩。"

帝丘是颛顼的帝都,被称为"颛顼之虚"。《史记·五帝本纪》载:帝颛顼高阳者,《集解》引皇甫谧曰:"都帝丘,今东郡濮阳是也。"今本《竹书纪年》云,帝颛顼高阳氏"元年,帝即位,居濮",濮即帝丘。《帝王世纪》曰,颛顼"始

都穷桑,后徙商丘”,商丘也就是帝丘。《水经注·瓠子河》云:“河水旧东决,径濮阳城东北,故卫也。帝颛顼之虚。昔颛顼自穷桑徙此,号曰商丘,或谓之帝丘。”杜预注:“帝丘,今东郡濮阳县,故帝颛顼之虚,故曰帝丘。”宋代司马光《稽古录》云:“高阳氏以水德王天下,都濮阳。”从以上史料可以得知,颛顼以帝丘为都,帝丘就是濮阳,这在史学界早已成为定论。

颛顼在五帝中功绩卓著,为华夏族文化和东夷族文化大融合做出了巨大的贡献。《大戴礼记·五帝德》记载:“颛顼,黄帝之孙,昌意之子也,曰高阳。洪渊以有谋,疏通而知事,养材以任地,履时以象天……乘龙而至四海,北至于幽陵,南至于交趾,西济于流沙,东至于蟠木。动静之物,大小之神,日月所照,莫不祗励。”他在位78年,享年98岁。死后葬于顿丘城门外广阳里,其陵墓位于今濮阳县城西15公里处的内黄县,和帝喾陵墓合称“二帝陵”。这样的遗址遗迹是其他叫清河的地方所没有的。

玄嚣封邑青阳,颛顼以帝丘为都,帝喾即位仍以帝丘为都,这是黄帝、颛顼和帝喾根据当时形势的需要所做出的英明选择。因为蚩尤在中原被黄帝打败,被迫北进。为了巩固中原地带,黄帝把玄嚣、昌意分封在帝丘一带,其经营中心北移是完全可以理解的。况且帝丘在上古时期是东夷族和黄帝领导的华夏族的交界地区。在帝丘设防是必然的选择。建都帝丘有利于华夏族的巩固和发展,有利于华夏族的长治久安,有利于促进民族的大融合、大统一。由此可知,张姓始祖挥公,自幼在其父玄嚣的封地生活、成长起来,成年之后又辅佐颛顼帝,再加上本人聪明英武,发明弓矢,大大提高了颛顼部族的生产水平和军事战斗力,消灭了敌对势力,扩大了华夏族的疆域,得到颛顼帝的褒奖,赐为张姓,是顺理成章的事情。颛顼帝都濮阳,他的弓正官张挥掌管着高科技军事武器,肯定不会离开都城。清河县近几年建立挥公堂纪念挥公,应该给予赞扬,但以此作为张姓祖根地的证据未免有些牵强,当时是远古时代,不要说汽车,就是牛车也未发明出来,弓正官怎能远离都城,远离颛顼帝,到150多公里以外的清河郡上班呢！再说那时尚无清河郡或清河县。

四、从时间上也可判断张姓祖根地只能在濮阳

濮阳有悠久的历史和灿烂的古代文明，是中华民族发祥地之一。上古时代，五帝之一的颛顼就在此居住建都，故有“颛顼遗都”之称。距今大约 4000 多年，帝喾即位，亦都帝丘，帝丘仍为华夏部族的中心地区。1987 年在濮阳西水坡出土的距今约 6500 年的珍贵文物——蚌塑龙形图案，轰动国内外，被称为“中华第一龙”。据此，濮阳被命名为“龙乡”。颛顼时代挥公发明弓箭，推动社会进步和经济发展，被颛顼赐姓为张，这是可信的。但是张姓祖根地“清河说”和张姓始祖“解张说”就难站住脚。前面已讲到，清河郡县的建制从时间上讲要晚很多。西汉高帝四年（前 203 年）始建清河郡，以后又改清河县等，比黄帝长子玄嚣邑于顿丘要晚 2500 多年。更主要的是史籍记载始于清河的张氏，是东汉末年三国曹魏时期的张岱。《新唐书・宰相世系表》明确讲道：“清河东武城张氏本出汉留侯良裔孙司徒歆。歆弟协，字季期，卫尉。生魏太山太守岱，自河内（今河南沁阳）徙清河。”从郡望的角度讲，清河张氏确实是张姓家族中影响最大、声望最高的一支。张岱迁居清河之后，人丁兴旺，贤达辈出。特别是到了唐代，张文瓘连任宰相 12 年之久。文瓘有四子：张潜任魏州刺史，张沛任同州刺史，张洽为卫尉卿，张涉任殿中监。父子五人均官居三品以上，俸禄加在一起超过万石，被世人称为“万石张家”。文瓘之弟文琮任吏部侍郎。文琮有三子：张戬任江州刺史，张挹任兵部郎中，张锡在武后、韦后时两次拜相。唐高宗时考定四海望族，遴选十大姓为“国柱”，清河张氏位列首位。由此可见清河张氏的荣耀和显赫！以后的历史时期，清河张氏播迁四海，清河堂誉满八方。但他毕竟是流不是源，是枝不是根，只是张姓大家族中的一个支脉而已。

“解张是张姓始祖说”更不值得一驳。解张是晋国大夫，在晋齐之战中立下了赫赫战功，其子孙引以为荣，以解张之字命氏，以张为姓。这属于改姓，历史上类似情况也不少，如战国政治家范雎，为避仇人报复，改姓名为张禄。三国名将张辽原姓聂，其家族为避仇改姓为张。从时间上说，比张挥得姓要晚很多。况且张挥后人张仲原是周宣王的大臣，其后裔事晋为大夫，同在一国为官，比解张还早。解张怎能作为张姓始祖呢？解张充其量只能是解张家族改为张姓的这一支的先人。持“解张是张姓始祖说”的依据是宋人郑樵的《通志·氏族略·晋人字》，该书说道：“谱家谓，黄帝子少昊青阳氏第五子挥为弓正，观弧星始制弓矢，主祀弧星，赐姓张氏。此非命姓氏之义也。按，晋有解张，字张侯，自此晋国世有张氏，则因张侯之字以命氏，可无疑也。”显然这种说法到了荒谬可笑的地步。明明说的是挥始制弓矢，赐姓张氏，却说“此非命姓氏之义也”，对比解张早的张姓名人张仲充耳不闻、视而不见，武断地把解张说成是张姓始祖，实在是失之偏颇。欧阳修的《新唐书·宰相世系表》云：“张氏出自姬姓。黄帝子少昊青阳氏第五子挥为弓正，始制弓矢，子孙赐姓张氏。周宣王时有卿士张仲，其后裔事晋为大夫。张侯生老，老生趯，趯生骼。至三卿分晋，张氏仕韩。韩相张开地，生平，凡相五君。平生良，字子房，汉留文成侯。良生不疑。不疑生典。典生默……”欧阳修的这番文字记载了唐代的张姓宰相多人，涉及很多张姓望族，使汉代张良的先祖及后辈，有了一个较为清晰的传承脉络。宋以后的姓氏学家，大都遵循挥公为张姓始祖说。郑樵“解张为张姓始祖说”不仅在当时和者盖寡，还被清《姓氏寻源》的作者批为“谬矣”。

也难怪《宋史·郑樵传》评论他“好为考证伦类之学，成书虽多，大抵博学而寡要”，意思就是写的东西虽多，真正有价值、有分量的很少。求真、求实是史学研究、姓氏学研究的灵魂和准则，只有尊重历史事实，才能取得有价值的研究成果。历史不是泥巴，不能随意捏造，要采取严肃慎重的态度。当前现实生活中，包括学术界，存在的一个主要弊端就是心浮气躁、急功近利，这是必须要克服的。

五、民间传说

古清河流经濮阳，今濮阳市胡村乡的班家村、店当村就在古清河畔。这里至今还流传着挥公少年时在清河捕鱼的故事和在郊外打猎的故事，流传最广的是挥公用弓箭射落大雁和捉狼的故事。传说是历史的重要组成部分，特别是涉及伟大人物和重大历史事件方面的传说更多。虽然传说没有史书记载准确，甚至夹杂一些迷信色彩和神话故事，但不能完全否定它的真实存在。特别是在上古时代文字发明之前，即使有了文字，作为一般部落成员、奴隶、农民，没有掌握文字，只能靠口耳相传，代代延续下来。在濮阳民间还流传着张挥的一些故事，也佐证了张挥这个人物的真实存在。

河南是中华姓氏的主要发源地。在当今以人口数量多少而排名的 300 个大姓中，有 171 个姓氏的源头或部分源头在河南。在排名前 100 的姓氏中，有 78 个姓氏的源头或部分源头在河南。同时，河南也是姓氏文化大省。我国改革开放初期，河南省姓氏文化研究会等姓氏文化和姓氏宗亲组织纷纷成立。目前，学术研讨、寻根拜祖活动蓬勃开展起来，研究成果累累。就以张姓文化研究为例，目前张姓文化研讨会议已先后举办 8 次，收到论文达 500 余篇，公开出版的学术论著有《张姓源流》《张姓胜迹》《龙乡寻根》《张姓历代名人》《张氏名人传》《张姓渊源》《张姓祖根在濮阳》《论张姓族人的特点及其历史贡献》《张姓溯源》《汉留侯张良史集》《张良易学》等。1993 年 8 月，河南省姓氏文化研究会和河南冬阳影视公司联合拍摄百家姓系列片首集《张氏源流》，并在河南电视台和中央电视台播放，引起了强烈反响。1999 年我国在昆明世博园立了“源于河南的姓氏”碑，2010 年在上海世博会上悬挂的姓氏发源地图,均醒目地标识张姓发源于濮阳。关于张姓源流、播迁、发展以及张氏名人等论著的相继发表和传播,也引起了广大张氏宗亲特别是海外宗亲的极大兴趣和关注,主动到濮阳张挥陵园寻根拜祖的人络绎不绝,加强宗亲文化交流的热情持续高涨,促进地方经济发展的合作项目、投资数量也逐渐增多。随着中华民族的强大,海外华人更加眷恋祖国,更加怀念先人,我们姓氏文化研究组织和姓氏宗亲组织有责任和义务为他们牵线搭桥,打造宗亲联谊、文化交流的平台,满足他们拜祖敬贤的美好心愿,从而进一步加强海内外华人的紧密联系,弘扬和学习先人的高尚品德和可贵精神,进而为中原崛起、河南振兴以及中华民族复兴的大业做出贡献!

(本文作者为河南省社会科学界联合会党组副书记,世界张氏总会名誉主席,河南省姓氏文化研究会张姓委员会原会长)

关于张姓始祖的几个问题

李　乔

张姓是当今人口较多,有着悠久历史和重要影响的姓氏。因其起源于尚无文字记载的传说时代,后世在张姓始祖问题上一向众说纷纭。在谁是张姓始祖问题上,有始祖挥公说,有始祖罗公说,又有始祖解张说;在挥公与黄帝关系上,有挥公为黄帝之子说,又有挥公为黄帝之孙说;在张姓得姓方式上,有以官为氏说,有以邑为氏说,有以星宿名为氏说,又有以手纹为氏说。这些问题不仅关乎张姓族人对张姓始祖的认同,而且关乎张姓祖根地的确定,因此很有必要加以辩证。

一、挥公为张姓始祖

(一)始祖挥公

挥公为张姓始祖的说法,由来已久。由先秦时期史官修撰的《世本八种》

中就说:“黄帝第五子青阳生挥,为弓正,观弧星始制弓矢,主祀弧星,因姓张氏。”①北齐天保三年(552年)《张攀墓碑》载:“张氏,出自姬姓。黄帝子少昊青阳氏第五子挥为弓正,始制弓矢,子孙赐姓张氏。”唐代姓氏学专家林宝,在“穷究旧史”“诸家谱牒无不参详”基础上撰成的《元和姓纂》,其中关于张姓起源的记载与《世本》相同。② 唐人墓志中,挥公为张氏始祖的说法得到了张氏族人的普遍认可,如《大唐故清夷军仓曹兼本军总管张君(休光)墓志铭并序》云:“君讳休光,字芬,清河人也。昔挥为弓正,初开得姓之源。”③《大唐幽州节度随使押衙银青光禄大夫检校国子祭酒太原王公夫人清河张氏墓志》曰:“夫人姓自轩辕之弟子挥始造安实张罗网,世掌中其职,遂为氏焉。”④

到了宋元时期,挥公为张氏始祖的说法为更多人接受,《广韵》曰:“本自轩辕第五子挥,始造弦,实张网罗,世掌其职,后因氏焉。《风俗传》云,张、王、李、赵,黄帝赐姓也。”⑤《新唐书·宰相世系表》云:“张氏出自姬姓。黄帝子少昊青阳氏第五子挥为弓正,始制弓矢,子孙赐姓张氏。”⑥罗泌《路史·黄帝纪》云:“(黄帝)次妃彤鱼氏,生挥及夷彭,挥次十五子造弧矢及司率罟,受封于张,为弓氏、张氏。”⑦邓名世《古今姓氏书辩证》载:“(张)出自姬姓,黄帝子少昊青阳氏第五子挥,为弓正,始造弓矢,实张罗以取禽兽,主祀弧星,世掌其职,赐姓张氏。”⑧章定《名贤氏族言行类稿》引《元和姓纂》云:“黄帝第五子青阳生挥,为弓正,观弧星始制弓矢,主祀张星,因姓张氏。”⑨王应麟《姓氏急就篇》

---

① 〔汉〕宋衷注,〔清〕秦嘉谟等辑:《世本八种》,商务印书馆,1957年,第243页。
② 〔唐〕林宝撰,岑仲勉校记:《元和姓纂(附四校记)》,中华书局,1994年,第584页。
③ 吴钢主编:《全唐文补遗》第一辑,三秦出版社,1994年,第132页。
④ 周绍良主编:《唐代墓志汇编》,上海古籍出版社,1992年,第2402页。
⑤ 〔宋〕陈彭年等撰:《广韵》卷二,文渊阁《四库全书》本。
⑥ 〔宋〕欧阳修、宋祁撰:《新唐书·宰相世系表》,中华书局,1975年,第2675页。
⑦ 〔宋〕罗泌撰:《路史·后纪五·疏仡纪·黄帝纪上》,文渊阁《四库全书》本。
⑧ 〔宋〕邓名世撰,王力平点校:《古今姓氏书辩证》,江西人民出版社,2006年,第192页。
⑨ 〔宋〕章定撰:《名贤氏族言行类稿》卷二十五,文渊阁《四库全书》本。

曰:“张氏,自轩辕子少昊第五子挥始造弦,实张网罗,世掌其职,后因氏焉。”①吴奎《张氏家录序》称:“张氏之先,黄帝第五子青阳生挥,为弓正,主祀弧星,因氏焉。”②《张氏支谱》所收文天祥《张氏支谱原序》曰:“原系轩辕第五子,名挥,造弓取兽,因赐姓张。”③《张公行状》载:“公讳纲,字彦正,姓张氏。其源出于姬姓黄帝之后,青阳氏第五子挥为弓正,始制弓矢,子孙因赐姓焉。”④陈康伯《宋乾道九年张氏宗谱序》云:“粤稽张氏之先,始自轩辕氏第五子挥,为弓正,始制弓矢,张罗以取禽兽,主祀弧星,世掌其职,赐姓张氏,子孙因氏焉。”⑤舒岫《北门张氏族谱序》云:“张氏,黄帝第五青阳生挥,为弓正,观弧星始制弓矢,立祀弧星,遂以为氏。”⑥

明清以降,挥公为张氏始祖的说法得到普遍认可。明代文史学家宋濂在多篇张氏谱序、墓志中持此观点,如《戴亭张氏谱图记》曰:“张出自姬姓,青阳氏第五子挥为弓正,始造弓矢,实张罗以取禽兽,主祀弧星,世掌其职,赐姓张氏。”⑦《汉天师世家序》云:“张出自姬姓。轩辕子青阳氏第五子挥为弓正,始造弓矢,张罗以取禽兽,主祀弧星,世掌其职,赐姓张氏。”⑧《承事郎彰州府彰浦县知县张府君新墓碣铭》称:“张之为著姓尚矣,自轩辕第五子青阳生挥为弓正,观弧星始制弓矢,因姓张氏。”⑨张宇初《张氏宗系后序》也认为张姓始祖为挥公:“张氏,姬姓,系出轩辕子青阳氏第五子挥,为弓正,始造弓矢,张罗以取禽兽,主祀弧星,世掌其职,因赐姓张氏。”⑩

---

① 〔宋〕王应麟撰:《姓氏急就篇》卷上,文渊阁《四库全书》本。
② 〔明〕文章修,〔明〕张文海纂:《增城县志》卷十七,明嘉靖十七年刻本。
③ 〔清〕张际春修:《张氏支谱》,清光绪九年清河堂木活字本。
④ 〔宋〕张纲撰:《华阳集》卷四十,文渊阁《四库全书》本。
⑤ 〔清〕张孝轼纂修:《张氏宗谱》,清乾隆三十九年木活字本。
⑥ 〔元〕舒岫撰:《贞素斋集》卷二,文渊阁《四库全书》本。
⑦ 〔明〕宋濂著,黄灵庚编辑校点:《宋濂全集》,人民文学出版社,2014年,第184页。
⑧ 〔明〕宋濂著,黄灵庚编辑校点:《宋濂全集》,人民文学出版社,2014年,第597页。
⑨ 〔明〕宋濂著,黄灵庚编辑校点:《宋濂全集》,人民文学出版社,2014年,第1617页。
⑩ 〔明〕张宇初撰:《岘泉集》卷二,文渊阁《四库全书》本。

清代把挥公视为张氏始祖的文献不胜枚举,倪璠在为庾信的《周车骑大将军贺娄公神道碑》做注时引《姓谱》云:“自轩辕子少昊第五子挥观弧星,始造弓矢,为弓正,主祀弧,世掌其职,为张氏。”[①]康熙年间的《益都县志》云:“星垂弧矢,挥出青阳,弓正是职,因氏曰张。”[②]张君绍《族谱源流记》云:“张氏系出少昊金天氏第五子挥公,当诞时,始制弓矢,因赐姓为张。”[③]张继熙《张氏九修族谱源流序》云:“自少昊金天氏第五子挥公始制弓矢,张罗以取禽兽,为弓正,因赐姓张,故张氏自挥公始。”[④]《紫鹿张氏老源流总说》云:“黄帝轩辕第三妃有彤氏之女,生子曰挥,行第五,善制弓,命为弓正,封青阳王,主祀弧星,赐姓为张,时在金天高阳之上矣。”[⑤]《受姓郡望序》云:“若张氏之得姓,自轩辕帝第三妃彤鱼氏之子曰挥,观弧制矢,赐姓曰张,官封弓正,主祀弧星,居尹城,国于青阳,后改清河郡焉。”[⑥]《张氏分迁总序》云:“稽唐自乾封元年定姓氏,我张以清河名郡,溯其源乃有熊国君之子,黄帝第三妃彤鱼氏,生子曰挥,官弓正,国青阳,赐姓张,此乃得姓之原,为独早也。”[⑦]《张氏远祖世系纪略》云:“粤若黄帝二十有五子,得姓者十有四人,其第五子挥,帝三妃(彤)鱼氏之所出也,官弓正,制弧矢,赐姓曰张,主祀弧星,居尹城,国于青阳,号清阳郡公,后改清河郡。”[⑧]《张氏族谱分徙序》云:“尝阅其家谱,其先本于黄帝第五子,封清阳郡公,名挥,观弧制矢,赐姓曰张,官封弓正,主祀弧星,国于青阳,后改清河郡。”[⑨]《上湘潭台张氏源流引》云:“张氏出自姬姓,黄帝子少昊青阳氏第五子

---

① 〔北周〕庾信撰,〔清〕倪璠纂注:《庾子山集》卷十四,文渊阁《四库全书》本。
② 〔清〕陈食花修,〔清〕钟锷等纂:《益都县志》卷十二,清康熙十一年刻本。
③ 〔清〕张声超主修:《张氏九修族谱》,清同治五年孝友堂木活字本。
④ 〔清〕张声超主修:《张氏九修族谱》,清同治五年孝友堂木活字本。
⑤ 〔清〕张肇钟修:《张氏续修大成宗谱》,清光绪八年青阳堂木活字本。
⑥ 〔清〕张际春修:《张氏支谱》,清光绪九年清河堂木活字本。
⑦ 〔清〕张茂苇纂修:《张氏家乘》,清光绪二十一年青阳堂木活字印本。
⑧ 〔清〕张维藩纂修:《皖桐张氏宗谱》,清光绪三十二年清河郡白杨树德堂木活字本。
⑨ 张文楷等纂修:《沙河张氏宗谱》,1915 年木活字本。

名挥,为弓正,始制弓矢,子孙赐姓。”[①]《姚江逊桥张氏宗谱》云:“我张氏出自姬姓,黄帝有熊氏之后。(黄帝)三妃彤鱼氏,生二子:挥,夷鼓。(挥)行居第五,黄帝始制弓矢,命挥作弓,世掌弓正,主祀弧星,赐姓张氏。”[②]《长沙张氏源流序》云:“粤稽上古青阳氏第五子挥,官弓正,有功,肇封清河郡,赐姓张,此张氏受姓之始也。”[③]《长沙南轩张氏源流纪略》云:“粤稽得姓之初,缘黄帝第五子名挥,为弓正,观弧星,制弓矢,主祀弧,赐姓曰张,则张氏之由来已古。”[④]《泗阳县志》云:“张氏,望清河,少昊氏第五子挥为弓正,赐姓张。”[⑤]

(二)始祖罗公

在唐人墓志中,有把罗公说成是张姓始祖的。此种说法最早见于唐贞观年间《张育墓志》[⑥],墓志载:“君讳育,字永珍,魏郡邺人也。惟厥初生,肇承黄帝。枝流远祖,纂胤张罗。”[⑦]此后,《张祖墓志铭》《张举墓志》《张武夫人韩氏墓志铭》皆称墓主为罗公之后,墓志中有“张罗之后”[⑧]“张罗之苗裔”[⑨]“张罗公之后”[⑩]等语。《张周抗墓志铭》云罗公为黄帝之子:“公讳周抗,字智远,南阳人也。其先黄帝之子,生而有文见其手曰弓长。帝异之,并字锡为张氏,谥名曰罗。”[⑪]《张用墓志铭》云:“张氏之先,轩辕黄帝之苗裔,罗公之胤族。黄帝

---

① 〔清〕张芙初等纂修:《上湘潭台张氏三修族谱》,1917 年清河堂木活字本。
② 张宝琛等纂修:《姚江逊桥张氏宗谱》,1917 年裕裔堂木活字本。
③ 张登城等纂修:《张氏三修族谱》,1927 年孝友堂木活字本。
④ 张先炳等主修:《南轩张氏城南寿文房五修支谱》,1929 年孝友堂木活字本。
⑤ 李佩恩修,张相文、王聿望纂:《泗阳县志》卷二十一,1926 年铅印本。
⑥ 全称《隋故平州录事参军张君(育)墓志》,此处简称《张育墓志》,此后同类处理不再出注。
⑦ 吴钢主编:《全唐文补遗》第四辑,三秦出版社,1997 年,第 311 页。
⑧ 吴钢主编:《全唐文补遗》第六辑,三秦出版社,1999 年,第 314 页。
⑨ 吴钢主编:《全唐文补遗》第四辑,三秦出版社,1997 年,第 391 页。
⑩ 吴钢主编:《全唐文补遗》第七辑,三秦出版社,2000 年,第 428 页。
⑪ 吴钢主编:《全唐文补遗》第七辑,三秦出版社,2000 年,第 425 页。

时,蚩尤作乱,遂诏罗公设筹策以讨妖纷,计沉模而殄凶孽。公名既重,遂封南阳郡,因为氏焉。”①

(三)始祖解张

对于张姓始祖,还有另外一种说法,即解张之后有张氏。此种说法最早见于宋代著名文史学家郑樵的《通志·氏族略》。该书在“以字为氏·晋人字”下载:“张氏。世仕晋,晋分为三,又世仕韩,此即晋之公族,以字为氏者……晋有解张,字张侯,自此晋国世有张氏,则因张侯之字以命氏,可无疑也。”②明代凌迪知《氏族博考》采纳了郑樵的观点。曾认为张氏为挥公之后的宋濂,在《张氏谱图序》《故务光先生张公墓碣铭》中又支持郑樵的说法:“张,以字为氏,出于晋之公族,有解张者,其字曰张侯,故晋国世有张氏。而谱家谓少昊第五子挥为弓正,赐姓为张,则非也。”“公讳明卿,字子晦,姓张氏。其先出于晋公族解张,因其字张侯,故后人以字为氏。谱家谓轩辕之裔为弓正,而赐姓为张者,殆非也。”

上述三种说法,始祖挥公说认可程度较高,从上述所引用的资料中可以看出,虽然在得姓方式上,各书记载互有出入,但挥公为张姓始祖却是得到姓氏学家和张姓族人最广泛的认可的。而对于张氏源于解张的说法,张氏族人的认可程度不高,所见张氏族谱仅有清代江西《张氏大成族谱》所载《得姓受氏说》认可郑樵的说法,其言曰:“世之能姓氏者,皆本于《世本》《公子谱》二书,……张则以字为氏者也……张氏之先世仕晋,晋分为三,又世仕韩,此即晋之公族以字为氏者。谱家谓,黄帝子少昊青阳氏第五子挥为弓正,观弧星始制弓矢,主祀弧星,赐姓张氏。又按,晋有解张,字张侯,自此晋国世有张氏,则因张

① 吴钢主编:《全唐文补遗》第四辑,三秦出版社,1997年,第512页。
② 郑樵:《通志二十略》,中华书局,1995年,第109页。

侯之字以命氏，似可无疑也，而张氏受氏实由此始。”①

解张作为张姓始祖不被张氏族人认可是有原因的。解张，字张侯，是春秋时期的晋国大夫，在其之前已有西周宣王贤臣张仲，以孝友著称。《诗经·小雅·六月》中“侯谁在矣，张仲孝友”，歌颂的就是他。《新唐书·宰相世系表》对张仲有详细记载：“周宣王时有卿士张仲，其后裔事晋为大夫。”宋代金石学家薛尚功认为张仲就是《诗经》歌颂的宣王之臣：“张仲见于《小雅》，宣王臣也，所谓‘张仲孝友’者矣。”清代文献学家马国翰也认为“铭有‘必友飧饲’语，可为‘孝友’之证”。可见，在解张之前已有人姓张，解张作为张姓始祖显然不能成立。王利器、王贞珉在《汉书古今人表疏证》中肯定说：“张氏其来甚远，不得言始于张侯。”②

二、挥公是黄帝之孙

张姓始祖挥公为黄帝后裔已成共识，但在挥公与黄帝的关系上却存在着分歧。在上述所引文献中就有挥公为黄帝之孙、挥公为黄帝之子两种不同的说法。

（一）黄帝之孙

持挥公为黄帝之孙者以《世本八种》为代表，主要有：

《世本八种》	黄帝第五子青阳生挥③

① 〔清〕张景俊等纂修：《张氏大成族谱》，清光绪元年孝友堂木活字本。
② 王利器、王贞珉：《汉书古今人表疏证》，齐鲁书社，1988 年，第 284 页。
③ 〔汉〕宋衷注，〔清〕秦嘉谟等辑：《世本八种》，商务印书馆，1957 年，第 243 页。

续表

《张攀墓碑》	黄帝子少昊青阳氏第五子挥
《元和姓纂》	黄帝第五子青阳生挥①
《新唐书·宰相世系表》	黄帝子少昊青阳氏第五子挥为弓正②
《古今姓氏书辩证》	黄帝子少昊青阳氏第五子挥③
《名贤氏族言行类稿》	黄帝第五子青阳生挥④
《姓氏急就篇》	轩辕子少昊第五子挥⑤
吴奎《张氏家录序》	黄帝第五子青阳生挥⑥
《张公行状》	其源出于姬姓黄帝之后,青阳氏第五子挥⑦
《北门张氏族谱序》	黄帝第五青阳生挥⑧
《戴亭张氏谱图记》	青阳氏第五子挥⑨
《汉天师世家序》	轩辕子青阳氏第五子挥⑩
《张新墓碣铭》	轩辕第五子青阳生挥⑪
《张氏宗系后序》	系出轩辕子青阳氏第五子挥⑫
《上湘潭台张氏源流引》	黄帝子少昊青阳氏第五子名挥⑬

① 〔唐〕林宝撰,岑仲勉校记:《元和姓纂(附四校记)》,中华书局,1994年,第584页。
② 〔宋〕欧阳修、宋祁撰:《新唐书·宰相世系表》,中华书局,1975年,第2675页。
③ 〔宋〕邓名世撰,王力平点校:《古今姓氏书辩证》,江西人民出版社,2006年,第192页。
④ 〔宋〕章定撰:《名贤氏族言行类稿》卷二十五,文渊阁《四库全书》本。
⑤ 〔宋〕王应麟撰:《姓氏急就篇》卷上,文渊阁《四库全书》本。
⑥ 〔明〕文章修,〔明〕张文海纂:《增城县志》卷十七,明嘉靖十七年刻本。
⑦ 〔宋〕张纲撰:《华阳集》卷四十,文渊阁《四库全书》本。
⑧ 〔元〕舒頔撰:《贞素斋集》卷二,文渊阁《四库全书》本。
⑨ 〔明〕宋濂著,黄灵庚编辑校点:《宋濂全集》,人民文学出版社,2014年,第184页。
⑩ 〔明〕宋濂著,黄灵庚编辑校点:《宋濂全集》,人民文学出版社,2014年,第597页。
⑪ 〔明〕宋濂著,黄灵庚编辑校点:《宋濂全集》,人民文学出版社,2014年,第1617页。
⑫ 〔明〕张宇初撰:《岘泉集》卷二,文渊阁《四库全书》本。
⑬ (清)张芙初等纂修:《上湘潭台张氏三修族谱》,1917年清河堂木活字本。

（二）黄帝之子

持挥公为黄帝之子者以罗泌《路史》为代表，主要有：

《路史》	（黄帝）次妃彤鱼氏，生挥及夷彭①
文天祥《张氏支谱原序》	原系轩辕第五子，名挥②
《宋乾道九年张氏宗谱序》	始自轩辕氏第五子挥③
《紫鹿张氏老源流总说》	黄帝轩辕第三妃有彤氏之女，生子曰挥④
《受姓郡望序》	轩辕帝第三妃彤鱼氏之子曰挥⑤
《张氏分迁总序》	黄帝第三妃彤鱼氏，生子曰挥⑥
《张氏远祖世系纪略》	黄帝二十有五子，得姓者十有四人，其第五子挥⑦
《张氏族谱分徙序》	黄帝第五子，封清阳郡公，名挥⑧
《张氏本源一统志》	黄帝之妃嫘祖，生五子……五曰挥⑨
《长沙南轩张氏源流纪略》	黄帝第五子名挥⑩
《姚江逊桥张氏宗谱》	（黄帝）三妃彤鱼氏，生二子：挥、夷鼓⑪

《世本八种》是由先秦时期史官修撰的，是主要记载上古帝王、诸侯和卿大

① 〔宋〕罗泌撰：《路史·后纪五·疏仡纪·黄帝纪上》，文渊阁《四库全书》本。
② 〔清〕张际春修：《张氏支谱》，清光绪九年清河堂木活字本。
③ 〔清〕张孝轼纂修：《张氏宗谱》，清乾隆三十九年木活字本。
④ 〔清〕张肇钟修：《张氏续修大成宗谱》，清光绪八年青阳堂木活字本。
⑤ 〔清〕张际春修：《张氏支谱》，清光绪九年清河堂木活字本。
⑥ 〔清〕张茂苇纂修：《张氏家乘》，清光绪二十一年青阳堂木活字印本。
⑦ 〔清〕张维藩纂修：《皖桐张氏宗谱》，清光绪三十二年清河郡白杨树德堂木活字本。
⑧ 张文楷等纂修：《沙河张氏宗谱》，1915 年木活字本。
⑨ 张能惦等纂修：《遂安张氏宗谱》，1926 年敦厚堂木活字本。
⑩ 张先炳等主修：《南轩张氏城南寿文房五修支谱》，1929 年孝友堂木活字本。
⑪ 张宝琛等纂修：《姚江逊桥张氏宗谱》，1917 年裕裔堂木活字本。

夫家族世系传承的史籍，具有较高的可信度；而《路史》记述的是上古时期的历史、地理、风俗、氏族等方面的史事和传说，虽然资料丰富，但取材芜杂，很多材料来自纬书和道藏，神话色彩浓厚，《四库全书总目提要》评价《路史》时就说“皇古之事，本为茫昧。泌多采纬书，已不足据”，“皆道家依托之言”，“殊不免庞杂之讥”，因此，该书向来不为历史学家所采用。而且，《国语·晋语》称：“凡黄帝之子，二十五宗，其得姓者十四人为十二姓（有二人同为姬姓，二人同为己姓）。姬、酉、祁、己、滕、箴、任、荀、僖、姞、儇、依是也。”在这十二姓中没有张姓，可以断定挥不是黄帝之子。因此，挥公为黄帝之孙说应该是可信的。

三、张姓系以官为氏

（一）以官为氏说

张姓系以官为氏的说法，不仅出现较早，而且也最被认可。《世本》虽未明言张姓系以官为氏，但从其挥为弓正，“因姓张氏”，还是表明张氏得姓与官职有关。其后，黄帝之孙挥[①]始造弓矢，张网罗雀，后世子孙世为弓正之官，遂以官职为氏的说法，得到了广泛认可。

《世本八种》	（挥）为弓正，观弧星始制弓矢，主祀弧星，因姓张氏[②]
《张攀墓碑》	挥为弓正，始制弓矢，子孙赐姓张氏
《元和姓纂》	（挥）为弓正，观弧星始制弓矢，主祀弧星，因姓张氏[③]
《张休光墓志》	挥为弓正，初开得姓之源[④]

① 也有其他说法，但以此说居多。
② 〔汉〕宋衷注，〔清〕秦嘉谟等辑：《世本八种》，商务印书馆，1957 年，第 243 页。
③ 〔唐〕林宝撰，岑仲勉校记：《元和姓纂（附四校记）》，中华书局，1994 年，第 584 页。
④ 吴钢主编：《全唐文补遗》第一辑，三秦出版社，1994 年，第 132 页。

续表

《王夫人张氏墓志》	挥始造安实张罗网,世掌中其职,遂为氏焉
《张怀实墓志》	职为弓正,遂以张为氏
《张奉璋墓志》	制弧矢利,因命氏焉
《广韵》	(挥)始造弦,实张网罗,世掌其职,后因氏焉①
《新唐书·宰相世系表》	挥为弓正,始制弓矢,子孙赐姓张氏②
《古今姓氏书辩证》	(挥)为弓正……世掌其职,赐姓张氏③
《名贤氏族言行类稿》	(挥)为弓正……因姓张氏④
《姓氏急就篇》	挥始造弦,实张网罗,世掌其职,后因氏焉⑤
吴奎《张氏家录序》	(挥)为弓正,主祀弧星,因氏焉⑥
文天祥《张氏支谱原序》	(挥)造弓取兽,因赐姓张⑦
《张公行状》	青阳氏第五子挥为弓正,始制弓矢,子孙因赐姓焉⑧
《宋乾道九年张氏宗谱序》	(挥)为弓正……世掌其职,赐姓张氏⑨
《张继之墓志铭》	轩辕子为弓正,以其业氏⑩
《北门张氏族谱序》	(挥)为弓正……遂以为氏⑪
《戴亭张氏谱图记》	挥为弓正……世掌其职,赐姓张氏⑫

① 〔宋〕陈彭年等撰:《广韵》卷二,文渊阁《四库全书》本。
② 〔宋〕欧阳修、宋祁:《新唐书》卷七十二下,中华书局,1975 年,第 2675 页。
③ 〔宋〕邓名世撰,王力平点校:《古今姓氏书辩证》,江西人民出版社,2006 年,第 192 页。
④ 〔宋〕章定撰:《名贤氏族言行类稿》卷二十五,文渊阁《四库全书》本。
⑤ 〔宋〕王应麟撰:《姓氏急就篇》卷上,文渊阁《四库全书》本。
⑥ 〔明〕文章修,〔明〕张文海纂:《增城县志》卷十七,明嘉靖十七年刻本。
⑦ 〔清〕张际春修:《张氏支谱》,清光绪九年清河堂木活字本。
⑧ 〔宋〕张纲撰:《华阳集》卷四十,文渊阁《四库全书》本。
⑨ 〔清〕张孝轼纂修:《张氏宗谱》,清乾隆三十九年木活字本。
⑩ 〔元〕柳贯:《待制集》卷十二,《浏阳州学教授张君继之墓志铭》,文渊阁《四库全书》本。
⑪ 〔元〕舒頔撰:《贞素斋集》卷二,文渊阁《四库全书》本。
⑫ 〔明〕宋濂著,黄灵庚编辑校点:《宋濂全集》,人民文学出版社,2014 年,第 184 页。

续表

《汉天师世家序》	挥为弓正……世掌其职，赐姓张氏①
《张新墓碣铭》	挥为弓正……因姓张氏②
《张氏宗系后序》	（挥）为弓正……世掌其职，因赐姓张氏③
《周车骑大将军贺娄公神道碑》注	（挥）为弓正，主祀弧，世掌其职，为张氏④
《张氏九修族谱源流序》	（挥）为弓正，因赐姓张⑤
《紫鹿张氏老源流总说》	命（挥）为弓正……赐姓为张⑥
《受姓郡望序》	（挥）观弧制矢，赐姓曰张，官封弓正⑦
《张氏分迁总序》	（挥）官弓正，国青阳，赐姓张⑧
《张氏远祖世系纪略》	（挥）官弓正，制弧矢，赐姓曰张⑨
《张氏族谱分徙序》	（挥）观弧制矢，赐姓曰张，官封弓正⑩
《上湘潭台张氏源流引》	（挥）为弓正，始制弓矢，子孙赐姓⑪
《姚江逊桥张氏宗谱》	（挥）世掌弓正，主祀弧星，赐姓张氏⑫
《长沙张氏源流序》	（挥）官弓正……赐姓张⑬
《长沙南轩张氏源流纪略》	（挥）为弓正……赐姓曰张⑭

① ［明］宋濂著，黄灵庚编辑校点：《宋濂全集》，人民文学出版社，2014 年，第 597 页。
② ［明］宋濂著，黄灵庚编辑校点：《宋濂全集》，人民文学出版社，2014 年，第 1617 页。
③ ［明］张宇初撰：《岘泉集》卷二，文渊阁《四库全书》本。
④ ［北周］庾信撰，［清］倪璠纂注：《庾子山集》卷十四，文渊阁《四库全书》本。
⑤ ［清］张声超主修：《张氏九修族谱》，清同治五年孝友堂木活字本。
⑥ ［清］张肇钟修：《张氏续修大成宗谱》，清光绪八年青阳堂木活字本。
⑦ ［清］张际春修：《张氏支谱》，清光绪九年清河堂木活字本。
⑧ ［清］张茂苇纂修：《张氏家乘》，清光绪二十一年青阳堂木活字印本。
⑨ ［清］张维藩纂修：《皖桐张氏宗谱》，清光绪三十二年清河郡白杨树德堂木活字本。
⑩ 张文楷等纂修：《沙河张氏宗谱》，1915 年木活字本。
⑪ ［清］张芙初等纂修：《上湘潭台张氏三修族谱》，1917 年清河堂木活字本。
⑫ 张宝琛等纂修：《姚江逊桥张氏宗谱》，1917 年裕裔堂木活字本。
⑬ 张登城等纂修：《张氏三修族谱》，1927 年孝友堂木活字本。
⑭ 张先炳等主修：《南轩张氏城南寿文房五修支谱》，1929 年孝友堂木活字本。

续表

《益都县志》	弓正是职，因氏曰张①
《泗阳县志》	挥为弓正，赐姓张②

张氏以官为氏的说法，尽管在细节上略有差异，有说挥因发明了弓箭被黄帝赐姓者，有说因挥为弓正之官而以官职为姓者，有说因挥为弓正之官其后裔世袭弓正之职者，但都承认张姓得姓与制作弓箭这一职业有关。

（二）以邑为氏说

唐代多个张姓墓志说，黄帝之子因封于张邑，其后以邑名命氏，遂有张氏。唐代《张九皋神道碑》曰："公讳九皋，其先范阳人也。昔轩辕少子以弦弧受氏，别封于张……弦弧得姓，受邑于张。"《张仲晖墓志铭》云："公讳□□字仲晖，炖（敦）煌人也。其先黄帝之后，厥生必蕃，天下之人，罔不祗肃。弦木以取利，著姓以表勋，受邑于张，于是乎在……铭曰：黄帝之嗣，庸勋克彰，弱木利物，受邑于张。"③《张少华墓志铭》谓："副使讳少华，其先出自高辛氏之统系，分居四岳，以所封之地为氏。"④《张愿墓志铭》载："府君讳愿，字秦卿，赵中山人也。其先因封受氏，钟鼎相承，固以昭铄图书，踵武家谍矣。"⑤《赵夫人张氏墓志铭》云："夫人讳柔范，字内则，南阳人也。其先轩辕之后，食邑于张，因而著姓，世为华族。"⑥《张□墓志铭》谓："……张也，黄帝少子所封张……"⑦《纪

① 〔清〕陈食花修，〔清〕钟锷等纂：《益都县志》卷十二，清康熙十一年刻本。
② 李佩恩修，张相文、王聿望纂：《泗阳县志》卷二十一，1926 年铅印本。
③ 周绍良、赵超主编：《唐代墓志汇编续集》，上海古籍出版社，2001 年，第 646~647 页。
④ 周绍良、赵超主编：《唐代墓志汇编续集》，上海古籍出版社，2001 年，第 917 页。
⑤ 吴钢主编：《全唐文补遗》第一辑，三秦出版社，1994 年，第 203 页。
⑥ 吴钢主编：《全唐文补遗》第六辑，三秦出版社，1999 年，第 48 页。
⑦ 周绍良、赵超主编：《唐代墓志汇编续集》，上海古籍出版社，2001 年，第 629 页。

公妻张氏墓志》曰:“夫人姓张氏,其先清河东武城人。自帝鸿次子昌意封张而氏。”①

《路史》也说挥封于张,其后有张氏:“次妃彤鱼氏,生挥及夷彭,挥次十五子造弧矢及司率罟,受封于张,为弓氏、张氏。”②

一些张氏族谱也有说张氏得姓源于分封,民国江西上饶等地《清河张氏宗谱》所载《重修宗谱源流序》云:“稽古以来,遥遥千百年,分封受姓,则张氏之得姓独远,缺略之虞何必为谱牒讳哉?”③

(三)以星宿名为氏说

古代天文学中的井、鬼、柳、星、张、翼、轸等南方七宿,称朱鸟。其中井宿中的弧星,形如弓矢,《史记・天官书》说:“(天狼星)下有四星曰弧,直狼。”《正义》曰:“弧九星,在狼星东南,天之弓也。”④《宋史・天文志》说:“弧矢九星,在狼星东南,天弓也。”⑤挥因观弧星而发明了弓箭,因此,在唐人墓志中言及张姓起源时,将其与弧星联系在一起的不胜枚举。

《张贞墓志铭》	灵耀摛祥,感轩黄于姬渚;光流入应,降昊帝于华津。初则树德封荣,后乃观星命氏⑥
《张伽墓志铭》	少皞居尊,著紫宸于中县;朱星耀象,列火位于南方……其词曰:胄生朱鸟,族出金□⑦
《张楚贤墓志铭》	轩丘纂历,隆星精而命氏⑧

① 吴钢主编:《全唐文补遗》第七辑,三秦出版社,2000 年,第 123 页。
② 〔宋〕罗泌撰:《路史・后纪五・疏仡纪・黄帝纪上》,文渊阁《四库全书》本。
③ 诸葛清编纂:《清河张氏宗谱》,1941 年玉海堂木活字本。
④ 〔汉〕司马迁撰:《史记》卷二十七,中华书局,1959 年,第 1306、1308 页。
⑤ 〔元〕脱脱等撰:《宋史》卷五十一,中华书局,1977 年,第 1054 页。
⑥ 吴钢主编:《全唐文补遗》第三辑,三秦出版社,1996 年,第 430 页。
⑦ 吴钢主编:《全唐文补遗》第三辑,三秦出版社,1996 年,第 358~359 页。
⑧ 周绍良、赵超主编:《唐代墓志汇编续集》,上海古籍出版社,2001 年,第 126 页。

续表

《张运才墓志铭》	连胄黄枢，帝丘腾云构之族；分光紫极，天衢景灵耀之宗[①]
《苻太夫人张氏墓志铭》	羽宿垂芒，降灵源于翼次；实沉分野，□祷颂于参墟……乃为铭曰：系分朱鸟，派发黄熊[②]
《张节墓志铭》	南星命氏，北岳承家[③]
《张弘墓志铭》	南星命氏，北岳承家[④]
《张客墓志铭》	□星命氏，列壤开基[⑤]
《张仁祎墓志铭》	紫虬骖驾，启圣肇于芝图；朱鸟疏躔，得姓分于柳纬[⑥]
《张仁墓志》	孕灵轩系，命氏星弓[⑦]
《张君政墓志》	上当列宿，得朱鸟之一星[⑧]
《张敬玄墓志铭》	上察星躔，华耀连乎东井[⑨]
《张懿墓志铭》	玉耀南辉，抗炎精于翠凤[⑩]
《张览墓志铭》	开基朱鸟之郊，傍临烈宿[⑪]
《张成墓志铭》	天分五耀，族茂庆于云穹
《张雄墓志铭》	天分冀轸之星，地列敦煌之郡
《张愁墓志》	应德夫日，名诸翼振[⑫]

① 吴钢主编：《全唐文补遗》第三辑，三秦出版社，1996 年，第 391 页。
② 吴钢主编：《全唐文补遗》第六辑，三秦出版社，1999 年，第 307 页。
③ 吴钢主编：《全唐文补遗》第二辑，三秦出版社，1995 年，第 235 页。
④ 周绍良主编：《全唐文新编》第 5 部第 4 册，吉林文史出版社，2000 年，第 14297 页。
⑤ 周绍良主编：《全唐文新编》第 5 部第 4 册，吉林文史出版社，2000 年，第 14369 页。
⑥ 周绍良主编：《全唐文新编》第 2 部第 2 册，吉林文史出版社，2000 年，第 3352 页。
⑦ 周绍良主编：《全唐文新编》第 5 部第 4 册，吉林文史出版社，2000 年，第 14415 页。
⑧ 周绍良主编：《全唐文新编》第 5 部第 4 册，吉林文史出版社，2000 年，第 14434 页。
⑨ 周绍良主编：《全唐文新编》第 5 部第 4 册，吉林文史出版社，2000 年，第 14435 页。
⑩ 周绍良主编：《全唐文新编》第 5 部第 4 册，吉林文史出版社，2000 年，第 14453 页。
⑪ 周绍良主编：《全唐文新编》第 5 部第 4 册，吉林文史出版社，2000 年，第 14494 页。
⑫ 周绍良主编：《全唐文新编》第 5 部第 4 册，吉林文史出版社，2000 年，第 14546 页。

续表

《皇甫君妻张夫人墓志铭》	天文成象,珠躔降三杰之精①
《程府君夫人张氏墓志铭》	玄象应灵,列繁星而降祉②
《张忱墓志铭》	曾穹上列,次光曜于七星③
《张仁楚墓志铭》	在天成象,张星临火正之郊④
《张敞墓志铭》	鹊印传芳,孤星命氏⑤
《张时誉墓志铭》	天文命氏,黄石为符⑥
《张光祐墓志铭》	天垂象而南有七星,原夫受氏,盖所因矣⑦
《张贞慎墓志铭》	天之张也,朱方列星之位;地之张也,黄帝少子所封⑧
《张璬墓志铭》	弧星命氏,鹊印传芳,历三代以相韩,因五星而辅汉⑨
《呼延府君夫人张氏墓志铭》	张老发轮奂之讥,张星居翼轸之上。或相韩三世,或佐汉七叶⑩
《张士陵墓志铭》	张之受氏,绵自轩黄。厥后蕃昌,公侯不绝……其词曰:姓因列宿,系自轩后⑪

① 吴钢主编:《全唐文补遗》第二辑,三秦出版社,1995 年,第 313 页。
② 吴钢主编:《全唐文补遗》第七辑,三秦出版社,2000 年,第 321 页。
③ 周绍良主编:《全唐文新编》第 5 部第 4 册,吉林文史出版社,2000 年,第 14635 页。
④ 吴钢主编:《全唐文补遗》第二辑,三秦出版社,1995 年,第 382 页。
⑤ 周绍良主编:《全唐文新编》第 5 部第 5 册,吉林文史出版社,2000 年,第 14999 页。
⑥ 周绍良主编:《全唐文新编》第 2 部第 2 册,吉林文史出版社,2000 年,第 3767 页。
⑦ 吴钢主编:《全唐文补遗》第四辑,三秦出版社,1997 年,第 29 页。
⑧ 吴钢主编:《全唐文补遗》第一辑,三秦出版社,1994 年,第 176 页。
⑨ 周绍良主编:《全唐文新编》第 2 部第 3 册,吉林文史出版社,2000 年,第 4106 页。
⑩ 吴钢主编:《全唐文补遗》第二辑,三秦出版社,1995 年,第 563 页。
⑪ 吴钢主编:《全唐文补遗》第三辑,三秦出版社,1996 年,第 172~173 页。

（四）以手纹为氏说

唐代的墓志中，还有从“张”字得字由来，去解释张氏得姓由来的诞孕命姓的说法。如《张礼臣墓志铭》载：“昔轩姬诞孕，手文疏得姓之源……寻源讨氏，系自轩皇；孕珠含德，掌印弓长。”[①]《张周抗墓志铭》曰：“其先黄帝之子，生而有文见其手曰弓长。帝异之，并字锡为张氏，谥名曰罗。”[②]《张炅墓志》云：“轩辕之后子指张宿有孕，及诞，拳有张字，因而姓焉。”[③]《张液墓志铭》称：“始自轩辕帝之子。子初生，固握其掌；暨开，左而弓，右而长，因合为姓。”[④]更有墓志将张姓起源与手纹、星宿、五星几种说法糅合在一起的，如《张仲平墓志》就说：“张星属金，金者商也。金精变现，化为人，后乃生一子，两手不开。皇帝叹曰：若是吾子，手为吾开。两手得展，遂见左手中有弓，右手中有长。后以两□并之，乃成张字。即号□张星，便封为大将军。领百万之众，遍地血流，后乃封为河内郡王。自古天赐张氏之姓，皆为手把二字。及因张星而兴焉。”[⑤]

上述几种说法中，以星宿名为氏、以手纹为氏的说法仅见于隋唐张姓墓志中，其荒诞不经的说法，明显是门阀社会背景下，为标榜家族辉煌的伪造。对此，早在唐代贞观年间思想家吕才就曾给予驳斥，他说：“至于近代师巫，更加五姓之说。言五姓者，谓宫、商、角、徵、羽等，天下万物，悉配属之，行事吉凶，依此为法。至如张、王等为商，武、庾等为羽，欲似同韵相求；及其以柳姓为宫，以赵姓为角，又非四声相管。其间亦有同是一姓，分属宫商，后有复姓数字，徵

① 周绍良、赵超主编：《唐代墓志汇编续集》，上海古籍出版社，2001 年，第 395~396 页。
② 吴钢主编：《全唐文补遗》第七辑，三秦出版社，2000 年，第 425 页。
③ 吴钢主编：《全唐文补遗》第一辑，三秦出版社，1994 年，第 200 页。
④ 吴钢主编：《全唐文补遗》第二辑，三秦出版社，1995 年，第 54 页。
⑤ 吴钢主编：《全唐文补遗》第七辑，三秦出版社，2000 年，第 429 页。

羽不别。验于经典,本无斯说,诸阴阳书,亦无此语,直是野俗口传,竟无所出之处。唯堪舆经,黄帝对于天老,乃有五姓之言。且黄帝之时,不过姬、姜数姓,暨于后代,赐族者多。至如管、蔡、郕、霍、鲁、卫、毛、聃、郜、雍、曹、滕、毕、原、酆、郇,并是姬姓子孙;孔、殷、宋、华、向、萧、亳、皇甫,并是子姓苗裔。自余诸国,准例皆然。因邑因官,分枝布叶,未知此等诸姓,是谁配属?又检《春秋》,以陈、卫及秦并同水姓,齐、郑及宋皆为火姓,或承所出之祖,或系所属之星,或取所居之地,亦非宫、商、角、徵,共相管摄。此则事不稽古,义理乖僻者也。"[1]而以邑为氏说中的张地仅见于《路史》,其可信程度不高,王利器、王贞珉就认为"有张以采邑命氏。亦未确"[2],唯有以官为氏的说法符合中国古代赐姓命氏制度,也是张姓得姓的唯一来源。

(本文作者为河南省社会科学院河洛文化研究中心副主任、研究员,河南省姓氏文化研究会副秘书长)

① 〔后晋〕刘昫:《旧唐书》卷七十九,中华书局,1975年,第2720~2721页。
② 王利器、王贞珉:《汉书古今人表疏证》,齐鲁书社,1988年,第284页。

张姓的历史与文化

袁义达

张姓是中国三大姓氏之一,在人口排名上稳居第三位,尤其在北方地区和东北地区最有影响。当代张姓人群大约占了全国人口的6.8%,总人口大约在8900万,是当代世界上最大的同姓人群之一。①

一、张的本义和图腾

张的本义是“施弓弦”,把弦绷在弓上,将要开弓,与“弛”相对。张,在金文中是幅弓上已经安置好了箭的形状。引申为开弓、上弦、捕捉、伸展等意义。张,也是星名。张星属于朱雀七宿中的第五宿,其天象的排列形状似弓,称为弧星,亦称“天之弓”,是擅长制造弓箭氏族崇拜的原始天象图腾,进而成为氏

① 河南是大姓的故乡,中国科学院遗传发育所姓氏群体遗传与进化研究组组长袁义达提供的资料显示:当今中国人口最多的前100个大姓中,有73个姓氏都在河南找到了发源地;且名列前五名的大姓中,李、张、陈均出自河南,其余两姓,王姓最早的一支及刘姓最主要的源头也在河南。

族名、地名和姓氏。

二、张姓的起源

张姓得姓可追溯到黄帝时代，距今已有5000多年的历史。《新唐书·宰相世系表》中提到张姓起源时说："黄帝子少昊青阳氏第五子挥为弓正，始制弓矢，子孙赐姓张氏。"挥是黄帝时代姬姓部落中一个氏族的重要首领，也是姬姓部落的一名星官。挥氏族以张星为氏族图腾。挥在观察天象时发现其排列形状似弓，称之为弧星，也称"天之弓"。由此，挥发明了弓箭和网罗，大大提高了氏族猎捕禽兽的能力，在黄帝部落中的地位十分显赫。挥氏族祀奉张星为氏族的图腾，以弧星的弓箭状图形作为氏族的徽识和氏族名，由氏族名而得姓张。

三、少数民族基因的融入

张姓作为中国三大姓氏之一，绝不会是单一血统遗传下来的群体。在汉初，张姓中开始融入了大量的北方民族的血液，这些民族包括汉唐时期的匈奴、羯、高丽、鲜卑、回纥、契丹、突厥沙陀和蜀地巴人，还有金时女真人、宋时西夏党项人、元时蒙古人、清时满洲人等。尤其在东北地区，近代的满洲各族人大批改姓张，使北方地区的张姓人口更快速地增长，这些少数民族张姓多数很快被同化成为汉族。

四、历史上张姓的分布和迁移

张姓氏族最早活动于青阳，古地在今河南濮阳和河北清河一带。之后张姓一直默默无闻,氏族的迁徙路线也不明,可能那时已悄悄迁入了山西。直至西周宣王时期,在陕西地区出现了张姓的踪迹,西周青铜器皿上铭有张伯、张仲,他们是西周的贵族。张仲辅佐周宣王,使西周得以中兴。

春秋时晋国是张姓发展历史上最重要的地区,河东“解邑张城”是张姓重要的聚集地和发祥地。张氏世代事晋,晋灭后事韩。张老、张侯(即解张)均是晋国的大夫。张老的后代韩国贵族张良成为汉朝开国第一功臣,解张也被一部分张姓后裔奉为先祖。在西周、春秋战国时期,张姓人群主要活动于山西、陕西、河北、河南、山东等地区。

秦汉是张姓向四周发展和繁衍的重要时期,张姓在秦初就进入了“天府之国”四川,张姓族人多为三晋贵族的后裔,在反秦战争和随后的楚汉之争中,政治倾向鲜明,英勇善战,足智多谋,在战争中纷纷建功立业、封侯赐爵。张姓迅速蔓延,由关中闯入四川。西进甘肃纵深,张骞奉旨出使西域,贯通丝绸通道,安定宁夏、守边卫疆。张姓人群活动地区迅速发展到整个北方、西北和四川地区。其发展之迅猛是其他姓氏所不可比拟的,事实上张姓是当时北方地区的第一大姓。同时,西汉留侯张良的后裔从陕西出发,徙河北入江苏,渡过天堑长江,首次进入江南。西汉末,张姓已经到达浙江、江西和福建了。

进入魏晋南北朝之后,由于北方的战乱和少数民族大批进入中原,张姓随其他的华北居民一起向南方和东南迁移,同时继续向有雄厚张氏基础的西北发展。西晋末,张姓族人通过渤海湾首次涉足东北,渤海湾地区成为张姓人群重要的聚集中心,这种状态一直延续到今天。唐宋时张姓开始向湖广和云贵地区移民,明朝永乐年间由广东始入台湾地区。

宋朝时期,张姓大约有 490 万人,约占全国人口的 6.3%,排在王、李之后,为宋朝第三大姓。张姓第一大省是山东省。在全国的分布主要集中于山东、河南两省,两省张姓人口大约占张姓总人口的 27.7%,其次分布于四川、河北、陕西、湖南、湖北、山西、甘肃、江西八省,又集中了 54.5%。全国形成了华北、西北和中原地区三个张姓人口聚集中心。

明朝时期,张姓大约有 560 万人,约占全国人口的 6%,为明朝第二大姓。张姓人口在全国的分布主要集中于江苏、浙江、江西三省,大约占全国张姓人口的 36%,江苏一跃成为张姓第一大省。从中可以看到,张姓的人口主要向东南地区迁移,而四川地区张姓人口主要向湖广地区迁移。全国形成了南方赣浙苏、北方晋鲁冀豫陕两大块张姓人口聚集地区。

五、当代张姓的分布和图谱

当代张姓的人口已达到近 8900 万,大约占全国人口的 6.8%。宋朝至今 1000 多年,张姓人口的增长率呈上升的态势。张姓人口在全国的分布,目前主要集中于河南、山东、河北三省,大约占张姓总人口的27.5%;其次分布于安徽、江苏、四川、湖北四省,又集中了20.8%。河南居住了张姓总人口的10.7%,为当代张姓第一大省。全国形成了以长江为界的高比例的北方张姓区和低比例的南方张姓区。

张姓分布很广,但很不均衡。在鲁、豫、冀、晋、内蒙古、京、津、陕、宁、甘大部,青海东部,黑、吉、辽、川、渝、鄂、皖、苏等地,张姓占当地人口的比例在 7%以上,最高可达 10%,这些地区占了国土面积的 36%,居住了大约 60%的张姓人口。在川、渝、鄂、皖、苏、云、贵、赣、浙、闽、台、湘北、粤东、桂西和新疆北部,张姓人口比例一般达 4.2%—7%,这些地区约占国土面积的 32%,居住了大约 35%的张姓人口。

六、张姓的郡望和族谱、名人

张姓的郡望多达 26 个,有清河、范阳、太原、京兆、南阳、敦煌、安定、襄阳、洛阳、河东、始兴、冯翊、吴郡、平原、河间、中山、魏郡、蜀郡、武威、犍为、沛郡、梁郡、汲郡、河内、高平、上谷等。

张姓族谱、家谱很多,目前在上海图书馆中收藏和登记的张姓族谱及目录约为 2652 部。全国其他单位和美、日等国的图书馆还收藏有张姓族谱约 1433 部。

《中国人名大辞典》收入了张姓历代名人 1741 名,占总名人数的3.83%,排在名人姓氏的第三位。张姓的著名文学家占中国历代文学家总数的4.95%,排在第三位。张姓的著名医学家占中国历代医学家总数的5.34%,排在第二位。张姓的著名美术家占中国历代美术家总数的5.58%,排在第二位。

张姓是一个大姓,从战国时游说六国连横事秦的张仪开始,张姓人才层出不穷:汉初辅佐刘邦得天下的大臣张良,出使西域的张骞,科学家张衡,医学家张仲景;三国蜀国大将张飞,魏国名将张辽;唐朝名相张说、张九龄;北宋哲学家张载;南宋大臣张浚;金代医学家张子和;元朝诗人张翥;明朝政治家张居正;清朝洋务派名臣张之洞,著名姓氏学者张澍等。

(本文作者为中国科学院研究员,中华伏羲文化研究会副会长)

濮阳张姓寻根活动回顾

张焕书

一、市委指示　弄清史实

濮阳民间很早就有张姓起源于濮阳的传说，但没有引起人们的重视。

1993 年，河南冬阳影视公司根据河南省姓氏专家研究的成果和电视脚本，在中华张姓起源地——濮阳拍摄了中国百家姓系列片首集——《张氏源流》，相继在河南电视台、中央电视台及东南亚一些国家电视台播放后，引起强烈反响，更引起了濮阳市、县党委和政府的重视。当时的濮阳市委领导指示濮阳县委、县政府一定要认真考察张姓起源，弄清张姓起源于濮阳的历史事实。

二、姓氏考察　四处奔波

1994 年 10 月，濮阳县委、县政府在濮阳县委招待所召开了第一次张姓起源学术研讨会。会议就“张姓源于濮阳”做了深入探讨，并组成了“张姓起源考察小组”。考察小组先后赴河南郑州、河南开封、河北清河、山西太原等地，请教专家学者，广泛搜集查阅有关历史文献资料，实地考察了古黄河、古清河故道，专访了清丰、内黄等周边县史志工作者，写出了《张姓起源考察报告》，做出了考察结论：中华张姓始祖为挥公，得姓于帝丘（今河南濮阳），帝丘是张姓先民最早的居住地、张姓始祖的得姓地、张姓始祖挥公的陵寝地，张姓源于濮阳。河北清河则是张姓最有名的郡望之一，而不是起源地。山西太原说“台骀庙即张氏祖庙”，于史无据。

三、认真研讨　厘清史实

为进一步搞清张姓起源的史实，1995 年 2 月，濮阳邀请国内著名专家学者召开了第二次张姓起源学术研讨会。会上，濮阳县张姓起源考察小组组长对考察情况做了汇报。与会专家学者表示赞同，并撰写了多篇关于“张姓起源”的学术论文，大家一致认为：在黄帝时代，帝丘是华夏族和东夷族交界地区，黄帝必须在此设防，便把长子玄嚣派到了顿丘，把次子昌意派到了顿丘以北百余里的仓颉领地，并在那里修了昌意城。挥公幼年是在其父的封邑顿丘度过的，年长在帝丘辅佐帝颛顼，观弧制矢，官封弓正，亦称弓长，以职官字赐姓张。此次研讨会之后，《光明日报》《河南日报》等报刊均发了消息，选登了部分学术论文。《中原石油报》为本会发了专版。

本次探讨会之后，相关领导于 4 月、6 月两次赴京向有关专家学者汇报了张姓起源的研究成果，受到了专家学者们的赞扬和肯定，并欣然题词。10 月，根据本次研讨会收到的论文汇编成的《龙乡寻根》一书，收录了这些题词。

四、重修陵园　接待嘉宾

1996年6月，张姓起源研究会筹委会会长闫道忠，作为“中国百家姓电视采访团”成员，赴新加坡、泰国、马来西亚等东南亚国家采访并进行姓氏文化交流。张姓源于濮阳的科研成果得到海内外赤子，特别是张姓族人的认可，不少张姓族人表达了回国莅濮祭祖的愿望。

9月，时任濮阳县张氏历史文化研究会会长应邀赴马来西亚，参加了全马第14届华人文化节，并访问了新加坡、泰国等国家和中国香港等地区的张姓宗亲组织，向他们介绍了濮阳张姓文化研究会和筹建张挥公园的情况，并向他们赠送了《张氏源流》电视片和《龙乡寻根》一书。

10月，成立了“张挥公园筹建委员会”，在县委、县政府的支持下，张姓宗亲和社会各界为筹建张挥公园捐款达70多万元。

12月18日，“濮阳县姓氏历史文化研究会暨中国濮阳张姓研究会”正式成立。设会长、副会长、秘书长、副秘书长和办公室。

1998年2月25日，在挥公墓古遗址——今濮阳老城外之“老虎台”高地，举办了“张挥公园”奠基仪式。濮阳市、县领导同志共同挥锹破土，张挥公园开工建设。

1998年11月12日，马来西亚著名华人企业家、世界福州十邑同乡总会会长、马来西亚对外贸易促进发展局董事、星洲日报社社长、国民日报社社长、明报报业有限公司主席张晓卿先生率领世界福州十邑同乡总会同人组成的考察团一行12人莅濮寻根拜祖，激动得喜泪盈眶，说：“这回我可找到老根了！”晓卿先生题词留念，捐资10万元人民币。

张晓卿先生带了个头，紧接着，台湾同胞张振东先生一行22人、泰国顺和成总裁张锦程先生一家人、福建张氏委员会主任张森霖等人先后莅濮拜祖，进行文化交流。

五、文化联谊　广交朋友

2001 年 1 月，濮阳市委、市政府决定：自 2001 年 4 月 5 日起开展“黄金旅游 100 天”活动，张姓寻根联谊确定为主要活动之一，该活动至 8 月 1 日结束。

2001 年 3 月 12 日，濮阳县委、县政府动员县直各单位和城关镇全体干部到张挥公园义务植树，班子领导分片包干，一周内植树数十万棵。

4 月 5 日，濮阳张姓研究会和市旅游局在张挥公园召开“中华张姓文化寻根联谊大会”，来自新加坡及中国福州、厦门、漳州、北京、郑州等地的张姓宗亲 300 余人参加。濮阳市、县领导陪同来宾举行了祭祖活动。下午，在濮阳宾馆举行“中华张姓文化寻根学术交流会”。著名历史学家朱绍侯到会讲话，与会宗亲热烈发言。晚上，市政府举行了招待酒会和濮阳市“黄金旅游 100 天”开幕式。濮阳电视台、河南电视台和中央电视台，新华社、人民日报社等数十家新闻单位采访报道。

六、共襄盛举　筹建“世张”

在国内外张姓宗亲纷纷莅濮拜祖的同时，濮阳市、县各级领导先后走出省界或国门，寻亲访友，宣传濮阳，广结善缘。

2002 年 12 月 8 日，马来西亚槟城张氏清河堂举行 111 周年庆典，中国濮阳张姓研究会与新加坡张氏总会、泰国张氏总会、吉隆坡龙岗亲义总会应邀前往祝贺。濮阳张姓研究会会长张广恩等一行 5 人，途经香港、澳门到槟城参加会议。8 日上午，在槟城张氏清河堂一楼大厅举行联谊座谈会。大家重提筹建世界张氏联谊总会的事，各家积极性都很高。5 年前，即 1997 年，新加坡张氏总会庆祝60周年纪念的时候,举行世界恳亲大会交流会,策划组织世界张氏联谊总会筹备会,砂拉越张氏公会签署了成立世界张氏联谊总会的声明。新加坡做了大量的联络工作,但是由于种种原因,5年之后仍未能如愿。

在槟城座谈会上,张广恩代表中国濮阳张姓研究会在会上发言:"海外许多宗亲会都有世界性的组织,我们张家成立世界性组织正是人心所向,可以说万事俱备,只欠东风。这个东风就是,有一个在全球张氏宗亲中德高望重、影响最大的人登高一呼。我建议请马来西亚常青集团董事局主席丹斯里拿督张晓卿出山。"这个发言得到了与会宗亲的热烈响应。大家一致赞同委托濮阳与会宗亲与张晓卿宗长联络。槟城拿督张渊秋宗长与砂拉越张氏公会取得联系,并亲自帮助张广恩一行订了到古晋的机票。张渊秋会长还特意赠给张广恩会长一套珍贵锡器,张广恩将其视为珍宝,珍藏家中。

12月11日,张广恩一行3人来到古晋,拿督张仕国及各位宗亲已在机场迎接,驱车近2个小时,到达美丽的诗巫市。这里又名小福州,是一座华人居住比较集中的城市,也是张晓卿家族的创业发迹之地。张仕国宗长在诗巫的北京饭店已安排好了食宿,张广恩会长一行受到了高规格极具亲情的接待。访木材厂、星洲时报社,赏拉浪江风情,品三文鱼宴,到张仕国宗长家做客,参加盛大的欢迎宴会……返濮后,张广恩会长还感叹:"那段日子使我终生难忘!"

12月12日,张广恩一行拜访张晓卿。张晓卿宗长的办公大楼坐落于拉浪江在诗巫的转弯处,那可真是一块儿风水宝地。张广恩会长说明了来意,表达了参加槟城庆典活动的各地宗亲恭请他出面筹组世界张氏总会的真诚意愿。张晓卿宗长欣然应允,并决定派张强开、张延真为代表参加新加坡会议。次日,《星洲日报》重要版面,刊载了通栏标题为《中国濮阳张广恩访问诗巫。世界张氏总会呼之欲出,拟推举丹斯里拿督张晓卿出任首届会长》的文章。

12月18日,张广恩一行由砂拉越直飞新加坡,参加新加坡张氏总会庆祝

65周年纪念大会和新大厦扩建落成庆典。与会团体有中国台湾张廖简宗亲总会、中国濮阳张姓研究会、威省张氏清河堂、槟城张氏清河堂、泰国张氏总会、砂拉越张氏公会、亚庇清河堂张氏公会、斗湖清河堂张氏公会、新加坡张氏总会等12家,共78位代表。大会再次举行交流会探讨世界张氏联谊总会事宜。经过讨论交流,大会决定以“世界张氏总会”命名。大会一致同意中国濮阳代表团张广恩会长的提议,由砂拉越张氏公会会长丹斯里拿督张晓卿主持“世界张氏总会”成立,并担任首任会长。砂拉越张氏公会的代表张强开表示感谢新加坡前期的筹备工作和大家对张晓卿的信任,接受筹组“世界张氏总会”的责任。

经过砂拉越张氏公会的不懈努力,世界张氏总会于2003年9月19日在中国香港正式注册。

2003年11月28—30日,适逢砂拉越张氏公会成立17周年和新会所落成志庆,举行世界张氏总会成立典礼和世界张氏首届恳亲大会。大会聚集世界各地32个代表团近千人,气氛热烈,庄严隆重,世界张氏总会宣告成立。会长张晓卿,副会长张天成(新加坡)、张广恩(中国河南)、张森霖(中国福建)等10人。本次大会做出两项决议:一是反对“台独”,发表声明主张促进中国和平统一,反对台湾独立;二是确定下届恳亲大会在中国濮阳召开。

七、嘉宾云集　盛会空前

2005年4月27—30日,“世界张氏总会第二届恳亲大会暨第二届中华张姓始祖挥公受封得姓纪念大会”在中华张姓起源地濮阳隆重举行。本次大会,由濮阳市人民政府、世界张氏总会第二届恳亲大会工委会主办,濮阳县人民政府、中国濮阳张姓研究会承办,国务院侨务办公室、中华全国归国华侨联合会、河南省归国华侨联合会、河南省工商业联合会联合协办。参加本次盛会的有来自马来西亚、新加坡、泰国、印度尼西亚、菲律宾、美国、韩国、西班牙等国家和中国香港、澳门、台湾、北京、上海、福建、广东、山西、河北、海南等地区的1600余名张氏宗亲。时任全国政协副主席张克辉莅会为挥公大殿内的挥公金身塑像揭幕并植树留念，省、市、县的有关领导出席。世界张氏总会创会会长丹斯里拿督张晓卿、马来西亚国会议员张泰卿、世界张氏总会名誉会长张允伏等莅会。朱绍侯等著名专家学者莅会。可谓群贤毕至，欢聚一堂，敦睦宗谊，共谋发展。大会开得隆重热烈，成果丰硕。

2010年4月27—29日，中国濮阳隆重举行"2010中华张姓始祖挥公受封得姓纪念大会暨中国濮阳张姓研究会成立十五周年庆典"。时任全国政协副主席张梅颖莅会宣布大会开幕并植树留念。省、市、县有关领导及世界张氏总会有关领导人出席。参加大会的宗亲组织达40多个，2000多人。本次盛会得到了各方的大力支持。大会开得热烈活泼、成果丰硕、异彩纷呈，来宾满意而归。

2005年和2010年两次大会之后，挥公陵园每年4月28日皆有自发的重大祭祖活动。平时，海内外张姓宗亲络绎不绝，挥公陵园香烟缭绕。张姓研究会则盛情接待，亲情无限。"张姓遍天下，祖根在濮阳"，已深深印入天下张姓宗亲的心中。

（本文作者为濮阳张姓文化研究会副会长）

第四章　张姓家谱研究

张姓根源及明清安徽《张氏宗谱》版本述略（节选）

张殿兵

张姓是我国人数众多、分布极广的大姓之一，仅次于李姓和王姓，排名第三，人口总数近1亿。张姓曾有几十个望族。该姓具有三个明显的特点：一是得姓较早，源远流长；二是族大支繁，遍及全国；三是人才辈出，数不胜数，从古至今，历代皆有张氏的杰出人才。他们在历史上为中华民族的繁荣昌盛起到过非常重要的作用，及至今天，张姓家族仍然为国家、社会的经济发展奉献着。

一、张姓根源始祖

关于张氏的得姓缘由，古文献有三种记载：一是“挥始制弓矢，官为弓正，主祀弧星，世掌其职，赐姓张氏”；二是“挥始造弦弧，以张网罗取禽鸟，世掌其职，遂以为氏”；三是“挥封于张，为张氏”。尽管古文献关于挥的记载有分歧，但都承认挥制弓矢、任弓正和祭祀弧星这些基本事实。

但挥之后,张姓默默无闻,迁徙路线也不明了。到西周宣王时期,陕西地区突然出现了张姓的踪迹。在出土的这一时期的青铜器皿上铭有“张伯”“张仲”的人名字样。张仲是信史中可确定的第一人,他的居住地在西周都城镐京(今陕西西安长安区西北),已成为目前可确认的张姓人最早的栖息地。但张仲犹如夜空中的流星,其后代的传衍情况化为历史云烟,无影无踪。直到前6世纪,以字为氏的解张的后代才重新出现在历史的舞台上。

关于张姓起源,还有始祖解张说。这种说法源自宋人郑樵的《通志·氏族略》:“晋有解张,字张侯,自此晋国世有张氏,则因张侯之字以命氏,可无疑也。赵有张谈,韩有张开地,赵、韩分晋,皆张侯之裔也。”如果说晋之解张是张氏族中另一张姓得姓发源,也说得过去。倘若说为张姓始祖,并不是“可无疑也”,而是大错特错。

因为早在周宣王时代就有一位叫张仲的人出现了。西周时宣王即位第5年,即前823年,派尹吉甫讨伐猃狁。为此《诗经》记载了尹吉甫得胜还朝受到宣王嘉奖后,从周都镐京回到驻地同好友欢宴时的情景。《诗经·小雅·六月》:“侯谁在矣,张仲孝友。”注曰:“张仲,吉甫友也。善父母曰孝,善兄弟曰友。此言吉甫燕饮喜乐……而孝友之张仲在焉。”由此可知,张仲以孝友著称于时,并能参加周宣王大将吉甫的宴会,可见他也是历史上一位赫赫有名的人物。这里《诗经》记载的周宣王时的张仲比晋国的解张要早250年左右。

宋代邓名世认为张姓起源于挥,他在《古今姓氏书辩证》中说:“(张)出自姬姓,黄帝子少昊青阳氏第五子挥,为弓正,始造弓矢,实张罗以取禽兽,主祀弧星,世掌其职,赐姓张氏。周宣王时有卿士张仲,其后裔事晋为大夫。”

欧阳修《新唐书·宰相世系表》载:“周宣王时有卿士张仲,其后裔事晋为大夫。张侯生老,老生趯,趯生骼。至三卿分晋,张氏仕韩。”欧阳修认为张仲是挥的后代,尽管由挥到张仲之间出现一段历史缺环,由于史书失载,后人也无法使其衔接上，但从姓氏渊源来考，晋国张氏出于姬姓，而挥在得姓张氏之前也源出姬氏，故说张仲为张挥的后代。

张氏始祖张挥说，其实比宋人郑樵更早的唐朝林宝已经交代清楚了。他在《元和姓纂》一书中说："黄帝第五子青阳生挥，为弓正，观弧星始制弓矢，主祀弧星，因姓张氏。"比唐代林宝更早的东汉应劭在《风俗通义・姓氏篇》中说："张、王、李、赵，黄帝赐姓也。"而更早的《世本》载："黄帝第五子青阳生挥，为弓正，观弧星始制弓矢，主祀弧星，因姓张氏。"春秋时期《庄子》一书中提到黄帝时有张若，似可根据此一线索进行张姓起源的考证。

关于张姓的发源地，即得姓地望。文献记载，目前有三种说法：一是河南濮阳，二是河北清河，三是山西太原或永济。

张氏得姓地望以及得姓始祖挥的活动地区，文献上没有明确记载。我们只能从挥的父亲玄嚣进行考证。《史记・五帝本纪》载："玄嚣，是为青阳，青阳降居江水。"即玄嚣降生在江水，封邑在青阳。但玄嚣的降生地与挥的活动地域关系不大，玄嚣的封邑青阳应该是挥成长、活动的地方。

"清"和"青"两字古代通用。古代又以山南水北为阳，山北水南为阴。因此，人们认为，青阳就是清水的北面。

历史上清水有两个源头：一是河南获嘉县北黑山，二是今山西省高平县。后者就是古代的丹水，它向南穿太行山，东流入吴泽陂，然后注入发源于获嘉县北黑山的清水。再向东北流，经今河南省新乡市、卫辉市、淇县、内黄县，然后进入河北省的魏县、清河县、沧州市，至天津市入海。周定王五年（前602年），黄河改道，南注黎阳，清水就由此流入黄河。由于年长日久，加之黄河改道因素，致使河道淤塞，或某段河道改名，于是清水隐没无闻。

张氏得姓于河北清河缘于明嘉靖年间编纂的《张氏统宗世谱》。此书认为青阳是挥造弓箭的地方，也是张氏得姓的地方。但没有任何文献资料记载河北清河是"帝后所都"，黄帝、颛顼、帝喾等都没有在这一地区活动过，因此，挥也不可能在这一地区生活。

河南濮阳古称帝丘,是传说中的五帝活动的主要地区。濮阳是颛顼的都城所在地,颛顼死后埋葬此地。帝喾也葬在“顿丘城南台阴野中”,即今河南内黄县境内。既然颛顼和帝喾活动的主要地方都在濮阳,因此,同为黄帝部族的挥,在濮阳一带活动的可能性较大。

挥是弓箭的发明者,其部族以制造弓箭为业。因而挥生活的地方一定有制造弓箭的材料。我国最原始的弓箭用桑木做弓,蓬梗做箭,但更多的是用竹做箭,后来又用骨头制成箭头,称“骨镞”,因此有“桑弧蓬矢”的说法。濮阳古代有“桑间濮上”的地名。濮阳西边的鄘国(今河南新乡西南)地多桑树,因此,《诗经》中《桑中》《定之方中》两首诗歌有“期我乎桑中”“说于桑田”之说。这虽然是春秋时期的情况,但足以证明古代帝丘、朝歌一带桑树很多。濮阳一带既有柔韧的桑树,又有坚硬的竹竿,为制造弓箭提供了材料。因此,濮阳有可能就是挥发明弓箭和制造弓箭的地方。

张氏得姓地望在青阳,也就是清水以北。相对而言,张氏得姓于濮阳一带可能性较大。但清河张氏从郡望来说,确实是张氏中声望最高、影响最大的一支。

至于提出张氏得姓于山西一带的说法,则来源于宋代郑樵的《通志·氏族略》。其认为张氏始祖解张在晋国,此说根本不足为据。因早在周宣王时代张氏就出现张伯、张仲两人,比晋国解张早出生250年左右,怎么能说解张是张氏始祖呢?

通过以上论述,我们可知,黄帝之孙挥,最初生活于帝丘(今河南濮阳)一带。濮阳是中国张氏的发源地,也是中华民族张氏的望族所在地。

二、张姓赐姓、改姓产生的姓源

张姓起源,已为张氏族人所接受的是始祖张挥说,赐姓和改姓以及形成于少数民族中的张姓,都是张姓起源不可分割的组成部分,形成了张姓枝繁叶茂的局面,亦为姓源。

(一)赐姓

早在先秦时代已有赐姓的记载,不过那时的赐姓仅仅是姓氏起源的一种形式。到了汉代,赐姓则特指帝王出于褒奖、恩惠等目的赐给臣民的姓氏。张氏家族在历史上没有建立统一的王朝,因而没有以最尊贵的"国姓"赐姓为张氏的记录。但却有以"张"姓尚武而赐武将为张姓的记载。《南诏野史》记载:"诸葛武侯封白子国龙佑那为酋长,赐姓张氏……至十世孙张乐进求,唐太宗己酉(贞观二十三年,649 年)封为大首领大将军。"从三国时蜀相诸葛亮赐龙佑那为张姓后,张姓一直统领白子国。到唐太宗时,才封龙佑那的十世孙张乐进求为大首领大将军。此后在南诏又推行了土司制,就出现了"土司张氏"。云南土司张氏是以白蛮为主体融合其他少数民族形成和发展起来的。这就是白族张氏以及彝族、哈尼族少数民族中张氏之由来。

在云南,张乐进求后裔是很有实力和影响力的大家族之一。元代张乐进求后裔张兴,其家世为品甸千户。明洪武十七年(1384 年),明军进驻楚雄,张兴首倡率部归顺,并献战马,助攻石砦,因功授云南县土司主簿。自张兴起,世袭传位 12 世。

明成祖朱棣,赐鞑靼人哈喇尔敦为张氏,并改名为隆善,称张隆善。在"靖难之役"期间,鞑靼人助战有功,哈喇尔敦尤为突出,深受成祖器重。永乐七年(1409年)十月,明成祖任命张隆善为北京右军都督佥事。永乐八年,明成祖又赐女真族将领咎卜为张姓。咎卜,女真人,官女真千户,领兵征战,勇猛异常,名声大震。其事迹传至京师,成祖获悉后,十分欣赏,遂赐姓为张,并改名为志义。随后便任命他为建州卫指挥使。

明宪宗朱见深继承了其先辈赐骁勇将领为张姓的传统,赐鞑靼人奴儿为张姓,并改名为友。成化八年(1472年)八月,任命张友为金吾卫指挥使。从历代的赐姓为张氏者来看,其全都是骁勇善战的军事将领,并且都受到重用。

(二)他姓改张姓

他姓或他族因特殊原因改姓在中国历史上是极为常见的现象。张姓因为是汉族大姓,常成为改姓人选择的新姓氏。

范姓改张姓。战国时魏国人范雎因得罪大臣魏齐,遭到毒打,为免受其迫害,更姓张,名禄,西入秦,以功封应侯。

聂姓改张姓。汉武帝时,汉人聂壹献出马邑,诱匈奴深入重地,西汉设伏兵企图伏击之,结果被匈奴发觉而退去。聂壹为避怨仇而改张姓,居雁门马邑(今山西朔州)。三国魏名将张辽就是他的后代。

高姓改张姓。辽代辽阳渤海族高霸,因在外做官,改姓张氏。其子张佑、孙张匡均为辽代节度使。张匡有两个儿子,长名张玄征,次名张玄素,都是近代节度使。张玄征之子张汝弼为进士,官至参知政事、尚书左丞。张汝弼之妹,为金世宗元妃。与张玄素同一辈的张浩,字浩然,系张霸曾孙,也是金代显赫异常的大臣,曾为金代宰相,封南阳郡王。其子张汝霖,亦为金代宰相,封芮国公。

汪姓改张姓。明初大将军张德胜的养子,名兴祖,原本姓汪,后从养父改姓张。张德胜战死,追封蔡国公。张德胜的亲生子张宣年幼,遂由兴祖嗣爵。

张兴祖嗣爵后，不负众望，他领兵打败陈友谅、张士诚，并数败元军，屡立战功。洪武初年，张宣长大成人，遂袭父爵，被任命为宣武卫指挥同知。与此同时，张兴祖被废封爵，恢复汪姓。后来，汪兴祖之子年幼，便由张宣抚养，直至长大成人。张、汪两家相互扶持，被传为佳话，广为流传。

褚姓改张姓。东汉末年黄巾军起义爆发后，常山真定（今属河北）人褚燕聚众响应，多达万余人。其时博陵张牛角亦率众起义，与褚燕联合。褚燕推张牛角为帅，攻城略地，迅猛壮大。不久，张牛角战死，褚燕被推为领袖，改姓为张，以捷速过人被军中称为“张飞燕”。后被东汉招降，任命为平难中郎将。曹操占领冀州后，率军归属曹操，被拜为平北将军，封安国亭侯。其子张方、其孙张融先后嗣承侯爵，成为曹魏时期的一个贵族世家。

胡姓改张姓。原居江西饶州府鄱阳县的胡太，字长乙，号校圃，元明鼎革之际，迁至安徽桐西乡横峰。明朝初年编户受田时，因寄籍当地大户“清河张氏”户下，改姓张。清雍正二年（1724年），张长乙的后裔张立远，首次编修《横峰张氏宗谱》，该谱以张长乙为一世祖。但在追溯其渊源时，仍以胡姓为本，并详载张长乙改姓为张的经过。其后，又以张长乙的5世孙兄弟8人，分为8房。8房之下，又各分若干支。乾隆、嘉庆、道光、光绪及民国先后5次修谱。该谱旨在联络安徽桐西乡横峰张长乙更胡为张后之张氏子孙，故名《横峰张氏宗谱》。

少数民族在汉化过程中，不少人主动选择了张姓作为他们新的姓氏。汉唐时期，匈奴、乌桓、羯、回纥、契丹、蜀地巴族等都有大批人改姓张氏。明清以来，有些东北满族人用张姓代替了他们冗长烦琐的姓氏，以至东北地区的张姓人口突然急剧增加。时至今日，在我国少数民族中的张姓人，绝大多数是自发改姓而来。

（本文作者时为安徽阜阳颍州晚报社副刊部副主任）

评明代徽州《张氏统宗世谱》

——关于张姓始祖“封国”的记述

张华封

明代嘉靖年间徽州40多个张氏宗支会修,并由祁门人张宪、张延辉为主修人修撰的《张氏统宗世谱》,是现今所能见到的最早的张氏宗谱(族谱、家谱)原本。此谱开创了“统宗”谱例,试图把天下张氏统于一谱之中,无论世系还是观点,错误层出不穷。特别是,这部宗谱明确记述了张姓始祖的“封国”,对它之后的张氏宗谱有较大影响,此后的姓氏著作也经常引述它为据。

《张氏统宗世谱》在其《得姓郡望》中记述:“吾张氏之得姓者,自轩辕黄帝第三妃彤鱼氏之子曰挥,观弧制矢,赐姓张氏,官封弓正,主祀弧星,居尹城,国于青阳,后改清河郡。此张氏得姓之由,而望清河郡者独最。”其《本源记》则称张姓始祖挥为“尹城派”,说:“尹城派,始祖挥公,受封之国在山西太原府属之地。挥生昧,为玄冥师,昧生台骀,能业其官,宣汾、洮,障大泽,以处大原。帝用嘉之,封诸汾川,掌水旱疠疫之职,即山川之神也。世飨其祀,今太原县有庙存焉。”

上古之“封国”,就是该姓族起源地。顾颉刚的《鸟夷族的图腾崇拜及其氏族集团的兴亡》说:“当氏族社会趋于崩溃,国家雏形刚刚出现的时候,则一氏即为一国,或一氏即为一国的统治者,实甚可能,姓氏和国必有不能严格划分之处。”①

《张氏统宗世谱》既称张姓始祖“国于青阳,后改清河郡”,又说张姓始祖“受封之国在山西太原府属之地”,很明显是自相矛盾的。其观点涉及的主要问题有三:张姓始祖受封之地是否在太原府属之地,也就是尹城?台骀是否张姓先祖?张姓始祖是否国于青阳,且青阳是不是清河郡?就这三方面的问题分述如下。

一、关于张氏始祖与尹城

《张氏统宗世谱》称张氏始祖挥“居尹城”,为“尹城派”,并说挥“受封之国在山西太原府属之地”。这就是张姓起源地“太原说”的来源。然而它是错误的。

(一)称始祖挥为“尹城派”是对挥和尹姓始祖般(或殷)的混淆

尹城本是与尹姓联系在一起的。古今许多姓氏著作都引述《姓源韵谱》称:“少昊之子殷,为工正,封尹城,后因氏焉。”唐代林宝《元和姓纂》记述:“少昊之子,封于尹城,因氏焉。”南宋郑樵《通志·氏族略》记述:“少昊之子封于尹城,因以为氏。子孙世为周卿士,食采于尹,今汾州有尹吉甫墓,即其地

① 顾颉刚:《鸟夷族的图腾崇拜及其氏族集团的兴亡》,《史前研究》,2000 年。

也。"

《元和姓纂》《通志·氏族略》没有说明这个封于尹城的少昊之子何名。南宋罗泌则依据《山海经·海内经》所述"少皞生般,般是始为弓矢"认为殷就是般,在《路史·国名纪》中说:"尹(国),般之封,今汾州。郑樵说故尹地,及周为尹氏采。"《路史·后纪七》又说:"小昊……次妃生般,为弓正,是制弓矢,主祀弧星,封于尹城,世掌宫职……有子曰昧,为玄冥师,是生允格、台骀,俱臣高阳。骀宣汾洮,障大泽,封于汾川,沈、姒、蓐、黄实守其祀……"(《路史》所言小昊即少昊,下同)

《张氏统宗世谱》却把《路史》中所述的般换为挥,就成了其《本源记》中所述:"尹城派,始祖挥公,受封之国在山西太原府属之地。""挥生昧,为玄冥师,昧生台骀……"这就是"挥封尹城"的来历,也是《张氏统宗世谱·本源记》称挥为"尹城派",并把台骀与张姓联结在一起的根源。

但是,恰恰是《路史》,并不认为挥、般为同一人。《路史·后纪五·黄帝纪》称:"次妃方累氏曰节,生休及清……清为纪姓,是生少昊。次妃彤鱼氏生挥及夷彭。"就是说,挥和清都是黄帝之子,少昊是清之子,而般又是少昊之子。也就是说,般是黄帝曾孙、挥的侄孙。

可见,《路史》所称的般绝不是挥,所称的挥绝不是般。《路史》明确认为"古张国"是挥的封国,地在"邢之任"。《路史·后纪五》说:"挥……受封于张,为弓氏、张氏。"《路史·国名纪》说:"张,挥之封……今邢之任县是。""邢之任县",即今河北省邢台市任县。任县有古张城,《大清一统志》记载,那里是春秋时晋大夫张趯的封邑。故《路史》称那是挥之封国,并不正确,但它所说的张姓始祖封国与尹城没有关系,则是肯定的。《张氏统宗世谱·本源记》改《路史》中的般为挥,变"般封尹城"为"挥封尹城",变"般生昧,昧生台骀"为"挥生昧,昧生台骀",是混淆!张氏起源地"太原说"就是这样产生的。

（二）尹城不是太原，而是汾州地

尹城在哪里？许多姓氏著作认为在今山西隰县东北，包括张海瀛先生所撰的《晋文化志·姓氏郡望》在内。如上所述，郑樵、罗泌认为尹城在汾州。汾州正在隰县东北。故称尹城在隰县东北，或称尹城在汾州，含义相同。汾州，明代嘉靖年间，也就是《张氏统宗世谱》纂修之时，隶属于太原府（万历二十三年升为汾州府），正是"太原府属之地"。可见，《张氏统宗世谱·本源记》称挥封国在"太原府属之地"，是采郑樵、罗泌之说，指的就是汾州。尽管这也不正确，但并没有说尹城就是太原。此后的一些沿袭《张氏统宗世谱》的宗谱，则增加了更多的附会和臆测成分，使其越来越走样。如清代编修的《张氏合修家谱》就称："始赐姓张挥公，庙在山西太原府太原县尹城里。"《清河张氏宗谱》称："尹城派，始祖挥公受封之国，昧公居之，在今太原府太原县。"张庆彬所修《旌阳张氏通修宗谱》称："尹城派始祖挥公，乐居之地在山西太原府太原县，有庙存焉。"就是说，把"太原府属之地"当成了"太原府太原县"，把太原县当成了尹城，从而把太原台骀庙所在地王郭村称为尹城县，甚至把台骀庙当成了挥公庙。

太原县地是否曾称尹城呢？回答是否定的。史籍和方志都没有称太原县地为尹城的记载。秦庄襄王四年（前 246 年）置太原郡，以晋阳为郡治，始有地名"太原"。太原作为县名，那已是隋朝的事了。

依明制，城中曰坊，近城曰厢，乡都曰里。里作为行政编制，相当于村。"尹城里"就是"尹城的乡都"，是泛称。一个具体村落，应当有具体的名称，如王郭村，当时就应叫"王郭里"，而不能笼统地称为"尹城里"。称王郭村为"尹城里"，本身就不通，恰恰是附会的痕迹。

二、关于台骀与张姓

台骀是传说中的上古治水先驱,本与张姓没有关系,《张氏统宗世谱》却把他列为张姓始祖挥的孙子,完全是误解、混淆。后人不断臆测发挥,把太原台骀庙说成是“张氏祖庙”“目前我国有史可查的第一座最古老的张氏祠堂”“在我国史前史中是仅次于中华人文初祖黄帝陵苑的一座封国宗庙”“中国第一氏族家庙”。自然,也就把这个台骀庙所在地太原晋源区的王郭村说成是“张氏的发源地”“张氏开宗立姓之地”。这都不符合历史事实。那么,历史事实是什么呢?

(一)台骀庙是神庙,而不是张氏祖祠堂

台骀,最早见于《左传·昭公元年》关于郑国大夫子产答晋平公问卜的记述,“晋侯有疾,郑伯使公孙侨如晋聘,且问疾。叔向问焉,曰:‘寡君之疾病,卜人曰“实沈、台骀为祟”,史莫之知,敢问此何神也?’子产曰:‘……昔金天氏有裔子曰昧,为玄冥师,生允格、台骀。台骀能业其官,宣汾、洮,障大泽,以处大原。帝用嘉之,封诸汾川。沈、姒、蓐、黄,实守其祀。今晋主汾而灭之矣。由是观之,则台骀,汾神也。抑此二者,不及君身。山川之神,则水旱疠疫之灾,于是乎禜之。日月星辰之神,则雪霜风雨之不时,于是乎禜之。若君身,则亦出入饮食哀乐之事也。山川星辰之神,又何为焉?’”

《史记·郑世家》的记述与《左传·昭公元年》的记述大同小异,称台骀是“汾、洮神也”。

可见,台骀由于有“宣汾、洮,障大泽”的功绩,被古代先民尊崇为“山川之

神”“汾水神”“洮水神”。因此,在汾水流经之地,多处建有台骀神庙敬祀。《张氏统宗世谱·本源记》所述“太原县有庙存焉”,指的就是曾建于今太原市晋源区王郭村附近的昌宁公庙(台骀庙,五代后晋封台骀为昌宁公)。此外,见于史籍的台骀庙,还有曲沃的台骀祠、汾阳的昌宁公庙和宁武的昌宁公冢庙。晋祠中,还有一座王郭村附近的东庄高氏族人于明嘉靖十二年自费私建的台骀庙。《张氏统宗世谱》还记载平阳(今属山西临汾)金翠山也有一座昌宁公庙。

明嘉靖《太原县志》对王郭村台骀庙有如下记载:“汾水川祠,一名台骀神庙……金天氏有裔子曰昧,为玄冥师,生台骀,能业其官,宣汾、洮,障大泽,以处太原。帝嘉之,封诸汾川,后人立庙祀之。节度使卢钧不欲名之,改以是名。晋封昌宁公,宋封灵感元应公,赐额曰宣济庙,有掌禹锡所撰碑……洪武七年重修,有司岁以五月五日祀焉。”由此可知,这个台骀庙本名台骀神庙,唐代节度使卢钧改名汾水川祠,五代后晋皇帝封台骀为昌宁公,故又称为昌宁公祠。显然,这是官府所修,官府定名,官府定期公祭的公庙。

晋祠台骀庙在清雍正八年(1730 年)修葺时,高氏后代高若岐所撰《重修晋祠台骀庙碑记》[①],对王郭村台骀庙的公庙性质,说得更明白:“王郭村昌宁公庙……此县中之公庙。每岁端午日,有司祭之。”这与同族人供奉、祭祀祖先的祠堂毫不相干。

宋仁宗时官府重修这个台骀庙,并州通判掌禹锡所撰《重修昌宁公庙碑记》记述:“在昔建祠,居泽之阳。渊渟神瀵,洪波浩渺……力田生聚,赖其遗利。或水潦作,一时缺雨,帅府以牲币崇之,必如响应之验;及天有六气,晦民生疾,编民以豚蹄祝之,多获勿药之喜。”其意思是说,当年庙建在晋泽边,水势壮阔,水产丰盈,其地成了人口众多的鱼米之乡,这都是台骀治汾带来的好

① 清雍正时《山西通志》记此《碑记》撰者“失名”,《太原县志》则记为掌禹锡撰。

处。有了涝、旱灾害，官府用牛羊纸钱到台骀庙祭祀，有求必应，老百姓有了病，去庙里摆上猪蹄子祈祷，不用吃药就好了。

据雍正时的《山西通志》记载，曲沃的台骀祠，所在地就称为台神村①；汾阳的昌宁公庙，当地称为"台骀神庙"②；宁武的昌宁公冢庙，是建在台骀墓地的庙，金张守愚所撰《汾州昌宁公冢庙记》曰：（金章宗）明昌五年，州判官任知微"追查图志，以《春秋传》考证"，才弄清楚了"为神之墓，神之庙矣"。

唐朝时，官民曾向汾州昌宁公庙祈雨，令狐楚撰有《谢雨文》；金大定十三年（1173 年），又"祷雨有应，王遵古记（其事）"。而宁武的昌宁公冢庙，经重修，"于是，以每岁仲夏，洁诚修祀，具牢醴牲饩奠于堂上，作乐舞戏伎拜于堂下。是日，阖邦远近，观者如市，以极岁一方之游乐也"。

这些记载清楚而形象地说明了，无论官府还是民间，都是把台骀作为神，为祈求保佑而祭祀的，是公众的祷神活动，与同族人祭祀祖先根本不是一回事。晋祠中的台骀庙，是高氏族人"思宣、障之功，祀以报之"（高庄其地本在大泽中，因台骀宣、障之功，水退，而得以为高氏族人居地），"高氏始之，高氏继之"。连外姓人都建台骀庙，祭祀台骀，怎么能说台骀庙是张氏祖祠、家庙呢？

（二）台骀的封地汾川在今山西新绛县一带而不在太原

汾川，就是汾水流经的平坦之地。汾水干流 700 多里，自然应有数不清的汾川。但是，台骀"宣汾、洮，障大泽，以处大原""汾、洮神也""沈、姒、蓐、黄，实守其祀"，限定了台骀的封地汾川应在汾水和洮水流经的"大原"上，还应是

① 《山西通志》卷十八记载："汾水由襄陵太平入（曲沃）县……西经台神村台骀祠，西入蜂州界。"

② 《山西通志》卷四十六记载："汾州，古台骀地。"卷一百六十五记载："昌宁公庙在汾阳县东南三里，土人名台骀神庙，唐贞元九年建，令狐楚撰碑文。"

台骀之后沈、姒、蓐、黄四个封国的所在地。

汾水固然流经太原，可称其为汾川，但是，洮水呢？沈、姒、蓐、黄四国呢？

晋境的洮水，源于绛县，流经闻喜。《后汉书·郡国一·河东郡·闻喜邑》曰："有涑水，有洮水。"《水经注》卷六"涑水"条记载甚详。"涑水出河东闻喜县东山黍葭谷，涑水所出，俗谓之华谷。至周阳与洮水合。水源东出清野山，世人以为清襄山也。其水东经大岭下（横岭山在闻喜县东南九十里，跨绛及垣曲县界，在闻喜者名小横岭，在绛县南者名大横岭，在垣曲西北者名清廉山。清廉、清营、清野、清襄四名皆横岭山也），西流出，谓之含口。又西合涑水。郑使子产问晋平公疾。平公曰：卜云台骀为祟。史官莫知，敢问？子产曰：……台骀，实沈之后，能业其官，帝用嘉之，国于汾川。由是观之，台骀，汾、洮神也。夏逵曰：汾、洮，二水名。司马彪曰：洮水出闻喜县，故王莽以县为洮亭也。然则涑水殆亦洮水之兼称乎？"

《水经注》这段记载说明了：一、洮水源出绛县横岭山，在闻喜县周阳城与涑水合；二、这个洮水就是台骀"宣汾、洮"的洮水。

其实，现称的涑水，至少其中部分流段，古时就叫洮水。根据是：一、除《水经注》上述记载外，有注称：《续汉书·郡国志》曰闻喜邑有涑水。《汉志》王莽改河东郡曰兆阳，左邑曰兆亭，兆即洮，洮水即涑水。二、《山西通志》卷二十八记载："洮水在（闻喜）县东六十里，……按：自横水来者涑水，自磨里来者洮水。汇而为一，爰名涑洮。"横水、磨里，均为绛县地名。

台骀之后的黄国也正在这洮水流经地，沈、姒、蓐这三个封国也应在同一地域，但具体位置无记载。刘佑平所著的《中华姓氏通书·黄姓》认为，台骀治汾、洮两河，治理得很好，颛顼就把汾川流域封给台骀做采邑。台骀的后裔在这里建立了沈、姒、蓐、黄四个小邦国。汾水即今山西汾水，洮水为今山西闻喜县涑水上游的洮水。洮水北岸、绛县西30里有地名横水，旁有一溪名横水，又叫黄水，为洮水支流。这一带便是古黄国的故地。晋强盛起来后，黄国首当其冲被晋灭掉。其族人以国为姓，成为历史上黄姓宗族的一支族源。

王大良、刘翔南等编著之《中国大姓寻根与起名·朱黄罗蔡》也有类似论述。其中认为，今山西省洮水北岸有地名横水，在绛县西30里。何光岳先生认为，横与黄通，即黄国故地。旁有一溪名横水，又叫黄水，南注入洮水。

可见，台骀受封之地汾川，当在古黄国所在地及其附近，即今山西省绛县、闻喜、曲沃、侯马、新绛一带，而不在太原。对此，还可以举出以下证据：一、晋祖叔虞初封之地唐，乃今山西省翼城县一带，《史记·晋世家》云："唐在河、汾之东，方百里。"与上述黄国紧邻。晋初灭了沈、姒、蓐、黄这几个小国之后，才有了今降县、闻喜、曲沃、新绛一带地盘，成为晋国的核心地区，"今晋主汾而灭之矣"，说的就是这段历史。这一片地方就是台骀所封之汾川，是其后的沈、姒、蓐、黄之地。大约500年以后，今太原其地才为晋所有。因此，晋所主的"汾"，所灭的四国，自然不在太原。二、《路史·国名纪·少昊后国》云："汾（国），骀封汾川，以处太原，绛州正平之汾水也，故曲沃有骀神。"正平县即今山西省新绛县。三、汾河下游和涑（洮）水流域分属临汾盆地和运城盆地，有广阔平坦之地，即"大原"。如古籍记载之晋原，就是其一部分。四、今之历史学家田昌五先生考证认为："台骀在何地……其他在今晋南之大原上，南滨大泽，北带汾、洮，实相当于今之闻喜。"[①]五、这一带古时湖泊、沼泽比较多，除著名的解池外，见于古籍的，还有今新绛县的王泽，闻喜县境内的董泽、美阳川大泽，还有在汾水支流浍水流经处的少泽等。它们就是台骀"障大泽"的大泽。

误认太原县是台骀封地，其中一个重要原因是误解了大原或太原的含义。《左传》谓台骀"宣汾、洮，障大泽，以处大原"，大原，就是原之大者；原，广阔平坦之地，辞书曰"广平曰原"。"大""太"相通，所以《左传》记"以处大原"，《史

① 田昌五：《中华文化起源志》，上海人民出版社，1998年10月，第266页。

记·郑世家》记“以处太原”,都是指居住到广阔平坦之地。《尚书·禹贡》曰:“既修太原,至于岳阳。”其“太原”也是同样含义。但后人误解大原或太原为地名太原,特别是杜预注《左传》云“大原,晋阳也,台骀之所居”,望文生义,更起了极大的误导作用。实际上,如上述,秦庄襄王四年置太原郡,始有地名太原之称。

(三)台骀之后裔是沈、姒、蓐、黄诸姓,与张姓没有关系

《左传·昭公元年》和《史记·郑世家》所述“金天氏有裔子曰昧……生允格、台骀”,并未涉及张姓始祖挥。从先秦时期的《世本》到清代的《绎史》,诸多记述了挥的著作,多称挥为少昊之子或黄帝之子,却都没有记载挥之子是谁。那么,《张氏统宗世谱·本源记》根据什么说昧是挥之子,台骀是挥之孙?根据就是《路史·后纪七》所述“(小昊)次妃生般……有子曰昧,为玄冥师,是生允格、台骀……”但是,把其中的“般”窜改成了“挥”。

“沈、姒、蓐、黄实守其祀”,说明沈、姒、蓐、黄这四个小国的君主是台骀的后代,但与张姓并没有关系。宋代邓名世《古今姓氏书辩证》说:“黄,出自嬴姓,少昊金天氏裔子曰昧,为水官,号玄冥师,生台骀……其后为沈、姒、蓐、黄四国,以国为姓。”《路史》说,台骀之后“有台氏、沈、姒、蓐、辱”。张澍所辑并补注之《世本》记为:“沈,姬姓……此沈在汝南,与沈、姒、蓐、黄之沈在汾川者有别,彼为少昊后也。”《姓氏略考》也称沈姓、蓐姓是台骀之后。

台姓及骀姓也出自台骀,《风俗通》《路史》《山西通志》均有此记载。

现代姓氏著作,如上述刘佑平《中华姓氏通书·黄姓》说得更明白,他认为晋强盛起来后,黄国首当其冲被晋灭掉。其族人以国为姓,成为历史上黄姓宗族的一支族源。

如果把台骀当作张姓先祖,则沈、姒、蓐、黄、台、骀诸姓,至少各有一支出

自张姓,但是没有根据可以这样认为。不仅台骀事迹出处的《左传》《史记》中没有台骀与张姓有关的只言片语,而且,无论曲沃、太原、汾阳的台骀庙,还是宁武的台骀冢庙,以至晋祠台骀庙,有关遗存文献,也都没有台骀与张姓有关的任何记述。

还有一点不可忽略,《左传·昭公元年》明确说昧是金天氏之裔子。裔,远也。昧于金天氏已是裔子,台骀又是昧所生,则台骀去少昊远矣。

现代历史学家田昌五先生在《中华文化起源志》中则认为,台骀就是古之有邰氏,也可解为台姓之骀国,在今山西省闻喜县一带。有邰氏是周祖后稷的母亲出生的部落,处在闻喜一带,与台骀之后的封国地域是相符的。

《左传》传世前,人们并不知台骀为何人,甚至连晋平公的史官也“莫知”。《左传》传世后,2000多年间连张姓人群也不知台骀姓张,这是因为台骀本来就与张姓无关。

三、关于“青阳”与张姓起源地“清河说”

认为张氏起源地是“清河”的观点,在《张氏统宗世谱》之前早已产生。这种观点的产生有复杂的社会因素,但归根结底,它是魏晋至隋唐时期士族政治的产物。《张氏统宗世谱》的撰者不了解这个问题,称张姓始祖“国于青阳,后改清河郡”,不过是人云亦云而已。

(一)“清河说”来源于对“青阳生挥”的附会

《元和姓纂》记述:“黄帝第五子青阳生挥,为弓正,观弧星始制弓矢,主祀弧星,因姓张氏。”这是现在能见到的最早且叙述比较完整的张姓得姓观点。“青阳生挥”的说法,也于此首见。“青阳生挥”是张氏起源地“清河说”的渊源。《新唐书・宰相世系表》所述是:“张氏出自姬姓。黄帝子少昊青阳氏第五子挥为弓正,始制弓矢,子孙赐姓张氏。”更明确地说青阳是少昊。

《逸周书・尝麦解》有“乃命少昊请(清)司马鸟师(司马鸟师,以鸟命名的官称,相当于后世的司马),以正五帝之官”这句话。《汉书・律历志》引《考德》曰:“少昊曰清。清者,黄帝之子清阳也。”东汉科学家、文学家张衡,任太史令时曾上书朝廷,称:“《帝系》,黄帝产青阳、昌意。《周书》曰:‘乃命少皞清。’清即青阳也,今宜实定之。”实定之,就是由官方确认下来。这样,出现了少昊名清,清即青阳的说法。少昊为青阳,故青阳即清阳。

也有学者认为“古时青、清通用”,故青阳即清阳。

问题是,清阳又被解释为清水之阳,依据是古时的地理观念“山南为阳,水北为阳”。这个地理观念出自《穀梁传》,《水经注》也曾引述。这样,清阳就与地名清河联系起来了。清河郡因清河流经其地而得名。故一些张氏宗谱和近代姓氏著作,把黄帝之子青阳与清河郡挂上了钩。《张氏统宗世谱》说张姓始祖挥“国于青阳,后改清河郡”就是这么来的。这也是现今比较流行的说法。完颜绍元所著的《姓氏百问》认为,历来的观点据“青阳生挥”判断,张姓的发源地当为青阳,也就是挥之父亲少昊青阳氏的活动地盘内。今清河张氏研究会撰文《天下张姓源清河》认为,青阳,就是清河的北面,历史上,清河是一条古老的河,曾流经现在的清河县,张氏的根在清河。赵福寿先生的《张氏,得姓于清河的黄帝子孙》认为,黄帝之子青阳曾在泜水、清河一带为诸侯,清河因有清阳之名,而青阳之子挥因始制弓矢而为张氏始祖,也在清河。

但是,古籍记载的黄帝之子青阳,无论是氏族,还是氏称,抑或是名,都没有清水之阳的含义。流经清河郡的清河作为河流之名,战国之时始有。那时,黄河在今河南省浚县西南宿胥口改道东行,宿胥口以北河水故道在内黄县南的一段,只剩下了黎阳诸山的泉流注入,由原来的浊流变成了清流,相比于原来的黄河,被称为清河。其下游一定的流段,包括流经清河郡的流段,也就随之被称为清河。故西汉置郡名清河,置县名清阳。东汉时清河郡又曾为清河国。至于清河县名,三国时期始有。所以,因水名清河而得之地名清河,与古青阳氏没有关系。

黄帝之子中有两个青阳,一为姬姓,一为已姓,是《国语·晋语四》所述。然而,张姓就是张姓,始祖挥既非青阳氏族,也非青阳氏。以"青阳生挥"把张姓起源地与清河郡等同起来,也是混淆了主体。

(二)"清河说"的形成是魏晋至隋唐时期士族政治的产物

张氏起源地"清河说"形成的过程,从社会学的角度看,是郡望转化为姓望的过程,而这个过程是魏晋至隋唐时期的士族运动过程。清河张氏的兴盛,在唐代张文瓘、张锡叔侄为唐相时达到巅峰,这是"清河说"形成的契机。

东汉时期,门阀制度兴起。至魏晋南北朝实行九品中正制,更是在地主阶级内部逐渐形成了许多大士族家族。士族也称世族或势族,他们在政治、经济方面都享有很高的特权。当时的大小官吏就基本被这些世家大族所垄断。这些大士族家族是郡内望族,其姓氏也就成为显贵的姓氏,这就是郡望。显而易见,郡望的形成或消失,与士族的兴衰是密切相关的。

郑樵的《通志·氏族略·氏族序》说:"三代之后,姓氏合而为一,皆所以别婚姻,而以地望明贵贱。"由于"以地望明贵贱",显赫的郡望,在心理上影响着社会和大多数同姓之人。不明先辈所出的家庭、家族,往往选择最著名的郡望认之,甚至有的家族为了表示显贵而冒攀名望。当天下多数同姓宗族共认同一个郡望时,这个郡望就成了姓望。郭峰的《唐代士族个案研究》通过对唐代谱系资料和大量张姓墓志的分析研究,得出以下结论:郡望转化为姓望,是晋唐士族运动的结果,在某种意义上,也意味着士族这一政治社会现象所造成的社会影响的最后终结。他又认为,郡望的形成与消失,与士族的兴与衰是紧密联系在一起的……晋唐的郡望变化，大致上经历了一个最初以某一主体家族为主拥有一个郡望，到社会上一部分同姓异宗家族（包括郡望里贯所在地域内同姓家族与他地同姓家族两部分）共同享有一个郡望，再到整个社会同姓之间共同享有一个郡望的过程。在后两个阶段，郡望已与原主体家族脱离，逐渐失去原有的区分和标志原主体家族家世门第、社会等级的法定意义，而成为一种同姓之中共同的姓望标志了。同姓之人都自认那里是祖出之地，因而也就逐渐与这个姓的起源地等同起来了。

唐朝中期以前，张姓最尊崇的郡望是南阳，表现在各地的张姓自认祖出南阳的最多。这在流传下来的南北朝时期的张姓碑记、墓志中就有非常明显的反映。例如著名的《北魏鲁郡太守张猛龙碑碑文》《北魏南阳太守张玄墓志》，都说墓主人是"南阳白水人"。白河是南阳最重要的河流，或说南阳白水乡是汉光武帝的家乡，故白水成为南阳的代称，称"南阳白水人"的，大多并非南阳人，而不过是姓族所出地的代称而已。北齐兖州刺史张华原，《北史》和《北齐书》为其所作传，都称他"代郡人也"，《万姓统谱》记载他为"平城（今山西大同）人"，但《张华原墓志铭》却称他是"南阳西鄂人"。西鄂是东汉张衡家族的家乡，也是南阳的代称。从地域范围看，洛阳地区、河北地区、敦煌地区以至高昌地区出土的张氏墓志，记述墓主人出自南阳的，都比较多。甚至直称张姓出南阳的墓志也不少。如唐长安三年（703 年）《张礼臣墓志铭》："辞荣让显，战涿功彰；爰封白水，锡土南阳。"乾符四年（877 年）《张用墓志铭》："黄帝时，蚩尤作乱，遂诏罗公设筹策以讨妖纷，计沉模而殄凶孽。公名既重，遂封南阳郡，因为氏焉。"

这说明唐代前期，南阳郡望有转化为张姓姓望的趋势，但最终被清河所取代。从唐朝谱系资料记载的张姓在郡望中地位的变化明显地反映了这个问题。按郭峰《唐代士族个案研究》所述，敦煌出土的唐代《氏族志》单卷本残文关于郡望的记述，反映了唐初贞观时期的张氏郡望仅 6 个，其中唯南阳为郡望之首。反映高宗时期、武则天称帝时期，至玄宗开元、天宝时期姓族的《唐韵》，所载张氏郡望增加到 14 个，残卷作者仅承认 3 个：清河、吴郡、范阳。这 3 个在郡姓中的位次，清河张氏已居郡姓之首位，而南阳已在张姓郡望中消失。这反映了唐后期，认清河望的成员增多，其他望则相对减少，这也是清河郡望向姓望转化的体现。郭峰的《唐代士族个案研究》说："最初，冒望是在社会同姓成员对清河望与其他张氏郡望的选择中进行的。唐肃宗、代宗以后，清河望取代诸望，成为社会同姓成员的普遍选择，其作为清河本望主体家族身份、地位象征的意义，在愈来愈多的冒望中已经失去了……至此，张氏清河一望，已成为不仅为本望主体家族所享有，而且也为部分同姓成员共同享有的共望了。"

（本文作者为中国石油物资西安公司原经营部经理、高级政工师，张姓文化研究者）

评明嘉靖《张氏统宗世谱》

张景波

一、全书提要

明嘉靖年间张宪、张延辉等人主持编写了《张氏统宗世谱》(以下简称《世谱》),全书21卷,原装10册,成书于明嘉靖十四年(1535年),现在原本藏于安徽省博物馆。1995年由张海瀛等主编、巴蜀书社出版的《中华族谱集成·张氏谱》第一册收录了此书。

确切地说,《世谱》应该是一部"张姓家谱"或"张姓宗谱",因为该谱记载的各个张氏家族之间的关系十分疏远,而且居住地不同,只是有一个共同的远祖。而一般的张氏谱牒都以"张氏家谱"冠名,它与"统宗谱"的区别在于它所收录的都是亲缘关系较近、在同一地域居住,而且拥有一个共同的近世祖先的家族或宗族。纂修统宗世谱是为了联络同姓宗族,以达到弘扬家族历史文化以及联宗续情的目的。

《世谱》汇集的张氏家族覆盖了明代江西、南直隶、北直隶、陕西、山东、湖广（湖南、湖北）、浙江、广东、四川等地的张氏家族谱系资料，在这些省份中以江西和南直隶为主，而江西又以饶州府为主，南直隶又以徽州府为主。

二、各部分内容简介

为了叙述方便，将该谱分成三大部分——开篇、正文和结尾加以介绍。

（一）开篇

开篇分成7个部分。第一部分是《张氏统宗世谱序》。为嘉靖九年（1530年）铅山进士、吏部尚书、谨身殿大学士、国史总裁黄宏所作，文章结尾盖有黄宏的篆字图章。第二部分是《会修统宗世谱职名》，开列了参与该谱编写的通纂、纂述、主修、同修、编次、校正、誊对、倡首、协赞、董治、图绘、镌刻、印刷和装订人员的名单总共272人，可见此次修谱规模之壮观，其中通纂、纂述都是有官位和学识者。如张维曾任山西布政使左参政，其子张璧是正德辛未进士，时任南京礼部侍郎、翰林学士，后来官至东阁大学士，加太子太保；张士镐，进士出身，时任浙江按察副使；张彦羽，龙虎山第四十八代天师；此外还有6位进士出身者。然而这些担任通纂、纂述的人只是挂名而已，虽然也参与编写，并不负责全谱编纂工作，真正负责该谱编纂工作的是张宪和张延辉。张宪是庠生，张延辉是处士。第三部分是《张氏古今迁居地理图》，绘制了明代两京和十三布政使司的地图。每幅图中都绘有古今张氏迁徙地、张氏郡望以及宗祠、陵墓、书院等有关张氏人物的名胜古迹。从图中就可以对张氏在全国的分布情况一目了然。第四部分是《本源纪》和《内纪》。介绍张氏117个衍派的地理位置、历史沿革、始迁祖及来源等内容。第五部分是《张氏统宗蒙恩录》。收录了从西汉到明中叶，历代王朝对张氏功臣的封赠诰敕，并附有年月。其中涉及的人物有汉代张良、张安世，晋代张华，唐代张志和，明代张汝弼（兵部武库清吏司主事）、张慎（府军后卫经历司经历）、张桓（太仆寺丞）、张悦（南京兵部尚书）、张芝（南京大理寺评事）、张士镐（南京大理寺评事）、张璧（礼部侍郎）等，其中明代的诰敕占大部分。经考证，这些诰敕大部分是有史可据的，很有价值。第六部分记述《得姓郡望》《统谱氏族志》《宗说》《重谱》《谱学论略》《统宗书》等内容，分别介绍或论述了张氏的著名郡望、谱学的发展、宗族制度、修谱的重要意义、历代名人关于家谱学的言论以及张宪、张延辉所作的修谱序言等，对于研究谱牒学具有重要的参考价值。最后一部分是《编谱凡例》。介绍了该谱编纂的方法、原则、体例。

（二）正文

正文分 5 部分。第一部分是《修谱序言》。收录了从南宋乾道四年（1168 年）到明嘉靖二十二年（1543 年）之间的共 28 篇修谱序言。其中作者有南宋礼部尚书张珏，明张芝、张悦、张璧（均见前文）等人。第二部分是《张氏统宗世系表》。以图表的形式罗列了从张姓始祖张挥开始的 117 个衍派的世系传承，每个人物下面有他的生卒年、妻室、宦迹等内容。尽管秦汉以来的许多人物都是有史记载的，但是修谱者把两个毫不相关的家族胡乱联系在一起，张冠李戴、攀龙附凤之处比比皆是，本想光宗耀祖，实际是数典忘祖，为学人所不齿。第三部分是《传》。有《忠孝传》《节义传》《功勋传》《政事传》《隐逸传》《著作传》《庙墓传》，收录了各类张氏人物的传记及庙宇墓地等内容。每类传前都有修谱人的《传引》，其中多数传记都是当地名流或地方官所纂。第四部分是《文献集》（开篇有序文《集引》）。收录了当时官员和社会名流为张氏人物所作的传记或是对某一重要事迹的记述，多是称颂、赞誉传主的文章。此外还有墓志、行状、诗歌词赋等。其中有唐代淮南节度使、同平章事陈少游为好友张志和所作的行状,对于研究张志和及唐代文学史很有参考价值。第五部分是《图像赞》(开篇有序文《赞引》)。收录了从西汉到明代嘉靖年间一些张氏名人的画像,并附有小传和像赞。

(三)结尾

这是全书第三大部分,内容有《领谱德名》(领谱字号)和作者的《后序》。

三、评价与反思

综观这部《世谱》,全书21卷,共10册,历时5年修成,参与编修者270余人,涵盖明代全国15个省中9个省的张氏同宗,书中所列张氏衍派117个。它也是现存最早的张姓联宗家谱,内容十分丰富,其中有很多资料对于历史研究具有参考价值。它也是张姓发展史上具重大意义的著作,书中对有关张姓的一些问题进行了初步研究和探讨。作为一部具有开创性的著作,《世谱》不论在当时,还是在今天都影响深远。

然而,我们不得不承认,由于受时代和编纂者个人能力所限,《世谱》确实存在许多缺陷和谬误。

首先,它仍然属于封建旧谱学的范畴,书中充满忠君节烈思想。

其次,作者对史实的考证也很欠缺,尤其是编造世系以名人做祖先的做法使该书的价值大打折扣。这里举本书中的一个例子加以说明,正文第二部分《张氏南阳派世系表》中以张良9世孙张商(不能证实亦不能证伪)为始迁祖,张商之子张宗,字诸君。建武六年(30年)拜太中大夫,永平二年(59年)卒于官。张宗次子张堪,字君游,渔阳太守。张堪之孙就是东汉著名的科学家张衡。《后汉书》记载张堪是南阳宛(今河南南阳)人,张衡是南阳西鄂(今南阳石桥镇)人,张宗是南阳鲁阳(今河南鲁山)人。尽管张堪与张衡籍贯不完全相同,但确是祖孙关系,而张宗与张衡则没有血缘关系,如果张宗与张堪是父子关系,《后汉书》是绝不会漏记的。像这种现象在该书世系表中比比皆是,不再一一列举。

其实,家谱修撰中的这一不良传统一直延续到了今天。尽管"新史学"经过100余年的"进化"已经基本摆脱了传统史学的羁绊,然而作为史学分支的谱牒学则仍然在封建史学的泥潭里沾沾自喜,不能自拔,即使有了些许进步也是停留在形式上,并不能掩饰内容上的僵化。它们并没有意识到自己已经渐渐被史学所疏远,以至于史学工作者对家谱不屑一顾,这不能不说是谱牒学的悲哀。2000多年前被司马迁所推崇的谱牒学(司马迁在写《史记》时经常引用《世本》等谱牒资料,《史记》中的《世家》就是参考谱牒资料而作的),如今却如此不受学者们的青睐。

我不禁在思考,是不是谱牒学本身出了问题才受到学术界的冷落呢?我认为不是,真正的原因是指导谱牒学创作的思想及修谱人知识水平的限制。具体来说,传统的门第观念根植于人们的脑海中,即使在门阀制度早已消亡的今天,人们仍然摆脱不了门阀制度遗留下来的虚荣心理,通过篡修家谱攀附权贵来炫耀家族昔日的辉煌,这便是这一思想在现实生活中的表现之一。为了达到这一目的,有些人甚至不惜抛弃家族真正的祖先,而把同姓的某位先贤认做祖先,这一做法已经失去了修谱的原意。修谱人多是本家族内部的人,他们知识水平有限(虽然也不乏一些名流显宦修的家谱,这些家谱一般价值较高,但毕竟还是少数),对历史事实一知半解,于是便产生东拉西扯,以名人做祖先的事情。他们往往把原本是平民的祖先说成是某某朝的某某官,而这一编造的官职在史书中并没有记载,甚至那个朝代根本没有这一官职的设置,结果弄巧成拙,只能愚弄那些无知的人。

窃以为,今天的家谱编修应该坚持实事求是,不虚夸,不溢美,不要刻意去追求血缘上的一致(这也是不现实的),而应该以文化的认同为纽带。中华民族是在几千年的民族融合中渐渐发展壮大起来的,她之所以成为一个民族,是基于文化、习俗、语言、生活方式等方面的认同。我们通常所说的中国人都是“炎黄子孙”,也是基于这一点,而不是血缘上的一脉相传,当然我不是否认血缘上的联系。同样,生活在这个民族中的每一个姓氏大家庭也是如此。张姓家族的主体从理论上应该有一位共同的始祖(挥公),今天的张姓子孙多数都是他的后裔。尽管还有一部分张姓是由外姓改姓者,但他们很多人并不知道自己的祖先曾经改姓,所以这些改姓的人(只有少数家族有记载)也都承认自己是张姓家族中的一员,都是始祖挥公的后裔。这种认同表面上是基于同姓血缘关系,但实际上也是文化上和心理上的认同。

(本文作者时为黑龙江大学历史文化旅游学院2006级硕士研究生)

第五章 张良文化研究

张良与中国古代的“帝师”文化

龚留柱

一、何谓“帝师”

有学者说张良是“秦末汉初的政治家、军事家、谋略家”，其思想内涵值得研究。这种很现代的人物定位方法当然也无不可，但却使人感到有些泛泛而论，不及实质。假如再问，当时刘邦和萧何不是政治家吗？他们与张良何以区别？韩信不也是军事家吗？他与张良能否相提并论？陈平也以谋略著称，他与张良孰高孰低？不能体现出一个人特质的定位就不能称为准确的定位，那我们来看张良自己是如何给自己定位的。张良说：“今以三寸舌为帝者师，封万户，位列侯，此布衣之极，于良足矣。”（《史记·留侯世家》）这种自我评价也得到后代的普遍认可，如宋代范仲淹的《宋故乾州刺史张公神道碑》云：“五世食韩，并为正卿，厥生‘帝师’，首造大汉。”《大唐故处士杨君墓志》云：“夫人张氏，南阳之贵族也。子房为帝者之师，茂先居兴王之佐。”这里的“帝师”皆是指张良。

“为帝者师”就是作为刘邦的“帝师”。何谓帝师?简单说就是帝王的老师。这是一种身份而不一定是一种具体的职官,历代皆有,高下不一。如风后之于黄帝,伊尹之于商汤,姜尚之于周武,范蠡之于勾践,商鞅之于秦孝公,诸葛亮之于刘备,荀彧之于曹操,房玄龄之于唐太宗,刘伯温之于朱元璋,张居正之于明神宗,翁同龢之于同治,康有为之于光绪,等等。甚至人们指孔子为万代的“帝王之师”。

“帝师”又可称作“王者师”。如当初下邳黄石公授书给张良时就说:“读此则为王者师矣。后十年兴。”(《史记·留侯世家》)原因无他,因为先秦还没有皇帝,人间统治者的最高称号还是王,故孟子只能说“王者必有师”,王者的师傅也只能称“王者师”。历史进入帝制时代,名称也要与时俱进地改为“帝者师”,简称“帝师”。

这里需要辨析的是,辞书中往往列出两种不同性质的“帝师”概念。一种是张良一类的“帝师”,其实它可以定义为帝王的“政治军师”,在中原地区从先秦一直延续至清末,到康有为而止。另一种指的是少数民族政权所设的宗教神职,如十六国时期后赵以佛图澄为师(或称为“山中宰相”),后秦以鸠摩罗什为师,又据说西夏以波罗显胜(贤觉)正式为帝师。特别是到了元朝,皇帝即位初,例从梵僧受佛戒,故尊此僧为帝师。帝师兼领宣政院,管理全国佛教和藏地政教。如忽必烈“以梵僧八合思八为帝师,授以玉印,统释教”(《元史·世祖本纪》)。其法旨与皇帝诏令并行于吐蕃和内地寺院,其后各朝沿袭成为定制。所以,本文的研究只关注前面的一种,而完全不涉及第二种的属于僧人身份的“帝师”。

就是我们关心的第一种“政治军师”型的帝师,也可以再分为两支。一支是帝业开创时期辅佐帝王打天下的“画策臣”,如姜尚、张良、诸葛亮、刘基等;或者是指引帝王开辟历史新方向的“改革家”,如商鞅、康有为等。这些人可被称为社会危机时期的帝师。他们往往是出身于社会基层的“卧龙”,通过带有传奇色彩的机缘,被潜在的王者聘请出山,由“方外之士”变为救世的“帝者宾”。故唐朝李咸用《题陈处士山居》诗云:“樵童牧竖劳相问,岩穴从来出帝师。”

另一支就是帝王守成、社会升平时期的帝师。他们属于儒家提倡的王者师,是从汉武帝“独尊儒术”之后才出现的。如西汉成帝时,“丞相故安昌侯张禹以帝师位特进,甚尊重”(《汉书·朱云传》)。这种人治经出身,肩负着国家意识形态权威阐释的重任,在体制内的位置,既是学术,更是政治,其根本任务是把皇帝的政治运作引导到圣人之道所规定的价值目标上来,正如孟子所说:“唯大人为能格君心之非。君仁,莫不仁;君义,莫不义;君正,莫不正。一正君而国定矣。”(《孟子·离娄上》)历史上的这种人可以拉一个很长的名单,如汉代就有韦贤、萧望之、孔霸、桓荣、张酺等,甚至《晋书·天文志》还列有天上的“诸侯五星”,与“三公”“太史”“博士”并列的还有“帝友”和“帝师”,并说“此五者常为帝定疑议”,可见帝师的设置已经制度化。

尽管在历史上,那种负责引导教化帝王的“师傅”型的帝师数量占绝对多数,我们也不准备将之作为分析的重点,本文分析的重点还是在以张良为代表的那个“创业”型的帝师身上。

二、“帝师”文化的源与流

秦汉以后“帝师”文化的源头,其实还在先秦。

“王者必有师”,是形成于春秋战国时期儒家的治国思想,例证就是伊尹对商汤,姜尚对武王。《尚书·仲虺之诰》曰:“能自得师者王,谓人莫己若者亡。”体现在制度上,就是设立号称“三傅”的“太师、太傅、太保”的三职。如《尚书·君奭》曰:“召公为保,周公为师,相成王为左右。”

从思想史的角度,首先鼓吹由士人充任王者师的是孟子:“学则三代共之，皆所以明人伦也。人伦明于上，人民亲于下。有王者起，必来取法，是为王者师也。"（《孟子·滕文公上》）孟子以王者师自居，不主动求见诸侯，而是要诸侯亲执弟子之礼，前来"学焉而后臣之"。孟子说："为其多闻也，则天子不召师，而况诸侯乎？"（《孟子·万章下》）王者师的根本任务，就是把王者对国家的治理引导到圣人之道的路径上去："君子之事君也，务引其君以当道，志于仁而已。"（《孟子·告子下》）从理论上讲，第一，"王者师"的身份既是师又是臣，具有二重性。第二，师与君应该人格平等，"古之贤王好善而忘势"（《孟子·尽心上》）。第三，道之神圣决定师之神圣，故"桓公之于管仲，学焉而后臣之"（《孟子·公孙丑下》）。第四，臣事君以道，道尊于势，必要时以道德对抗权势。

于是，因为圣人"无位"，不能实现"兼善天下"的目标；因为王者未必有德，也不能"自行王道"。这样就需要有王者师作为连接的桥梁，并且鼓吹"天地君亲师"五位并存，以实现"圣王合一"。但后来的事实证明，这种制度设计只是一种不切实际的幻想，圣的名号反而被帝王所窃取，变成了王权的装扮。想要以一个区区"帝师"的名分来削弱专制君权的独尊性，可以说是徒劳的。

经学不等于今天的文史哲，它肩负着对国家意识形态进行权威解释的重任，既是学术，更是政治。于是一个政权的合法性及正常运转，在某种程度上要依赖于"大儒"的出山，于是"帝者师"的出现也就不奇怪了。顾炎武说："君子之为学，以明道也，以救世也。"这就是儒家推出"帝者师"的真谛。

《明儒学案》载，王艮"出必为帝者师，处必为天下万世师者"，强调师道高于君道。师与帝王之间，本是臣道与君道的关系。现在帝王要取法于师，师即出仕教化帝王，转而形成师道与君道的关系。王艮首重师道，师对君主加以教化，"得君行道"，其次才是臣道。强调师道尊严，师与道是同等地位，本质上是以师道冲击君道。王艮本人拒绝被举荐出仕，坚持必须有"君相求"。

章碣《焚书坑》："竹帛烟销帝业虚，关河空锁祖龙居。坑灰未冷山东乱，刘项原来不读书。”

《汉书·高帝纪下》:“初,高祖不修文学。”后勉谕太子读书曰:“吾遭乱世当秦禁学,自喜,谓读书无益。洎践祚以来,时方省书,乃使人知作者之意。追思昔所行,多不是。”(《西汉文纪》)事实上文化知识和士人,对刘邦集团取得战争的最后胜利,起了极其重要的作用。

《太平御览》曰:“汉末以大司马、大司徒、大司空定为三公,师傅之官位在三公上,后汉因之,师傅尊号曰‘上公’,置府僚,魏晋江左亦然。”

“帝者师”制度确立,帝师虽然常常成为给予大臣崇高荣誉的虚衔,但仍有为帝王所师法的含义。李世民说:“朕接百王之末,智不同圣人,其无师傅,安可以临兆民者哉?”(《贞观政要·尊敬师傅》)

《明儒言行录》云:“上曰:卿,帝者师也。公感知遇,知无不言……要以明圣学格君心为务……臣不敢当宋濂、刘基。上曰:濂,文人耳;基峻隘,不如卿也。”

刘基死后被追赠太师,谥文成,“慷慨有志,刚毅多谋,学为帝师,才称王佐”。经三请弃隐出山,朱元璋以刘邦自诩,称李善长为萧何,徐达为韩信,所缺在张良式人物。刘基到来,称天赐“吾之子房也”。

刘基定全局,平天下,治国安邦,产生的是全局性的影响。“三分天下诸葛亮,一统江山刘伯温。”张汝瑚的《刘文成先生集》有言:“三代而下人才卓荦者,莫如子房、孔明。论明刘文成,具择主之哲与子房同,怀拨乱之志与孔明同。每遇急难,勇气奋发,计画立就,亦与子房、孔明无异……先生勤勤恳恳如此,此又子房、孔明之所未有也。”

人臣之贵莫如帝师。翁同龢教授光绪于毓庆宫,希望他能拥有世界知识,认清中外大势。

三、帝师是怎样炼成的?

张良"学礼淮阳"。

《汉书·艺文志》:"省伊尹、太公……"苏氏曰:"世之论《伊尹》《太公》,多以阴谋奇计归之,其说乃与汉陈平、魏贾诩无异。夫陈平、贾诩之事,张子房、荀文若之所不为也,而谓伊尹、太公为之乎?"(《姜太公史籍资料汇编·两宋篇》)

《汉书·艺文志》:"张良、韩信序次兵法。"李靖曰:"张良所学,《六韬》《三略》是也;韩信所学,《穰苴》《孙武》是也。然大体不出三门四种而已。"

《汉书·艺文志》:"任宏论次兵书为四种。"淮海秦氏曰:"此四术者,以道用之则为四胜,不以道用之则为四败……所谓道者何也?治心养气而已矣。"

张良多阳谋,陈平多阴谋。

张良自择齐三万户,陈平曲逆侯三千户。一个帝师,一个皇帝属下臣子。前者明智地功成身退,后者激流勇进定宗庙以荣名终。陈平既有深刻的洞察力,务实奇诡,又有很强的生存能力,少有迂腐清高之酸气。

高祖刘邦说:"陈平知有余,然难独任。"(《汉书·高帝纪》)陈平也是一时杰出的"画策臣",但与张良相比,张良所设多长久之计,如定都城、保太子等,无不系汉家天下之安危,防患于未然方为巨才。而陈平多出奇计,如以女子两千使刘邦混出围城、伪游云梦智擒韩信、献密计解围白登等,或兵临城下,或保命解危。陈平虽智,但比起张良还是略为逊色。

陆贾:"天下安,注意相;天下危,注意将。将相和调……天下虽有变,即权不分。"(《史记·郦生陆贾列传》)

陈平:"我多阴谋,是道家之所禁。吾世即废,亦已矣,终不能复起,以吾多阴祸也。"(《史记·陈丞相世家》)陈平品行有缺。三次易主,"平,反覆乱臣也”;盗嫂受金,名声受损。张良品行并无瑕疵。

张良以智囊人物的代表而流芳百代。贵族公子出身,天生的任侠之气,仿效荆轲、聂政之计,博浪沙一击,对政治人物来说,还太多“青椒”之气,是不成熟的表现。隐匿下邳的10年,发生重大的性格转变,契机就是桥上巧遇黄石公,从强忍到觉醒,其意不全在书,而在于向伊尹、太公之一流大政治家、战略家的层次上升。

《史记·留侯世家》载:“学者多言无鬼神,然言有物。至如留侯所见老父予书,亦可怪矣。”苏轼《留侯论》曰:“然亦安知其非秦之世有隐君子者,出而试之,观其所以微见其意者,皆圣贤想与警戒之义而世不察,以为鬼物,亦已过矣。”“夫老人者,以为子房才有余,而忧其度量之不足,故深折其少年刚锐之气,使之忍小忿而就大谋。”

张良在反秦与楚汉战争中之建树:取峣下秦军,谏止舍秦宫室,鸿门宴,厚结项伯,进举三雄,谏止复立六国之后。张良在统一天下之后之建树:劝封雍齿,西都关中,用“商山四皓”卒定太子。

黄震《黄氏日抄》曰:“利啖秦将,旋破嶢关,汉以是先入关;劝还霸上,固要项伯,汉以是脱鸿门;烧绝栈道,激项攻齐,汉以是得还定三秦;败于彭城,则劝连布、越;将立六国,则借箸销印;韩信自王,则蹑足就封。此汉所以卒取天下。劝封雍齿,销变未形;劝都关中,垂安后世;劝迎四皓,卒定太子。又所以维持汉室于天下既得之后。凡良一谋一画,无不系汉得失安危,良又三杰之冠也哉!”

郭嵩焘:“张良智术纯袭老子欲翕固张、欲取固与之旨,所从受学,殆亦盖公言黄老者之流,而托名《太公兵法》耳。”

张良的主要贡献:

一是在刘邦帝业的转折关头,指明继续前进的方向,使之能在困难的情势下得以顺利发展。如谏止刘邦留宿秦宫,而是封府库还军霸上;劝刘邦到汉中去,先屈后伸;鸿沟和议后劝刘邦不养虎遗患,勇追穷寇。

二是提出以关中为根据地，然后东向以争天下的根本战略方针，使得汉方进可攻退可守，后方牢不可破，立于不败之地。

三是慧眼识人。在刘邦彭城大败之后，推荐独当一面的三雄——韩、英、彭，为汉朝的最终胜利做出了重要的战略路线的抉择。尤其对韩信，虽举荐者是萧何，而能受重用则多亏张良推崇。

太史公曰："高祖离困者数矣，而留侯常有功力焉，岂可谓非天乎？上曰：'夫运筹策帷帐之中，决胜千里外，吾不如子房。'"（《史记·留侯世家》）

《史记·太史公自序》："运筹帷幄之中，制胜于无形，子房计谋其事，无知名，无勇功，图难于易，为大于细。"

汉初分封，"宜列第一"的萧何封酂侯八千户，后加封二千户，达万户。张良原"自择齐三万户"，后仅接受留侯万户，与萧、曹相同。陈平初曲逆侯三千户，后加封二千户，才五千户。

朱熹曰："老氏之学最忍，它闲时似个虚无卑弱底人，莫教紧要处发出来，更教你枝梧不住，如张子房是也。子房皆老氏之学。如峣关之战，与秦将连和了，忽乘其懈击之；鸿沟之约，与项羽讲和了，忽回军杀之，这个便是他柔弱之发处。可畏！可畏！它计策不须多，只消两三次如此，高祖之业成矣。"（《朱子语类》卷一百二十五）

袁枚曰："史迁好奇，于《留侯传》曰沧海君，曰力士，曰黄石公，曰赤松子，曰四皓，皆不著姓名，成其虚诞飘忽之文而已。"（《史记会注考证》卷五十五）

四、仁智与顺天

张良的思想，应该是儒家"仁德"理念和道家"顺天以和自然"宗旨的一种融合，但主调还是道家的。博浪沙之击，表面上是一种胆气和侠风，但内里是一种"家国赤诚"。清人毛际可说："夫子房发愤于五世之仇……然子房之原本忠孝，又非荆轲之借交报仇所敢望已。”

黄石授书之后，张良成长为一个善于持忍的谦和君子。苏轼《留侯论》：“观夫高祖之所以胜，而项籍之所以败者，在能忍与不能忍之间而已矣……此子房教之也。”既积极入世建功立业，又贵柔知止自我保全，在“持忍”上找到儒道两家的交汇点。子曰：“小不忍则乱大谋。”老子云：“柔弱胜刚强。”道家强调“宁受胯下之辱”“君子报仇十年不晚”，其核心智慧还是一个“忍”字。

《庄子·骈拇》：“自三代以下者，天下莫不以物易其性矣。小人则以身殉利，士则以身殉名，大夫则以身殉家，圣人则以身殉天下……其于伤性以身为殉，一也。”

《资治通鉴》卷十一，臣光曰：“……以子房之明辨达理，足以知神仙之为虚诡矣……夫功名之际，人臣之所难处。如高帝所称者，三杰而已；淮阴诛夷，萧何系狱，非以履盛满而不止耶！故子房托于神仙，遗弃人间，等功名于外物，置荣利而不顾，所谓‘明哲保身’者，子房有焉。”这就是张良的明智选择，虽非山中宰相，却是朝中隐士。

“为王者师”，即使对帝王只是一种软约束，也常被专制皇权视为威胁，二者不可避免地产生一种“道与势”的冲突。《韩非子·内储说下》：“狡兔尽则良犬烹，敌国灭则谋臣亡。”这种现象，在历史上屡见不鲜，介子推、范蠡之流只能落荒而逃。张良为后代的谋臣树立了一个榜样，为知识精英找到了一条生存之路，具有一定的参考意义。

中国文人“帝王师”的情结，“上致君于尧舜，下救民出水火”，在历史的画卷中绵延不绝。然而帝王师的结局好的少，坏的多。汉元帝师萧望之，元帝不能听师言，致萧望之下狱自杀。程颐的著作被其学生哲宗所禁，杨博被弟子嘉靖皇帝廷杖，张居正死后被神宗皇帝削籍抄没，家况凄惨。历史上有名的刘伯温，号称“开创之功不减子房，道术亦相类，唯末节不及”。所谓“末节不及”，就是“性刚嫉恶，与淮西诸功臣不合，终为胡惟庸辈所陷，忧愤成疾而卒。一说被胡惟庸遣医毒死”。这与张良“隐于朝市,全身而终天年”相比,高下立见。

老子言:“功遂,身退,天之道。”清代林伯桐曰:“汉高一生最喜狎侮,又多猜忌。老成如酂侯,英雄如淮阴侯,皆不免于疑忌。他如黥布之勇,郦食其之辩,其始皆不免于狎侮。唯遇留侯,则自始至终,无敢失礼,亦无有疑心,岂徒以其谋略哉!观留侯自称,一则曰为韩报仇强秦,再则曰愿弃人间事,欲从赤松子游。其进退绰绰有余于功名爵禄之外者矣。考其生平,居得为之地,而无田宅之好,无声色之嗜,至其经营天下,则如行所无事者,谁能及之哉!太史公称曰‘无知名,无勇功,图难于易,为大于细’,斯观其深矣,安得不令汉高心折也乎!”

留侯善终,远祸全身,就在以退为进,固结君心。“慎之又慎,愿上无与楚人争锋”,都是知止自全的手段。既是美德也是智谋,伴君如伴虎。与韩信“居常怏怏……羞与绛灌等列”形成鲜明对比。

王者之师变为“方外之士”和“帝者宾”,张良是刘邦属下唯一辞官隐居的开国功臣,具有真正的隐士品格。

《庄子·缮性》:“古之所谓隐士者,非伏其身而弗见也,非闭其言而不出也,非藏其知而不发也,时命大谬也。当时命而大行乎天下,则反一无迹;不当时命而大穷乎天下,则深根宁极而待;此存身之道也。”

儒家隐逸观,“进则仕,退则隐”“身隐心不隐”。既可以在庙堂谋社稷,也可以弹琴瑟于幽林。儒家是入世的,其隐,“假隐”也。

道家顺应天道,“虽圣人不在山林之中,其德隐矣”,“隐,故不自隐”(《庄子·缮性》)。意即身在社会,心离人间,心隐而身不隐,不是自藏于山林而是混迹于人间。这是庄子式的隐,“真隐”也。

(本文作者为河南大学历史文化学院教授、博士生导师)

张良里籍考辨

程有为

张良,字子房,秦汉之际著名谋士。他曾辅佐汉高祖刘邦,“运筹策帷帐之中,决胜千里外”,为西汉王朝的建立做出了极其重要的贡献,因功被封为留侯,是中国古代一位著名的历史人物。

关于张良的生平事迹,史家异议不多。但是张良是何地人,由于原始记载语焉不详,学人尚有不同认识。《辞海》云:“张良(? —前 189 年或前 190 年),西汉初大臣。字子房,相传为城父(今河南襄城西南)人。”此说使用“相传”二字,表示尚不很确定。而白寿彝则说:“张良,字子房,城父(今安徽亳州东南)人,其先是韩国公族,曾为相韩的五世君主。祖父开地,相韩昭侯、宣惠王、襄哀王。父平,相釐王、悼惠王。”但是这几句话明显存在问题,既然张良的祖辈是韩国公族,曾相韩的五世君主,那么张良的里籍是否在安徽亳州的城父,就值得怀疑了。本文拟就此问题予以考证辨析。

一、关于张良里籍的基本证据

张良是距今2000多年前的历史人物，关于其里籍，史书记载较少。目前我们能够找到的仅有几条：

其一是《史记·留侯世家》所言：

> 留侯张良者，其先韩人也。《索隐》：良既历代相韩，故知其先韩人。顾氏按：《后汉书》云"张良出于城父"，城父县属颍川也。《正义》：《括地志》云，"城父在汝州郏城县东三十里，韩地也"。①

如果此说可信，张良应是汉代颍川郡城父县（笔者按：应为父城县，详见后文）、唐代汝州郏城县东（今河南宝丰、郏县一带）人。但是这条材料中的这句话，现存《后汉书》中却找不到，不禁令人生疑。

其二是《两汉纪·后汉纪·孝顺皇帝纪上》所言：

> 朱宠字仲威，京兆杜陵人也。初为颍川太守……以正月岁首宴赐群吏，问公曹吏郑凯曰："闻贵郡山川多产奇士，前贤往哲可得闻乎？"对曰："鄙郡炳嵩山之灵，受中岳之精，是以圣贤龙蟠，俊乂凤集。昔许由、巢父耻受尧禅，洗耳河滨，重道轻帝，遁世高跱。樊仲父者，志洁心遐，耻饮山河之功，贱天下之重，抗节参云。公仪、许由俱出阳城。留侯张良奇谋辅世，玄算入微，济生民之命，恢帝王之略，功成而不居，爵厚而不受，出于辅成。"②

袁宏是东晋时人，但是他所记载的则是东汉中期颍川太守朱宠的原话。朱宠是东汉中期人，其生存时代距离张良的生存时代较为接近。而范晔的

---

① 〔汉〕司马迁：《史记·留侯世家》，中华书局，1959年，第2033页。

② 〔汉〕荀悦、〔晋〕袁宏著，张烈点校：《两汉纪·后汉纪·孝顺皇帝纪上》，中华书局，2002年，第347页。

《后汉书》成书于南朝的宋代，而为《史记·索隐》所引用的"顾氏按语"又在范晔《后汉书》成书之后的南北朝时期。因而《后汉纪》的记载更早，也更可靠。该书记载东汉颍川郡公曹吏郑凯之言，说张良"出于辅成"，很值得重视。我们推测，《史记·索隐》所载"顾氏按：《后汉书》云'张良出于城父'"的按语，有可能来自《后汉纪》张良"出于辅成"。

但是史书中不见"辅成"这一地名，而有"辅城"县。《中国历史地名大辞典》记载："辅城县，隋开皇十八年(598 年)改汝南县置，属广州。治所在今河南郏县东南。大业二年(606 年)移治今郏县西北五里，属汝州。三年(607 年)属襄城郡，四年(608 年)改为郏城县。"①

综上所述，关于张良的里籍记载有二：一是张良出于"城父"，二是张良出于"辅成"。此外，还有第三，张良是韩国人也是我们研究张良里籍问题的重要依据。下面我们再从历史地理沿革方面予以研讨。

二、关于两个"城父"的纠葛

《史记·索隐》引《后汉书》言"张良出于城父"，已如上述。但是翻阅辞书，中国古代至少有两个"城父"。有辞书②云：

城父

①又名夷邑。春秋陈地。即今安徽亳州市东南七十里城父集。后入楚，曾为许国都。《左传》：昭公九年(前 533 年)二月，"楚公子弃疾迁许于夷，实城父"。即此。汉置城父县。

②春秋楚邑。在今河南宝丰县东。《左传》：昭公十九年(前 523 年)，费无极言于楚子曰："若大城城父，而置大子焉，以通北方，王收南

① 史为乐主编：《中国历史地名大辞典》，中国社会科学出版社，2005 年，第 2335~2336 页。
② 史为乐主编：《中国历史地名大辞典》，中国社会科学出版社，2005 年，第 1752 页。

方，是得天下也。”王从之。“故大子建居于城父。”即此。

城父县

①西汉置，属沛郡。治所在今安徽亳州市东南城父集。东汉属汝南郡。三国魏属谯郡。南朝宋废并入浚仪县。隋开皇十八年复改浚仪县为城父县，大业初属谯郡。唐天祐二年（905 年）改为焦夷县。五代梁改为夷父县。后唐同光初复为城父县，属亳州。元废入谯县，寻复置。明初废。

②东晋侨置，属南谯郡。治所在今安徽巢湖市附近地。后废。

既然中国古代的城父邑和城父县都有两个，那么张良出于哪一个城父，不可不分辨明白。为了解决这一问题，我们首先分别考察这两个“城父”的沿革。

（一）位于今安徽亳州之城父

位于今安徽亳州的“城父”又名“夷邑”，春秋前期属于陈国。鲁僖公二十三年（前 637 年）“秋，楚成得臣帅师伐陈，讨其贰于宋也。遂取焦、夷，城顿而还”。杜预注曰：“焦，今谯县也。夷，一名城父，今谯郡城父县。二地皆陈邑。”[①]可见，原属陈国的城父邑是岁为楚国夺取，其地即西晋时的谯郡城父县。

此城父邑始见于《左传》。鲁昭公八年（前 534 年），陈国发生内乱，楚公子弃疾率师灭陈。次年“二月庚申，楚公子弃疾迁许于夷，实城父，取州来淮北之田以益之。伍举授许男田。然丹迁城父人于陈，以夷濮西田益之”[②]。是岁楚国将许国从叶邑迁到城父，复改城父为“夷”，又将城父原来的居民迁出，

① ［春秋］左丘明著，［西晋］杜预注：《春秋左传集解》，上海人民出版社，1977 年，第 330 页。
② ［春秋］左丘明著，［西晋］杜预注：《春秋左传集解》，上海人民出版社，1977 年，第 1319 页。

安置在附近地方。总之,“城父”邑见于史册是由于许国迁徙这一历史事件。但是4年之后,楚国发生内乱,楚灵王自杀,公子弃疾继承王位,是为楚平王。他为了收买人心,恢复了陈国宗庙社稷,又将许国迁回叶邑,其间可能将城父又归还陈国。直至楚惠王十一年(前478年)七月,楚公孙朝率军灭陈,城父又归于楚。

查历史地图,在春秋时期的楚吴越地,沙水(濮水)北有焦(亳县),其东南有夷(城父),其南有乾溪。战国时期的楚越地亦有城父,在焦(亳县)东南。历史地图与上述文献记载相符。亳县即今安徽亳州。战国时期此城父邑一直属于楚国。

秦汉实行郡县制,在此城父邑设置城父县。秦时的山东南部诸郡,有城父县隶属于泗水郡,在其东南又有下城父。西汉城父县属于沛郡。东汉属汝南郡。《后汉书·郡国志二》称,汝南郡“城父,故属沛,春秋时曰夷。有章华台”。三国魏时,豫州设有谯郡,郡治谯县(今属安徽亳州),辖县中有城父县,在谯县东南。西晋因之。南朝宋曾在此置浚仪县,隋朝又恢复原名,属谯郡。《隋书·地理志》称,谯郡城父,“宋置,曰浚仪。开皇十八年改焉”①。唐改谯郡为亳州,城父仍为其辖县。《元和郡县图志》曰:亳州,“春秋时为陈国之焦邑,六国时属楚,在秦为砀郡地”②。“城父县,春秋时陈国之夷邑,亦名城父。汉为城父县,属沛郡,后汉属汝南郡。晋属谯郡。《宋志》阙,而有浚仪县。隋开皇十八年,以重名,复改为城父,属亳州。”③

综上所述,位于今安徽亳州之城父邑,又名夷邑,原属陈国,春秋时楚灭陈,属于楚国,一直延续至战国。秦汉以迄隋唐,除战乱严重的东晋十六国南北朝时期以外,一直在此地设有城父县。

---

① 〔唐〕魏徵、令狐德棻撰:《隋书·地理志中》,中华书局,1973年,第836页。
② 〔唐〕李吉甫撰,贺次君点校:《元和郡县图志·河南道三》,中华书局,1973年,第184页。
③ 〔唐〕李吉甫撰,贺次君点校:《元和郡县图志·河南道三》,中华书局,1973年,第186页。

（二）位于今河南宝丰东的城父邑

位于今河南宝丰东之城父邑始见于鲁昭公十九年。是年夏，“楚子为舟师以伐濮。费无极言于楚子曰：‘晋之伯也，迩于诸夏，而楚辟陋，故弗能与争。若大城城父而置大子焉，以通北方，王收南方，是得天下也。’王说，从之。故大子建居于城父。”[①]可见，是年楚人曾在此城父邑筑城，令大子（太子）建在此驻守，作为其与晋国争霸中原的重要据点。楚平王之所以使太子出居北部边城城父邑，是因为他听信费无极的谗言。此前，费无极劝楚平王为太子建聘秦女为家室，因为秦女貌美，又劝平王自娶之。是岁又以镇守北方为名，令太子建离京居边。然后又诬蔑太子建谋反，于是楚平王派城父司马奋扬杀太子，太子建遂逃奔宋国，在城父居住不足一年。

此城父邑春秋初属于郑国，后属楚国，也曾属晋国，战国时期则属于韩国。查历史地图，春秋时期的楚吴越地，在汝水上游水北有郏（今郏县），南有鱼陵（今鱼齿山），湛水出其南。城父在鱼陵东，其南又有湛阪。而战国时期的韩魏地，汝水南仍有城父邑，位于楚方城之外，即其地也。

但是自秦汉以降，“城父”这一地名在此地没有延续下来，却出现了一个“父城县”。个中缘由，容下文解析。

综上所述，安徽亳州东南之城父，战国时期属于楚国；而河南宝丰东之城父，战国时期属于韩国。

《史纪·留侯世家》载：“留侯张良者，其先韩人也。大父开地，相韩昭侯、宣惠王、襄哀王。父平，相釐王、悼惠王。”[②]在《汉书·张陈王周传》中，张良自

① 〔春秋〕左丘明著，〔西晋〕杜预注：《春秋左传集解》，上海人民出版社，1977年，第1440~1441页。
② 〔汉〕司马迁：《史记·留侯世家》，中华书局，1959年，第2033页。

称，他“家世相韩，及韩灭，不爱万金之资，为韩报仇强秦，天下震动”[①]。既然张良的先世属于韩国人，其父祖曾辅佐五世韩王，直至韩国被秦灭亡，那么张良家族就不可能在韩国辖境之外长期居住。也就是说，张良所出之“城父”邑，只能在战国时期的韩国、秦汉时期的颍川郡境内，而不可能是在战国时期的楚国，秦汉时期泗水郡、沛郡和汝南郡境内。因此我们认为，张良故里只能是今河南宝丰东的“城父”，而不可能是今安徽亳州东南的“城父”。

三、从“城父邑”到“父城县”的演变

位于今安徽亳州东南的城父邑，在秦汉时期变成了城父县，保留了“城父”这一地名，已如上述。而位于今河南宝丰东的城父邑，秦朝以降却不再见于史册。

秦朝的山东南部诸郡，在汝颍水上游地区设有颍川郡，治所在阳翟（今河南禹州），辖郏县、襄城等11个县，其中没有城父县。西汉时属于豫州刺史部的颍川郡，增至20个县邑，其中有“父城”县。其地理位置在郏县南，其西南有应乡。东汉因循而未改。《后汉书·郡国志》云，颍川郡十七城，其中“父城有应乡”。三国魏亦因之，在豫州颍川郡设父城县，在郏县南偏东。西晋分颍川郡新置襄城郡，父城（侯相）属之。

北魏太和年间，在此地置顺阳郡，领县二：龙阳、龙山。后来属司州襄城郡。龙山县的地理位置，就在汉魏时的父城县。

《隋书·地理志》记载，隋代复设襄城郡，统县八，其中有“郏城”。注云：“旧曰龙山。东魏置顺阳郡及南阳郡、南阳县。开皇初改龙山曰汝南，三年二郡并废。十八年改汝南曰辅城，南阳曰期城。大业初改辅城曰郏城，废期城入

---

① 〔汉〕班固：《汉书·张陈王周传》，中华书局，1962年，第2037页。

焉。有关官。有大留山。”[①]可见,隋代的郏城县即北魏时的龙山县。《新唐书·地理志》载,唐代汝州临汝郡辖县七,其中有郏城县。又新置龙兴县。注云:“本湍阳,武德四年置,贞观元年省。”[②]“证圣元年,分郏城、鲁山置武兴县。神龙元年,改为中兴县。其年,又改为龙兴。”[③]

综上所述,从西汉至西晋,今河南宝丰东有“父城县”。北魏时期在此设龙山县,隋代改为汝南,再改为辅城,最后改为郏城,延续至唐代。

关于“父城县”和“城父邑”的关系,西晋杜预言:“城父,今襄城城父县。”[④]查《晋书·地理志》,西晋襄城郡有“父城(侯相)”,而无“城父”县。因为二者本为一地,故杜预出现笔误。唐代李吉甫的《元和郡县图治》说:“父城故城,在县东南四十里。故殷时应国也,《左传》‘楚大城城父,使太子建居之’。”[⑤]由此可见,西汉至西晋时期的父城县,就是在战国时韩国城父邑的原址设置的。

先秦时期的城父邑,秦汉以后变成了父城县。“城父”这一地名为什么要改为“父城”? 这是因为,这两个城父邑,在春秋时期分别属于楚国和陈国,战国时期又分别属于韩国和楚国,因而不存在一个国家内两个邑同名、容易混淆的问题。但是秦汉时期国家实现了统一,在一国之内就不能再设置两个城父县。于是秦朝只在泗水郡设城父县,而没有在颍川郡设同名的县级政权。西汉在颍川郡境内的原城父邑设县,为了避免和泗水郡的城父县名称重复,遂改称父城县。这应该是“父城”县名的由来。

关于父城县的地望,《中国历史地名大辞典》说:“父城县,西汉置,属颍川郡。治所在今河南宝丰县东三十六里古城村。西晋属襄城郡。东晋废。”

---

① 〔唐〕魏徵、令狐德棻撰:《隋书·地理志中》,中华书局,1973年,第837页。

② 〔宋〕欧阳修、宋祁:《新唐书·地理志二》,中华书局,1975年,第984页。

③ 〔西晋〕刘昫等:《旧唐书·地理志一》,中华书局,1975年,第1431页。

④ 〔春秋〕左丘明著,〔西晋〕杜预注:《春秋左传集解》,上海人民出版社,1977年,第1441页。

⑤ 〔唐〕李吉甫撰,贺次君点校:《元和郡县图志·河南道二》,中华书局,1973年,第168页。

总之,春秋战国时期的城父邑,两汉魏晋时期的父城县,旧址在今河南宝丰县东的古城村。其遗址遗迹至今尚存。

《中国文物地图集·河南分册》称此遗址为“城父故城”。《宝丰县志》则称为“父城遗址”。二者所言为同一遗址,但遗址名称和文字略有出入。该遗址的文化内涵既以春秋战国时期的遗迹和器物为主,应称“城父遗址”为是。此地发现有内外两重夯土城墙,与文献记载楚国“大城城父”相印证。又因为楚国太子曾居此,故群众俗称“紫禁城”。

综上所述,汉魏时期的父城县就是在春秋时期属于楚国、战国时期属于韩国的城父邑的原址上设置的,其地理位置在今河南宝丰县东古城村,管辖宝丰、郏县一些地方。

总括全文,先秦时期有两个城父邑。一个城父邑位于今河南宝丰县古城村,春秋战国时期先属于楚国后属于韩国,汉魏时期改为“父城县”;另一个城父邑位于今安徽亳州东南城父集,春秋战国时期先属于陈国后属于楚国,秦汉以降仍沿称“城父县”。论者对此失察,遂将战国时期不属于韩国的城父邑(秦汉时期的城父县,今安徽亳州东南城父集),误认为是出身于韩国贵族的西汉著名谋士留侯张良的故里。这属于讹传,不足为据。而战国时期属于韩国的城父邑,汉魏时期属于颍川郡的父城县,隋代的辅城县,唐代的汝州郏城县,当今的河南宝丰县古城村的古父城遗址附近地带,才真正是张良的故里。当然,史书所谓“张良出于城父”的城父邑可能是张良父祖的封邑,张良父祖曾辅佐五世韩王,他们长期在韩国都城新郑(今属河南)生活也是不言而喻的。

(本文作者为河南省社会科学院历史研究所原所长、研究员)

张良后人及其在张良形象塑造中的作用

袁延胜　冯西西

张良,字子房,汉初功臣,佐高祖建汉,被誉为“汉初三杰”之一。《史记》《汉书》等史料中记载的张良,是韩国贵族出身,早年为报亡国之仇,散尽家财刺杀秦始皇,后亡匿下邳“为任侠”,并遇黄石公授兵书,其后辅佐高祖建汉,运筹帷幄,屡立奇功,被封为留侯,晚年退隐,“学辟谷,道引轻身”,“欲从赤松子游”,因吕后强请才未能如愿。

自汉以来,张良富有传奇色彩的人生就获得大量政治军事家、文人墨客、修仙修道者的推崇,有关张良的著作、诗文、小说等层出不穷,其事迹在这些作品中被延续、神话,最终形成的人物形象与最初的正史记载已然有很大的出入。史料中记载的谋略被扩大补充,最终奠定了“谋圣”地位;晚年功成身退、辟谷求道的隐士形象被厌倦政治的文人和有隐退之意的政客所追捧,不断得到深化;下邳受书、晚年求道等记载更被大书特书,张良不仅位列仙班,还有了具体的名号——“太玄童子”;博浪沙击秦皇一事被后世津津乐道,尤其是清末民初时局动荡,“侠士形象”陡然被宣扬成其最本质的形象……概括来说,后世张良的形象主要有以下几种：谋士、功臣、隐士、神仙、侠士。

随着时代的推移，张良的形象不断发生着变化，不仅谋士、隐士等形象在原有的基础上有所深化，而且出现了神仙等形象，且随着文学作品的不断刻画而越来越生动。张良的这种形象变化，已有学者做过研究，但在张良形象演变中，张良后人所起到的作用并没有受到足够的重视，尚有研究的空间。下面就张良后人以及张良后人在张良形象塑造中的作用做一论述，不当之处，敬请指正。

一、张良后人

《史记》载张良有二子：张不疑、张辟彊。张不疑代侯。张辟彊十五岁官至侍中，惠帝死，吕后哭而不泣，张辟彊向丞相献计："请拜吕台、吕产、吕禄为将，将兵居南北军，及诸吕皆入宫，居中用事，如此则太后心安，君等幸得脱祸矣。"[①]年纪尚轻就已显露出深谙官道、智谋过人的个性。

东汉张皓是张良的六世孙，《后汉书·张王种陈列传》载："六世祖良，高帝时为太子少傅，封留侯。"[②]安帝欲废太子，张皓力争。顺帝时为司空，觐见贤士，爱惜人才，"天下称其推士"[③]。清河赵腾坐谤讪当诛，牵连80多人，张皓上书力争，咸称平当。

张皓子张纲，仗义执言，不畏强权，上书历数大将军梁冀十五条罪状，"京师震竦"[④]。广陵人张婴聚众为乱，梁冀欲借刀杀人，使人以纲为广陵太守，张纲以诚信取得张婴信任，晓之以理，动之以情，不动一兵一卒而说服张婴投诚，

① 〔汉〕司马迁：《史记·吕太后本纪》，中华书局，1959年，第399页。
② 〔南朝宋〕范晔：《后汉书·张王种陈列传》，中华书局，1965年，第1815页。
③ 〔南朝宋〕范晔：《后汉书·张王种陈列传》，中华书局，1965年，第1816页。
④ 〔南朝宋〕范晔：《后汉书·张王种陈列传》，中华书局，1965年，第1817页。

有大勇亦有大智。张纲的行为获得了百姓的爱戴,卒于任上,“百姓老幼相携,诣府赴哀者不可胜数”。皇帝下诏言其为“大臣之苗”①。

张纲曾孙张翼为三国蜀汉将领,忠于国事,尽心职守。曾为官管理南夷。夷族首领刘胄造反,张翼在平叛时接到要求回朝的诏书,但他一直恪尽职责,统摄不懈,直到接替的马忠来了才回朝,马忠在他的基础上成功平叛。这件事得到了诸葛亮等人的赞赏。他敢于力谏,曾廷争姜维伐魏之事,认为“国小民劳,不宜黩武”。姜维不听,坚持北伐。大军至狄道,大破魏军,张翼又劝谏“不宜复近”,姜维又不听,最后攻城失败,只得撤军。可见,张翼也是个有勇有谋之人。

后世冯翊张氏便出自“后汉司空皓少子纲”。冯翊张氏出有唐中宗时宰相张仁愿。张仁愿文武双全,封韩国公,又加镇军大将军。

东汉时期,天师道创始人张道陵亦为张良后人,《汉天师世家》载:“典(张良孙)生四子:默、黔、然、熹。弟高,历通、无妄、里仁、皓、纲、翳七传至天师张道陵,为道教祖师。”其孙张鲁在东汉末时割据汉中,后投诚曹操,是天师道第三代天师。天师职位世袭,故而天师张氏均为张良之后。

东汉末年文人张超,《后汉书·文苑列传·张超传》载:“留侯良之后也。有文才。灵帝时,从车骑将军朱儁征黄巾,为别部司马。著赋、颂、碑文、荐、檄、笺、书、谒文、嘲,凡十九篇。超又善于草书,妙绝时人,世共传之。”②

西晋壮武郡公张华,亦为张良裔孙。《新唐书·宰相世系表》记载:“良生不疑。不疑生典。典生默。默生大司马金。金生阳陵公乘千秋……千秋生嵩。嵩五子:壮、赞、彭、睦、述。壮生胤。胤生皓……皓生宇……宇孙肥如侯孟成。孟成生平……平生华,字茂先,晋司空、壮武公。”③阮籍赞张华“王佐之

① 〔南朝宋〕范晔:《后汉书·张王种陈列传》,中华书局,1965 年,第 1819 页。
② 〔南朝宋〕范晔:《后汉书·文苑列传·张超传》,中华书局,1965 年,第 2652 页。
③ 〔宋〕欧阳修、宋祁:《新唐书·宰相世系表》,中华书局,1975 年,第 2675 页。

才也”[①]。定策伐吴,使远夷宾服,尽忠匡辅,弥缝补阙,忠心如丹,是个出色的政治家、有名的贤臣。而且他博闻强识,举荐贤良,雅爱书籍,著有《博物志》,文章并行于世,是个出色的智者贤才。

唐朝武后、中宗时宰相张柬之为张华之后。据《新唐书·宰相世系表》载,张华有子张祎,祎子舆,舆子次惠,次惠子安之,安之子弘策,弘策子綖,綖子则,则子玄弼,玄弼子柬之。[②] 张柬之发动神龙政变,恢复李唐,有中兴之功,为后世所赞扬。

唐朝睿宗、玄宗时宰相张说亦为张华之后。据《新唐书·宰相世系表》载,张华有子张韪,韪六世孙隆,隆生子犯,子犯生俊,俊生弋,弋生洛,洛生骘,骘生说。[③] 张说三任宰相,并且是一代文豪,与苏颋并称“燕许大手笔”,且曾平定叛胡,也是个文韬武略的人物。

河东张氏也是张华之后。《新唐书·宰相世系表》载:“本出晋司空华裔孙吒子。”[④]河东张氏人才辈出,有唐玄宗时宰相张嘉贞,其子张延赏、孙张弘靖亦为相。张弘靖孙张彦远是唐代有名的画家。

始兴张氏“亦出自晋司空华之后”[⑤],其后张九龄为唐开元时名相。南宋明相张浚为“唐宰相九龄弟九皋之后”[⑥],是抗金名将,且《宋史·张浚列传》记载,张浚“学邃于《易》,有《易解》及《杂说》十卷,《书》《诗》《礼》《春秋》《中庸》亦各有解,文集十卷,奏议二十卷”[⑦]。有子二人:张栻、张杓。张栻是南宋著名学者,张杓吏材敏给,以治辨称,“南渡以来,论尹京者,以杓为首”[⑧]。张

① 〔唐〕房玄龄等:《晋书·张华传》,中华书局,1974 年,第 1069 页。
② 〔宋〕欧阳修、宋祁:《新唐书·宰相世系表》,中华书局,1975 年,第 2675~2676 页。
③ 〔宋〕欧阳修、宋祁:《新唐书·宰相世系表》,中华书局,1975 年,第 2677~2678 页。
④ 〔宋〕欧阳修、宋祁:《新唐书·宰相世系表》,中华书局,1975 年,第 2679 页。
⑤ 〔宋〕欧阳修、宋祁:《新唐书·宰相世系表》,中华书局,1975 年,第 2681 页。
⑥ 〔元〕脱脱:《宋史·张浚列传》,中华书局,1977 年,第 11297 页。
⑦ 〔元〕脱脱:《宋史·张浚列传》,中华书局,1977 年,第 11311 页。
⑧ 〔元〕脱脱:《宋史·张浚列传》,中华书局,1977 年,第 11313 页。

枃子张忠纯、张忠恕均为南宋著名学者。

南朝宋开国功臣张茂度,《宋书·张茂度列传》记载:"张良后也……良七世孙为长沙太守,始迁于吴。高祖嘉,曾祖澄,晋光禄大夫。祖彭祖,广州刺史。父敞,侍中、尚书、吴国内史。"①

吴郡张氏"本出嵩第四子睦"②,其后人唐代张镒,相德宗。曾任濠州刺史,"为政清净,州事大理"。他亦是有名的经学家,《旧唐书·张镒列传》记载,他在任上时"招经术之士,讲训生徒,比去郡,升明经者四十余人。撰《三礼图》九卷、《五经微旨》十四卷、《孟子音义》三卷"③。曾训练乡兵,严守防御,抵抗反贼,后代表政府与吐蕃结盟于清水,不亢不卑,"各用其物,以将厚意而归"④。

另有清河东武城张氏,《新唐书·宰相世系表》记载:"本出汉留侯良裔孙司徒歆。歆弟协,字季期,卫尉。生魏太山太守岱,自河内徙清河。"⑤后人有北魏重臣张彝。张彝性情豪放,有侠者之风,为政严厉,好善钦贤,有王臣之气。《北史·张彝列传》记载,张彝子始均"端洁好学,才干有美于父。改陈寿《魏书》为编年之体,广益异闻为三十卷。又著《冠带录》及诸诗赋数十篇"⑥。张始均子张晏之为文士,兼有武干,亦有盛名。张晏之子张乾威,历经齐、周、隋三朝,有才干,廉慎直谏。其弟张乾雄亦有才器。唐高宗朝宰相张文瓘、唐代文人张文琮、唐代音乐家张文收亦为清河张氏之后,张文琮子张锡亦为宰相,相武后、温王。

张良后代人丁兴旺、人才辈出,他们在不同时期、各个领域都有杰出的历

① 〔梁〕沈约:《宋书·张茂度列传》,中华书局,1974年,第1509页。
② 〔宋〕欧阳修、宋祁:《新唐书·宰相世系表》,中华书局,1975年,第2708页。
③ 〔后晋〕刘昫等撰:《旧唐书·张镒列传》,中华书局,1975年,第3545~3546页。
④ 〔后晋〕刘昫等撰:《旧唐书·张镒列传》,中华书局,1975年,第3548页。
⑤ 〔宋〕欧阳修、宋祁:《新唐书·宰相世系表》,中华书局,1975年,第2711页。
⑥ 〔唐〕李延寿:《北史·张彝列传》,中华书局,1974年,第1578页。

史功绩,不仅完善了自身的历史形象,对先祖张良形象的演变也起着不可忽视的影响。

二、张良后人在张良形象塑造中的作用

张良后人中,有不少因追念先祖,写下了有关张良的文章诗句,对张良后世的形象塑造起到了推动作用。另有一部分人,因其地位特殊,直接对先祖张良的形象造成了影响。

唐时张说被派遣巡边,张九龄送行时作诗云:“山甫归应疾,留侯功复成。”以先人张良借指燕国公张说,体现出二人作为张良后人的自豪。这样的描写一方面直言了对张说的认可钦佩,另一方面也无疑深化了张良作为汉朝股肱之臣的功臣形象。

张良的功臣形象在后世的传播甚为广泛。唐玄宗时置太公庙,“以张良配享”。至宋朝依旧延续,可见其功臣形象到唐以后已经获得官方的认可和宣扬。但据史料可知,张良在最初并非一心一意为汉谋利,他作为韩国贵族,散尽家财,弟死不葬,是为刺杀秦始皇报灭国忘家之恨。韩国复国后,张良没有随刘邦去巴蜀,而是至韩为臣,直至韩王被杀,张良无处可归,才归至刘邦。但在后世的传颂中,却对此忽略,只讨论张良对汉的贡献,是汉的功臣。

张九龄另一首诗作中有言:“长怀赤松意,复忆紫芝歌。”又高度赞扬了张良功成身退后,不恋功名的隐士形象。隐士形象来源于张良晚年“欲从赤松子游”的记载,后世常将其与晏婴、范蠡等功成身退者并举,高度赞扬其隐士形象。

张说也有诗提及张良:“留侯封万户,园令寿千金。”“园令”指司马相如。张说以此诗表达自己虽有留侯之智、相如之才,却依旧不得重用的心境。可见,在其心目中,才华过人的代表人物是司马相如,而智者、功臣的代表人物便

是张良,其功可得封万户。表达了张说对先人的敬佩之情,也刻画了张良的智者、功臣形象。

张华在《魏刘骠骑诔》一文中言刘骠骑刘放“功遂身退,致仕悬舆。志邈留侯,心迈二疏”。意思是指刘放功成身退的人生志向堪比张良、二疏[1],前文在强调刘放的功劳时,将其与先贤伊尹、吕尚相较,而强调退而致仕的高尚行为时,则拿张良做比较,可见张良的隐士形象在当时是深入人心的。

除诗词、文章对其形象的塑造外,其后人自身的形象也影响着世人对张良的认知,如张道陵。张良晚年辟谷,从游赤松子在早期还被普遍认为是隐士作风,后来便逐渐有了神仙形象。除却张良自身经历传奇之外,无疑还有张天师世家的影响。《太平广记·张子房》一文,在生动描述张良道遇仙童、尸解成仙的传奇后,叙述却略显突兀地以张道陵结尾:“其孙道陵得道,朝昆仑之夕。”将张良和张道陵得道成仙的事迹并举,从叙述先后上似乎是张良影响了后代,但从《太平广记》的成书年代上看,显然是张道陵的神话形象影响到了后人对张良的认知。

另外,张良后人中多官员,且不少官居高位,为国家做出了杰出贡献。东汉张皓祖孙几代都是能臣,西晋张华是王佐之才,南朝宋张茂度是开国功臣……最为突出的无疑是唐代,《新唐书·宰相世系表》中列唐朝张姓宰相 17 人,张良的后人便占了 10 个[2]。这些优秀的政治家不仅对国忠贞,大多还智勇双全、爱惜人才。后世智者功臣辈出,而张良自身便具有谋士和功臣的形象,在后世传颂中自然会对他的认识有一定的影响。

以张说为例,唐人赠与张说的诗词,除上文提到的张九龄作诗以张良为喻之外,还有诸多以张说比张良的,如“宝胄匡韩主,华宗辅汉王”“累相承安世,深筹协子房”“佐命留侯业,词华博物才”……张说作为张良后人,又同为智勇

---

① 汉宣帝时名臣疏广和侄疏受。

② 张柬之、张说、张嘉贞、张延赏、张弘靖、张九龄、张仁愿、张镒、张锡、张文瓘。

双全的股肱之臣，才会使唐人有此联想，这说明张说的形象影响到了时人对张良的认识，无疑加深了张良的谋士、功臣形象。

三、结语

《史记》《汉书》中对张良形象最初的描写较为简略，后世张良的形象越来越被塑造得生动形象。这些形象的形成无不打上历史的烙印。如其晚年经历，早期评价多集中在其隐士形象上，后因道教的兴起，逐渐形成了其神仙形象。清末民初时期，张良的侠士形象又重新得到重视。

在张良形象塑造的过程中，张良的后人也起到了促进作用，如张道陵张天师的形象，对张良神仙形象的塑造产生了重要影响，再如张九龄等人，则是通过文学作品进一步深化了张良的形象。

（本文第一作者为郑州大学历史学院教授、河南省姓氏文化研究会副秘书长，第二作者为郑州大学历史学院硕士研究生）

张良的智谋从何而来

杨永华

张良(？—前189年或前190年),字子房,汉高祖刘邦的重要谋臣,秦末汉初杰出的政治家、军事家,汉朝的开国元勋之一。他以“运筹策帷帐之中,决胜千里外”的出色智谋,协助刘邦在楚汉之争中最终夺得天下,为“汉初三杰”之首,被奉为“帝王之师”,世人尊称他一代“谋圣”,成为智慧的化身,一生极富传奇色彩。后人历来对他的褒扬甚多,全国多地子房祠庙中,历代官员文人所题的楹联诗文不胜枚举。记得最精彩的一联应是“义士、谋士、隐士雅号集一尊,功高震主,事就退身,论文韬武略,岂止同萧韩列位？伟人、哲人、仙人芳册传千古,业绩封侯,名成藏迹,授国策兵机,足堪与刘项齐名!”寥寥数语,活灵活现地刻画了一位旷世奇才。历史不会把荣誉平白无故地送人,张良之所以有如此崇高的历史地位,是与他的历史贡献分不开的。

张良的一生是依靠智慧建功立业的一生,他以善于谋略,巧出奇计,出奇制胜,善用巧实力而著称。“运筹帷幄之中,制胜于无形,子房计谋其事,无知名,无勇功,图难于易,为大于细。”这是司马迁在《史记·太史公自序》中对张良的评介。史上说张良貌若女子,长得眉清目秀,但这弱小的身躯下所蕴藏的智慧能量却是惊人的。从某种意义上来讲,一个张良所发挥出来的作用,足以胜过十万精兵。但就是这么一个功名显赫且深得刘邦信任的张良,在辅佐刘邦建立起汉王朝后,却不恋功名利禄,及时功成身退,脱身追仙云游而去。“狡兔死,走狗烹,飞鸟尽,良弓藏”是一条历史潜规则。在韩信被诛杀、萧何入狱的险境下,“汉初三杰”唯有张良是个例外,得到了善终自保,并在后来依然得到了吕后的足够尊重,实属不易。《诗经》里有这么两句诗:“靡不有初,鲜克有终。”在历代王朝中,一个政治人物的结局都与其内在因素和外在环境直接相关,不管怎么说有个好的结局并不容易。而张良有个好结局靠的是什么?靠的就是智谋。

那么,张良的智谋是从何而来的呢?他在帷幄中的“运筹”又是从何而得的呢?首先是张良天资聪颖,有着良好的遗传基因,智商和情商皆高于人。情商是什么?情商就是指社会实践与沟通能力,知识运用到实践中的能力,以及解决实际问题的能力。在实际工作中,情商甚至比智商更重要。尽管张良年轻时也有过凭一腔热血,一时冲动,干过锥击秦始皇的鲁莽之事,但由于后来他获得了《太公兵法》,又不断反思自己,吸取教训,审时度势,冷静处事,择机而谋,终于成就了他过人的智谋。因此,我个人认为,他的智谋应从以下五个方面而来。

一、从书本上学习而来

张良自幼聪明好学,从不贪玩。小时候在故乡张得寨南“望月堂”读书学习,兴致之时常达到废寝忘食的地步。特别是“圯桥敬履”得到《太公兵法》后,更是如饥似渴学习,反复钻研,烂熟于心。熟读《太公兵法》后,他还广泛涉猎历代兵法,甚至天文、地理、经史子集……为避人打扰,静心研读,他还带着书本与干粮来到颍河北岸幽静的张良洞,一住就是几天,在这里精读深思。

由于他天资聪慧，加上勤奋好学，他读过的书简直过目不忘，既能理解其中的玄奥，又能融会贯通。这样，知识取代鲁莽的理性升华，使张良由当初的匹夫之勇、拔剑而起、挺身而斗的赳赳武士，脱胎换骨成了大智大勇之人。以至于后来，张良凭着自己雄厚的知识功底，结合春秋战国名家的研究成果，整理补充了《奇门遁甲》。他还把上面的知识用到排兵布阵上，编著了《八卦迷魂阵》等许多阵法。对当时和后世的军事战术谋略都有深刻影响。后来，张良与韩信一起对汉代以前出现的 180 多种兵法进行了大胆改编，将其压缩改编成了 38 部，为后世的兵法奠定了基础。

二、从学习前人智慧并创造性地运用中来

书本知识是前人的智慧结晶。比如兵法布阵的一些案例，毕竟不是自己亲历亲为，况且战场中情形瞬息万变，每一次战争中的情形，诸如时间、地点、地理环境等因素也不能复制，所以说纸上得来终觉浅，必须把书本理论与具体战场实际相结合，创造性地灵活运用，形成自己独特的认知，及时做出正确的判断。在这方面，张良运用得特别好。他的计谋，在关键时刻为刘邦指点迷津，力挽大局，决定命运。兵法上有一条反间计，你看张良是如何运用的。当年，刘邦在彭城击楚大败，垂头丧气地回到下邑，下马后倚着马鞍问道："我打算舍弃函谷关以东的一些地方作为封赏，谁能够与我一起建功立业呢？"这时，张良上前胸有成竹地进言说："九江王英布是楚国的猛将，同项王有隔阂，彭越因项王分封诸侯时没有受封，早对项王不满，并且与齐王田荣在梁地联合反楚，这两个人可利用。再一个就是汉王的将领中唯有韩信可托付大事，独当一面。如果要舍弃这些地方去送给这三人，楚国就可以打败了。"于是，汉王就派人去游说英布和彭越，把这两人都争取过来了。特别是英布的归汉使项王失去了一支臂膀，彭越也进一步坚定了反楚

的信心，加上对韩信的委以重任，一个内外联手共击项羽的军事联盟终于形成，扭转了楚汉战争的局势，使刘邦由战略防御转为战略进攻。正是张良凭着反间计战略的运用，特别是将项王的得力干将英布争取过来，为刘邦所用，为以后反楚最终胜利起到了决定性作用。名人茅坤有感于斯，说张良一生得力在此。在劝说刘邦定都这件事情上，也充分表现出张良站在较高的全局视野层面上，创造性地运用兵法的不凡智慧。灭楚后，刘邦想定都洛阳，刘敬认为应定都关中，刘邦犹豫不决，张良就帮其深刻分析说："洛阳虽有此固，其中小，不过数百里，田地薄，四面受敌，此非用武之国也。夫关中左崤函，右陇蜀，沃野千里……独以一面东制诸侯。诸侯定安，河渭漕挽天下，西给京师；诸侯有变，顺流而下，足以委输……"就这样，张良从战略地位、经济价值、政治环境与交通设施等方面，客观比较建都洛阳与关中的优劣之处，辩证分析，娓娓道来，力陈定都洛阳和关中之利弊，最后让刘邦心服口服地把都城定在了关中。事实证明，此是正确的决策。这一决策对维护汉王朝统治起了很大作用。特别是七国之乱时，吴楚等国都在关中，故京师影响不大，中央得以从容调兵剿灭。还有夺取峣关之战，也是张良摸透敌情，灵活运用瞒天过海之计，欲取先予，以少胜多的完美战例。那时，刘邦从洛阳向西南穿过轘山时，张良跟随刘邦一起攻下韩地 10 余座城，在这胜利的兴头上，刘邦让归顺的韩王成在阳翟留守，让张良和自己一起南下，攻打宛县，向西进入武关。沛公想用两万人的兵力攻打秦朝峣关的强大军队。张良劝告说："秦军还很强大，不可轻视。我听说峣关守将是屠户的儿子，市侩容易以利相诱。希望沛公暂且留守军营，派人先去，预备 5 万人吃的东西，在各个山头上多增挂旗帜，作为疑兵，叫郦食其带着贵重的宝物利诱秦军的将领。"秦军的将领果然背叛秦朝，打算跟沛公联合一起向西袭击咸阳。沛公想听从秦将的计划。张良对他说："这只是峣关的守将想反叛罢了，恐怕部下的士兵们不听从，士兵不从必然带来危害。不如趁着他们懈怠时攻打他们。”于是,沛公率兵攻打秦军,大败敌兵,然后追击败军到蓝田,第二次交战,秦军终于崩溃。从此次战事胜利,可以看到张良不仅战术运用得当,而且调查研究也非常细致,你看他连秦军将领的父亲是屠户的细节都了解得一清二楚。

三、从隐忍包容理性的个人素养中来

一个人的素养就是指在先天条件的基础上,通过后天的修身养性、反省自新、陶冶品行和涵养道德,形成自知、接纳、理性、包容、实践等的综合水平。张良之所以具有高超的政治智慧、高深的人生智慧、为人处世的生活智慧,是其个人素养历练到一定高度的结果。早年,张良血气方刚,为复韩锥刺秦始皇未果,遭秦通缉,为逃命改名换姓,开始浪迹天涯的地下生活。先在下邳后又辗转回到阳翟,得到乡亲们的保护和关照。一天,在家读书时间长了,就来到张得村西的石桥上闲逛。这时,有一个白发飘飘、穿着粗布衣裳的老人,走到了张良跟前,故意把他又脏又臭的鞋子甩到桥下,看着张良对他说:“小子,下去把我的鞋捡上来!”张良有些惊讶,想打他,见他年老,就勉强忍了下来,下去把鞋捡了上来。老人说:“给我把鞋穿上!”张良想既然已经替他把鞋捡了上来,就跪下替他穿上。老人穿上鞋后也没说句感谢的话便笑着离去。张良有些惊讶,注视着老人的身影。老人离开了约有一里路,又返回来了,说:“孺子可教,五天以后天刚亮时,跟我在这里相会。”张良觉得这事儿挺奇怪,但还是很快答应了。五天后的拂晓,张良去到那里。老人已在那里,生气地说:“跟老年人约会,反而后到,为什么呢?”老人离去,并说:“五天以后早早来会面。”五天以后鸡一叫,张良就去了。老人又在那里,又生气地说:“又来晚了,这是为什么?”老人离开,并说:“五天后再早点来。”五天后,张良不到半夜就去了。过了一会儿,老人也来了,高兴地说："应当像这样才好。"老人拿出一本书，说："读了这本书就可以做帝王的老师了，十年以后就会发迹，到时你到济北见我，谷城山的黄石就是我。"说完便走了，没有留下别的话。从此，再也没见到这位老人。天明时一看老人送的书，原来是《太公兵法》。张良正是因为得到这部书，才成为了后人尊敬的一代"谋圣"。因此，苏轼在《留侯论》中评价张良的"忍"时说："古之所谓豪杰之士者，必有过人之节。人情有所不能忍者，匹夫见辱，拔剑而起，挺身而斗，此不足为勇也。天下有大勇者，卒然临之而不惊，无故加之而不怒，此其所挟持者甚大，而其志甚远也。"隐忍，"忍小愤而就大谋"，是张良智慧的精华所在。有后人说，这或是一个虚构的无可佐证的故事，那个老人或许是韩国的遗老在暗地里考验磨炼他的意志。

张良的隐忍智慧，在鸿门宴上更是得到了充分展示。当时，鸿门宴上剑拔弩张，情势危急，见项羽对刺杀刘邦犹豫不决，项羽的亚父范增让项庄入场，以舞剑助兴表演为幌子寻机刺杀刘邦，这时刘邦的生命危在旦夕，张良看到暗藏杀机情况不妙，就出门跟刘邦手下的猛人樊哙说了这个情况。樊哙一听大火，抄起盾牌宝剑就往里冲，有他站在刘邦身后保驾护航，张良这才松了一口气。过了一阵，刘邦假装解手方便，出去后抄小路尿遁了。张良就在后边说了一大通刘邦不胜酒力，又闹肚疼，他先回去休息了，又奉上了刘邦来时带的礼品。尽管范增恼羞成怒脸上难看，但张良还是用机灵圆融的隐忍之计，卑辞言和，帮刘邦逃过一劫。这是以智慧克服残暴，以祥和化解戾气，以和平取代杀虐的胜利。经过这么一场患难相助，刘邦对张良更是深信不疑，赏识有加。事实证明，不能忍者，成不了大事。忍耐是一种理智，一种美德，更是一种成熟。

四、从运用娴熟的心理学中得来

用成熟的心理理性地分析思考问题，做出正确的判断，也当属个人良好素养养成的范畴。“心理学”一词来源于希腊文,意思是关于灵魂的科学。心理学是一门涵盖各种专业领域的科学。它涉及知觉、认知、情绪、人格、行为和人际关系等许多领域。兵法上有一句话叫“知己知彼,百战不殆”。要想战胜对方,就必须摸清对方的心理及行为底细。张良正是善于站在对方的角度思考问题,摸透对方的心思,然后有针对性地制定战胜对方的战略,这样就收到了百战不殆的效果。可以说,张良是将心理学准确成功运用的导师。有例为证:一、假齐王变成真齐王,韩信死心踏地助刘邦。汉四年(前203年),韩信破齐欲自立为齐王,便差手下人带信给刘邦,汉王大怒。张良认为,韩信就是想当个官过过瘾,并没有想闹独立另立山头的想法。况且韩信的向背对楚汉战争的胜负有着举足轻重的作用。所以,就在一旁劝刘邦不要动怒,后刘邦态度转变,“要什么假齐王,要给我就给他个真齐王”,并立马起草下发了公布令,韩信最终成为刘邦灭楚的核心力量。二、请“商山四皓”出山,确保太子地位不动摇。吕后的儿子刘盈最早被刘邦选做继承人。可是戚夫人怂恿着刘邦要换太子。吕后知道后坐立不宁,忽然想起了“智多星”张良,说这件事你一定得想出办法来。张良说:“汉王是个主意挺正的人,现在天下安定了,皇后您都不好使,这件事又不能直接找皇上争辩。这样吧,天下有四个人可以办这件事,可这四个人都已经老了,都认为皇上对人傲慢,所以一直逃避躲在山中,不肯为皇上服务,但皇上很敬重这四个人,现在您如果不惜金玉璧帛,再派有口才的人恳切邀请,他们应当会来。来后把他们当作贵宾,陪着太子。”吕后照此做了。一日皇上看到这四个老人十分惊讶,问是谁请来的。当得知是太子请来的,就预感到太子如今已翅膀硬了,动他不得了,从此就不再提换太子的事了。这件事的成功,是张良基于对刘邦内心世界的透彻把握,采取有针对性策略的结果。郭嵩焘的《史记札记》对此有一段评论:“留侯所学犹战国策士之习也。而深机秘要,默运之心,以知高帝不言之隐情,而惟其所操纵之,盖尤神于揣摩之术者。老子所谓‘百物出于机而入于机’，惟留侯得之。”三、看淡功名利禄，追仙云游而去。天下大定，高祖大封有功之臣。良不尝有战功，高帝曰：“运筹策帷帐中，决胜千里外，子房功也。自择齐三万户。”良曰：“始臣起下邳，与上会留，此天以臣授陛下。陛下用臣计，幸而时中，臣愿封留足矣，不敢当三万户。”(《史记·留侯世家》)在张良的推辞下，刘邦只给他封了个留侯。张良感激地说：“我家世代为韩相，韩国灭亡，不惜万金家财，替韩国向强秦报仇，如今凭借三寸之舌为帝王统师，封邑万户，位居列侯，这对一个平民是至高无上的荣耀，我张良已经很满足了。”为了培养年轻人，张良逐渐减少对所负责业务的干预，后来也不知道他是真病假病，干脆不理朝事，说是追随一个叫赤松子的老神仙修炼道家养身之术，去练习辟谷之术了。司马光曾这样分析张良的如此举动，他说：“以子房之明辨达理，足以知神仙之为虚诡矣；然其欲从赤松子游者，其智可知也。夫功名之际，人臣之所难处。如高帝所称者，三杰而已；淮阴诛夷，萧何系狱，非以履盛满而不止耶！故子房托于神仙，遗弃人间，等功名于外物，置荣利而不顾，所谓‘明哲保身’者，子房有焉。”实际上，刘邦平日里是一个最喜狎侮，又多猜忌的人，爱戏弄读书之人，但他对张良却是个例外，言听计从，非常尊重。可张良却深切地看透了历史，看透了刘邦，洞察到了再干下去的现实危机，从而急流勇退，得以善终。

五、从善于站位全局思考中得来

张良对刘邦处处表现得衷心耿耿，想问题、办事情、献计策都是从维护刘邦的权威、巩固汉朝基业的宏图大略出发，而不是为一己私利。实践证明，他所提出的计策谋略对帮助刘邦建立汉朝基业发挥了重要作用。因此，张良也得到了刘邦的高度信任和感激，刘邦对他也是言听计从的，就算再不高兴，也没见对张良发过脾气。当然,这里面还有张良高深的人生智慧在发挥作用。俗话说,伴君如伴虎,在皇帝身边一句话说不好,就会立马遭到悲惨的下场,历史上有多少能臣贤将都是死于直言强谏。但张良的高深智慧表现在,他向君主进谏时,能将自己置于一个恰当的位置,既雄辩又不张扬,既指明利害又不置君主于尴尬境地。他知己知彼,控拿分寸,刚柔相济,动之以情,晓之以理,很懂得进谏的艺术。这一点很重要,我们都知道中国人是很看重面子的,如何恰如其分地向领导进言而又不使自己陷入被动境地,这的确是一个值得琢磨的大问题。张良做得很好很到位,出发点正确又讲究进谏的艺术。这方面的事有很多。例如,一、定人心建议封雍齿。汉六年(前 201 年)正月,刘邦封赏有功之臣,已经封赏了 20 多个人,其余的人仍日夜争功,不能决定高下,未能进行封赏,下面军心不稳。皇上在洛阳南宫,从桥上望见一些将领常常坐在沙地上议论纷纷。皇上问:"这些人在说什么?"张良就告诉他:"陛下不知道吗?这是在商议反叛呀!"皇上说:"天下已接近安定,为什么还要谋反呢?"张良说:"陛下以平民身份起事,靠着这些人取得了天下,现在陛下做了天子,而所封赏的都是萧何、曹参这些陛下所亲近宠幸的老友,所诛杀的都是一生中仇恨的人。如今军官们计算功劳,认为天下的土地不够一一封赏的,这些人怕陛下不能全部封到,又担心被怀疑而遭诛杀,所以就聚在一起图谋造反了。"皇上于是忧心忡忡地说:"这件事该怎么办呢?"张良说:"皇上平生最憎恨而群臣又都知道的人是谁?"皇上说:"雍齿与我有宿怨,曾多次使我受窘受辱。我原想杀掉他,但因为他的功劳大,所以不忍心。"张良说:"现在赶紧封雍齿给群臣看,群臣见雍齿都被封赏了,那么每人对自己的受封就坚定不移了。"于是皇上便摆设酒宴,封雍齿为什方侯,并紧迫地催促丞相、御史评定功劳,施行封赏。群臣吃过酒后,都高兴地说:"雍齿尚且被封为侯,我们这些人就不担忧了。"内部眼看要出现的不团结另立山头的隐患,就这样化解了,从而避免了一场因封赏不公而出现的内耗争斗,进一步巩固了刘邦的政权。他这种安一仇坚众心的权术,也常常为后世政客们所用。二、言明利害劝刘邦搬出宫。大破秦军入咸阳后,刘邦为秦宫富丽所动心,想留在秦宫,樊哙劝其不听。张良数言便拾沛公大志:“夫秦为无道,故沛公得至此……今始入秦,即安其乐,此所谓‘助桀为虐’。且‘忠言逆耳利于行,毒药苦口利于病’,愿沛公听樊哙言。”(《史记·留侯世家》)张良语气平和,但软中有硬。刘邦听从了张良的善意劝告,立马还军霸上。这一举动,既得到了秦民的拥护,稳定了咸阳的社会秩序,又消除了项羽攻打的戒心。范增闻讯就说:“沛公居山东时,贪于财货,好美姬。今入关,财物无所取,妇女无所幸,此其志不在小。”(《史记·项羽本纪》)站在大局上思考问题,还有力陈封六国之害一事,避免了一次重大战略失误,也是可圈可点的。汉三年(前 204 年),楚军兵围汉王于荥阳,双方从战不决。汉军粮草匮乏,渐渐难撑危机。刘邦与郦食其商议削弱楚国的势力。郦食其说:“昔日商汤伐夏桀,封夏朝后人于杞国。周武王讨伐商纣,封商朝后人于宋国。如今秦朝丧失德政,抛弃道义,侵略诸侯各国,消灭了六国的后代,使他们没有一点立足的地方。陛下果真能封六国的后裔,使他们都接受陛下的印信,这样六国的君臣百姓一定会感戴陛下的恩德,无不归顺服从,仰慕陛下道义,甘愿做陛下的臣民。随着恩德道义的施行,陛下就可以面南称霸,楚王一定会整好衣冠恭恭敬敬地前来朝拜了。”汉王说:“好。赶快刻制印信,先生就可以带着这些印信出发了。”郦食其还没有来得及动身,张良回来了,得知此情况,对刘邦说道:“是谁替陛下出的这个馊主意?陛下的大事要完了。”汉王问:“为什么?”张良用汤伐桀、武王伐纣的历史经验,力陈不可者有八。认为当前只能使楚国不再强大,否则六国被封立的后代就会重新屈服于楚国。张良最后说:“诚用客之谋,陛下事去矣。”汉王一听饭也不吃了,骂道:“这个笨书呆子,差点儿败坏了我的大事。”于是赶快销毁那些印信,此事就此打住。

深入研究张良的智谋从何而来,对于我们以人为鉴,以史为鉴,究天下之际，通古今之变，探索宇宙人生的根本道理，从历史事件中探寻发展道路的兴衰成败之理，汲取先贤治国理政的经验教训，开启现代人的智慧头脑，为当今建设繁荣富强文明和谐的现代化事业服务，推动实现中华民族伟大复兴的"中国梦"，都具有重要的现实意义。

（本文作者为禹州市张良故里文化研究会秘书长、禹州市文联原主席）

张良生于城父考

张健华

汉初留侯张良出生在哪里,《史记》没有详细记载,南朝《后汉书》也没有写张良的出生地,但在《史记·索隐》中顾氏按云:“《后汉书》云‘张良出于城父’,城父县属颍川也。”《史记·正义》引《括地志》云:“城父在汝州郏城县东三十里,韩地也。”两书都认定“张良出于城父”。

现代学者通过研究,得出张良的出生地有8种说法。依次如下:

1.《辞海》第六版:“张良……相传为城父(今河南襄城西南)人。”

2.白寿彝总主编的《中国通史》认为,张良是城父(今亳州东南)人。

3.《山西师院学报(社会科学版)》1980年第3期,周京堂发表的《张良是屯留人》认为,山西省长治市屯留县西贾乡张贤村,是张良的诞生地,据说他的墓在东兴旺村南的高台上。

4.《山西师院学报(社会科学版)》1982年第1期,孙以楷发表的《张良不是屯留人》认为,张良是今河南省许昌市襄城县人。

5.《中国石油大学学报(社会科学版)》2000年第5期,余世诚的《张良的故里在今禹州》认为,河南省许昌市禹州市张得镇,是张良故里。

6.《平顶山学院学报》2007 年第 3 期,河南大学姚瀛艇教授与许昌市建设银行张向阳合著的《张良故里城父考》,认为河南省平顶山市宝丰县李庄乡古城村是张良的故里城父。2014 年 11 月出版的《张良谋略与智慧》中,河南省社科院历史研究所原所长程有为,也持此种态度。

7.新乡市张健华在 2008 年《原阳县志》上发表的《张良出生在原阳》,认为河南省新乡市原阳县齐街镇留侯村,是张良的诞生地。

8. 2014 年 11 月出版的《张良谋略与智慧》中,河南大学陈昌远教授和郑州大学陈隆文教授合著的《张良故里发微》以及平顶山学院潘民中教授写的《试论张良故里在河南郏县张店》,认为张良故里在河南省平顶山市郏县李口乡张店村。

综合以上信息,张良的出生地涉及山西省的屯留县西贾乡和襄汾县大邓乡,安徽省亳州城父镇,以及河南省的原阳县留侯村、禹州市张得镇、宝丰县古城村、郏县张店和襄城县。

张良出生在哪里,史书没有详细记载,大凡张良后裔,家中都有《张氏族谱》,家谱记载着先人一代代走到现在的足迹。

"留侯张良者,其先韩人也。"《史记》在描写留侯张良时,开头就给人以巨大震撼。五世相韩,说明张良祖上为韩世卿,不仅为世卿,在韩建立的 200 年左右的历程中,张良有 5 位先祖都做过韩相。接着司马迁就描写其爷爷、父亲相韩的历程。张良的爷爷张开地,历相韩昭侯、韩宣惠王、韩襄哀王,计为韩相 40 余年。父亲张平历任韩釐王、韩桓惠王之相,同为韩相 40 余年。如此显赫的家世,司马迁仅仅以"其先韩人也"一笔带过,只交代了属于韩地。

从以上分析可知,张良出生地有两个要点:一个就是张良出生在战国时期的韩地,另一个就是张良出生在韩地的城父。此外结合张氏家谱记载、现在遗址处新发现、顾氏的注解、张良家族通过姻亲形成豪族等 4 个方面来阐述张良的出生地。

一、家谱记载

（一）现存最早的张氏家谱

1995年巴蜀书社出版的《中华族谱集成·张氏谱》第一册，收录了明嘉靖年间张宪、张延辉主修的《张氏统宗世谱》，原装10册。原著藏于安徽省图书馆。《张氏统宗世谱》是一部影响范围相对较广的通谱，以其参修范围广（收录张氏衍派117派）、人员多（34人同修）、参修人员文化层次高（多进士及第），自成书以来备受世人关注。

《张氏统宗世谱》是以汉留侯张良为一世祖，上朔张氏开宗立姓之祖挥公，下迄明中叶播迁各地之衍派117支。涉猎范围很广。

《张氏统宗世谱》记载，张良的先祖张孟谈时，从曲沃徙居廪延（今河南延津），张孟谈为廪延派之祖。

廪延，古邑名，在今河南延津东北、古黄河南。宋政和七年（1117年）以黄河渡口改廪延为延津县。

张良祖上迁居廪延，是居住在廪廷城吗？从《张氏统宗世谱》可知，居廪延的始迁祖是张孟谈，并且一直到张良都居住在此。张孟谈居住在廪延何地？《中华族谱集成·张氏谱》第一册载："廪延派，在廪延城南50里，开封西北90里。"此处是个什么地方呢？

《战国策·张孟谈既固赵宗》载："张孟谈便厚以便名，纳地释事以去权尊，而耕于负亲之丘。"结合家谱，张孟谈就居住在廪延南50里的负亲之丘。

此丘的名字是什么呢？2012年年底，我询问时任延津县史志办主任的朱斌，朱主任翻开《延津县志》说，县志记载，张良世居廪延负亲太山，并在此山上建立丞相府,即天洲城。但因为黄河改道,在明万历十五年(1587年),重新划分行政区划,天洲城就隶属于阳武县(今河南原阳东南)了。因此在康熙四十一年(1702年)重新编写《延津县志》时,县令将涉及留侯张良的一切事迹都删除,不再记载,怕与阳武县之间引起误会。但在明以前县志还有这方面的记载,张良,廪延(延津)人。

阳武县,1949年与原武县合并置原阳县。据当时原阳县县志办主任说:"有关张良的事迹在《阳武县志》记载不少,但仅仅点名张良在阳武县博浪沙刺秦时隐匿于留侯村。并且在县志中有大量颂扬张良的诗词,县东关有张良庙和博浪沙刺秦亭,齐街镇留侯村有张良庙。现在的留侯村已经发展为很大的村,分别为东留侯村、中留侯村、西留侯村、南留侯村,成为4个行政村委会。"

张良的先祖自张孟谈就"居廪延",并且是在战国初时,由曲沃迁居廪延。廪延在春秋时期就已存在,宋政和七年以黄河渡口改称延津县。其地名沿袭至今。延津县就是廪延,今隶属于新乡市。

廪延遗址在今延津县哪里呢?2014年7月,朱斌领着我来到延津县史志办原主任李贤才家。李先生80多岁了,他对延津县历史了如指掌,他说:"廪延遗址在延津县石婆固乡小渭村。"小渭村在延津县北20余里。

依照《张氏统宗世谱》描述,以延津县小渭村向南50里,开封西北90里,交点处就是张良的祖居地,这个交会点就是今之原阳县齐街镇留侯村。

(二)其他家谱有关张良诞生地的记载

在唐代,张氏族谱凤毛麟角,有史书记载的第一个张氏族谱版本是张茂枢所作的《河东张氏家传》。

张茂枢,字休府,及进士第。唐哀帝天祐二年(905年),张茂枢涉入官场倾轧,被诏敕除名,并赐自尽。张茂枢的《河东张氏家传》目前已遗失,但其家族后人根据其书整理的《三相张家张氏族谱》中记载,张良“徙居陈留,为陈留派之祖,派出廪延”。河东张氏以在唐一朝出张嘉贞、张延赏、张弘靖等祖父孙3人为相,创历史先河,故其堂号为“三相张家”。

有史书记载的第二个张氏族谱就是唐代宰相张九龄后裔编著的《曲江张氏族谱》。2010年4月,在濮阳翻阅福建省宁化县四修的《张公君政族谱》中记载,张良“徙居陈留,为陈留派之祖,派出廪延”。

本人在2007年就注重搜集张氏家谱文集,多次参加张氏拜祖大会,并于2013年6月在雅加达加入世界张氏总会。从搜集的张氏家谱看,龙虎山道教派张姓人物及医圣张仲景、张衡、张飞、晋司空张华都是张良后裔;唐代张氏20位宰相中有15人是张良后裔(另有《新唐书·宰相世系表》列唐朝张姓宰相17人,张良的后人有10个),他们分别是张嘉贞、张嘉福、张延赏、张弘靖、张柬之、张大安、张说、张九龄、张仁愿、张亮、张镒、张文瓘、张锡、张忠志(皇上赐名李宝臣)、张光辅等。另外,唐代著名大将张士贵以及张公艺等都是张良的后裔。翻阅这些历史名人后裔的家谱,都记载张良为“陈留派之祖,派出廪延”。这些家谱中这句话的意思就是:张良诞生在延津县的负亲乡太山(今原阳县留侯村),其后迁移到陈留(今兰考)。

二、实地考证张良的祖居地原阳县留侯村天洲城

张良的祖居地天洲城,就是延津县南的原阳县齐街镇留侯村。

为了寻找张良的祖居地,2007年春开始我在延津县境内多个村庄考察访问,始终没有结果。打开新乡市行政区划图,发现与延津县交界的原阳县境内的齐街镇有个留侯村,并且是东留侯、中留侯、西留侯、南留侯4个村庄,就想张良被刘邦封为留侯,此处聚落成如此大的村庄,并以留侯命村名,肯定与张

良有关。

2007年7月，我来到留侯村。齐街镇主抓史迹记载的李安顺，多次与我联系，并提供各方面便利条件。

留侯村的孟庆才、李国君、郑耀武、孟繁铁，更是多次迎送。孟庆才将我领到该村张良庙前的石碑前说：在1958年前，俺村的张良庙占地12亩，庙内有大雄宝殿、正殿、东西厢房，西侧有戏楼。庙内供奉张良、黄石公、张良的母亲、张良的妻子等人物塑像。张良的妻子被封为泰山老母，就是送子老奶，方圆百里乏子的人家，都到这里烧香许愿求子，据说相当灵验。只可惜1958年兴修水利，庙门两边的石碑都被拉走修桥，就连庙内的所有房屋都被拆掉了。现在仅仅保留明清时期的四统碑和两个石狮子，要是都保留下来，就有几十统碑。现在的张良庙，是俺几个退休的老头儿带领大家，1990年又在原址建的，跟从前的张良庙的气势没法比。

当问及《原阳县志》记载的天洲城在哪里时，孟庆才、李国君相互给我介绍说：现在的留侯村就是天洲城，现在庙门前的石碑上都有记载，这里就是天洲城。你看整个村子方圆四五里，都比其他地面高，庙西的西留侯村从前或许是丞相府的马厩地，农民起土下挖，发现近2尺厚的马粪层，还有齐并两排24眼汲水井。再西行就看到张良母亲的墓了。

"张良母亲墓？"我惊讶地问道。

"对，2004年春，村民在孟繁铁的责任田里起土发现的张良母亲墓，当时是个大土岗，土岗启平后下挖至少6米深的大坑。"

村民将我领到村西发现张良母亲墓处，我说："你们咋知道是张良母亲墓呢？"

多人齐说："有墓志铭。墓志铭意思是，张良母亲病故，汉王（刘邦）特派曹参前来吊孝，并赐封张良母亲周老太君为韩国母。"

"墓碑有多大，当时是否报告给县文化局？"

"大概有 80 厘米见方,上面的字都不太认得。发现后就立即报告给文管员老黄和老周了。"

我问道:"那现在墓志铭在哪里?"

"大家怕丢失,就先把那块石碑回埋了。"

"张良母亲墓是啥样?"

"那,太大了,墓室边全都是柏木方阵,一垛垛码放整齐,中间是棺材,打开棺材,发现一尸骨。"

"尸骨头向哪个方向? 你咋知道是柏木哩?"

"头向东南,你看这坑里,庄稼地里,现在还扔得到处都是柏木,就这还是少了的。都知道是墓里的木材,村民不敢拿回家,就在冬天用来烤火,野外几个人聚到一起,捡来堆一堆烤火。这 4 年烧下来虽然变少了,可你看看,这周围庄稼地里,还是扔得到处都是,你闻闻看,是不是柏木?"

孟庆才从地上拿起一根棺木递给我,虽然已经部分腐烂,但柏木香味仍然留存。

黄肠题凑,在春秋战国时期,是最高规格的墓葬形式,遍地的柏木,咋会用到张良母亲的墓中呢? 墓葬规格太高了。莫非因张良与刘邦结拜兄弟,刘邦做皇上后,尊张良母亲为义国母,因此诰封为韩国母,才按此高规格下葬的? 难道那时候张家豪富,废除了周的黄肠题凑墓葬制,有钱有地位的官宦之家可以破规格?

李国君接着说:"咱留侯村的遗迹太多了,张良母亲墓前正南 1 里地,据讲就是韩王信的墓地。农业学大寨时,深翻土地,在那里发现了砖结构墓室。在 1949 年以前,每逢清明、七月十五、十月一,都会有人骑马趁天黑偷偷来烧纸,而后快马离去,不知道是何人来往。再向南 1 里地的南留侯村东,就是仓颉造字台。"

史皇仓颉,"都于阳武,终葬衙之利乡亭",《春秋元命苞》中是这样记载的。此处的仓颉造字台还真与历史记载相吻合。

由此看来,原阳县齐街镇留侯村,有天洲城遗址,有张良庙,有张良母亲墓。从各个方面都可以证明张良出生地就在这里。自古至今,除皇帝墓葬外,贵族之家的墓室,距离驻地一般不超过 20 里,这也是为了来回祭祖方便的原因吧。

实地考察,张良母亲墓与史书记载的张平家族墓位置相符合,可是这个原阳县的留侯村在历史上属于廪延吗?

东留侯村的李学亮,给我寄来 2015 年 10 月出版的《河南省原阳县齐街镇东留侯村志》。村志中记载了万历六年(1578 年)二月河北省承德县通判、廪延人周宠,为李仁写的墓志铭。墓志铭提及李仁的墓在廪延南留侯村。“李仁之高祖信、曾祖海、祖祥,俱葬于廪延南留侯腹。”

从墓志铭可以看出,在万历六年时,南留侯隶属于廪延,廪延在南留侯之北,南留侯在东留侯之南 2 里,离廪延更近的东留侯村,更应该隶属于廪延。

该村志又登载了万历三十八年(1610 年)《创建关王庙碑记》。碑记说:“阳武迤东北留侯寨。”此处记载的东留侯村又隶属于阳武县了。

留侯村在万历六年隶属于廪延,但在万历三十八年后又归属于阳武县,32 年的历史,就来了个隶属大反转,这该如何解释?

《延津县志》载:“延津县原居大河之南。明成化十四年(1478 年)七月,河决于县西畀村,次年,黄河徙流县南,县北之流遂塞,自此延津由河之南变为河之北。”民国《阳武县志・河防志》载:“万历十五年河溢。”自此黄河南袭。

阳武县万历十五年黄河泛滥,在万历六年留侯村隶属于延津县。现延津县史志办朱斌主任讲:“万历十五年,延津县南划归阳武县。”康熙四十一年《延津县志・疆域》载:“南五里阳武界。”留侯村在延津县南 15 里,自然划归阳武县境。留侯村的万历六年与万历三十八年的这两块碑,正好反映出原阳县与延津县之间的县域变化,同时正好与朱主任的说法相符合。

张良派出廪延的留侯村，万历十五年后，变成河南省原阳县齐街镇留侯村，因此可以名正言顺地说：张良诞生于原阳县留侯村。

三、城父就是浚仪，在开封西北30里

张良出生地在原阳县齐街镇留侯村。与家谱、县志、当地实地考察都相对应，那么与《史记·索隐》引《后汉书》中记载的是否相对应呢？

《史记·索隐》顾氏按云："《后汉书》云'张良出于城父'。"《史记·正义》云："城父在汝州郏城县东三十里，韩地也。"

张良出于城父，就是说张良诞生于城父。历史上有三个城父，分别是：

A.春秋时楚邑，今河南省平顶山市宝丰县李庄乡古城村。

B.安徽省亳州市谯城区城父镇，此城父历春秋战国直到现在。

C.南朝宋废城父县改置浚仪县，隋（一说唐）复曰城父。

先说宝丰县的城父。

《元和郡县图志》云："父城故城在县东南四十里，故殷时应国……即楚太子建所居之城父。"《正德汝州城》云："父城在宝丰父城保，本殷时应国。《左传》楚城父城即此。"父城遗址在宝丰县李庄乡古城村。这个城父也是楚太子建所居，好像跟亳州的城父有一些混淆，但宝丰的这个城父或者父城，在春秋战国时期，属于楚国，并且是楚国的陪都，这个城父不可能属于韩，居住在韩地的张良家族也就不会在这里居住，张良更不会出生在这里。

再说安徽亳州的城父。

安徽省城父，又名夷邑，春秋时期属于陈国，战国时属楚。汉置城父县。

张良生于战国末期，安徽的这个城父在战国时属楚。张良的故里在《史记·留侯世家》中记载："其先韩人也。"其意思是说，在张良先祖时就居住在韩国。安徽的城父隶属于楚，不属于韩，因此不可能是张良的故里。

最后再说开封附近的浚仪。

浚仪在南朝宋时期,按照《中国历史地名大辞典》记述,是将安徽亳州的城父改置浚仪县,但城父县没有了。谭其骧主编的《中国历史地图集》第七册,把城父列为豫州无考县名。

《史记·索隐》顾氏按云:"张良出于城父。"顾氏就是顾野王,南北朝时期史学家,他注解了张良出生在城父,但在他生活时期,我们现在却恰恰找不到城父,这该作何解释呢?如果是浚仪南置,城父北置,二者相互更换为对方的名字有这种可能吗?

《史记·索隐》在"张良出于城父"之后,还怕不知道地理位置,《正义》引《括地志》又提出一个地名:"城父在汝州郏城县东三十里,韩地也。"城父、郏城都在韩地。郏城县在哪里?据 1997 年《郑州市志》记载,郏城县治所在今中牟县东。

顾野王还真为我的大胆设想——南北朝时期城父、浚仪互换名字给了肯定答案。

《开封市志·综合册·大事记》载:"浚仪在汴州城西北 30 里。"开封市政协韩鹏说:"浚仪在开封西北 30 里。"在南北朝、隋朝时期,留侯村距城父约 18 公里,此时期留侯村隶属于城父也是有可能的。最重要之处就是属于韩地。

城父在郏城县东 30 里,浚仪在开封西北 30 里,二者正是指向同一个位置,这个位置与原阳县齐街镇留侯村是大致吻合的。

四、原阳县境内张良家族通过姻亲等形成强大豪族集团

张良出生在原阳县留侯村。张良并不是孤立的一个人,其祖上五世相韩,显贵无比。依据家谱及《战国策》记载,从韩初张良的先祖张孟谈为韩相,徙居今原阳县留侯村起,到 200 多年后张良,其家庭始终居住于此,因为为韩世

卿,在这里形成强大的家族势力,再通过姻亲等各种盘根错节的关系,在今原阳县境内形成豪族集团。《史记》中记载的博浪沙刺秦的大力士、仓海君、黄石公,以及汉初的赵王张耳,汉初丞相张苍、陈平、周勃、曹参等8位人物,不但都是原阳人,还都与张良有关系。

1.大力士高且遐。2016年元月,世界张氏总会副秘书长、濮阳县张姓文化研究会秘书长张志彪,河南省张姓文化研究会副会长、郑州燕庄张亮(唐相)后裔张文宣,以及安徽省张姓文化研究会会长张世峰3人,在合肥认识了高且遐的后裔——安徽省合肥市中级法院的高老先生,高先生目前已退休。高先生说:“先祖高且遐,居住在原阳县境的仪邑,是仓海君的大将军。”并且还给大家介绍了先祖高且遐与张良共同组织的在博浪沙刺秦的一场战争。

2.仓海君。仓颉造字台在今原阳县南留侯村,仓海君也是今南留侯村人。仓颉造字世代承袭,在此形成字体存放的大博物馆,春秋战国,各国使者到这里翻译公文,这里成为书籍的重要集散地。仓海君自然耳闻目睹,学问渊博。爱好学习的张良,距离此地3里,自然仓海君成了张良的启蒙老师。这也是在原阳博浪沙刺秦要面见仓海君,让仓海君出主意的原因。按照高先生的说法,仓海君是仓颉的后代。

3.黄石公。在山东省平阴县东阿镇魏院村,找到了黄石公的后裔。依据其家谱记载,黄石公就是上天梯附近人。根据《阳武县志》对上天梯的记载,上天梯就在原阳县西关老汽车站西100米处。黄石公在上天梯处犁地,其家也在此处。因此黄石公也是原阳县人。

4.赵王张耳。张耳在楚汉战争中声名显赫,深得刘邦器重。依据《张氏统宗世谱》,张耳是著名纵横家张仪的曾孙,居住三教堂(实际上是三家堂,从前为三姓人家居住,分别是高且遐之高、张耳之张、陈馀之陈)。依据家谱,张耳是张苍的亲侄子,也是张良同一家族中的同辈人。

5.张苍。居住在今原阳县富宁集镇张大夫寨村。该村现在还有张苍后裔。依据《张氏统宗世谱》，张苍是张良刚出五服的堂叔。

6.陈平。依据家谱和《史记》记载，陈平的老丈爷张负是今原阳县阳阿村人，是当地大财主。陈平穷而有谋，张负招陈平到阳阿村为孙婿。张负与张良是五服内的堂兄，因此陈平应该尊称张良为老丈爷。

7.周勃。周勃是今原阳县师寨镇磁固堤村人。该村周本成家族是周勃的后裔。张良的母亲姓周，妻子也姓周，但查阅周本成的家谱，家谱中没有结为姻亲的记载，但最起码都是老乡关系。

8.曹参。《阳武县志》中记载有曹参，但始终找不到曹参与原阳县的关系。新发现的张良母亲周夫人墓碑上面记载，曹参亲自祭祀吊唁看，或许曹参与张良之间也有一些关系。

值得一提的是，2015 年 10 月 24 日，原阳县留侯村孟庆才老先生给我打电话说："在张良母亲墓东南 7 米处，又发现一柏木棺，是孟繁铁种麦子耙地时，旋盘耙无意中带出来的。"

于是我迅速通知河南省张姓文化研究会张健会长，张会长第二天派张世根副会长，随从有张良后裔张志超和张新乾。我们 4 人在原阳县文管所会合后，县文管所书记带领我们 4 人到齐街镇留侯村，在众村民的簇拥中，移开柏木天板，露出棺材真容。该棺木极其简单，除天板是柏木外，其他棺木帮、底、堵头等五块棺木都是杂木，且已经腐朽被土壤吸收。

看到如此简陋的棺材，唐代宰相张亮后裔张志超认为，结合《史记》中记载的"弟死不葬"，还有该墓的位置，综合判断，应该是张良的弟弟张原之墓。同为张良后裔的我和张新乾，均表示赞同。

孟庆才又说："在张良母亲墓东侧，还发现一个新墓穴，应该是张良的父亲张平之墓。"县文管所书记认为此说法有道理，但在没有遭到破坏的情况下，还是原位保存最好。

以上通过张氏家谱记载、现在遗址处新发现、顾氏的注解、张良家族豪族集团的形成等4个方面来阐述张良的出生地,能与这4个方面相符合的地方,只有原阳县留侯村。最终得出结论:张良诞生在河南省新乡市原阳县齐街镇留侯村。

（本文作者为新乡市张良文化研究会会长）

平顶山市郏县张良故里张店村旅游规划总体构想

张金岭

一、规划理念

平顶山市郏县张良故里张店村旅游规划在系统分析张良故里旅游资源特点、旅游市场需求和比较名人故里开发模式的基础上，以“谋圣”张良文化为灵魂，突破常规的名人故里开发模式，全方位整合利用各种文化和自然旅游资源，创新性地提出了张良故里旅游区的新型开发模式：文化为魂，山水为形，村落田园为体，休闲为核，项目为媒，多极驱动，组团发展。

（一）从做景点旅游向做泛旅游产业集群转变

打破传统的只做景点观光旅游的旧框框，采取泛旅游产业整合与产业集群化发展模式，以旅游业为龙头，以旅游消费需求为驱动力形成的产业集群，是在旅游产业融合背景下，依托旅游产业，并通过旅游产业的带动，延伸发展起来的产业群体。适应多样化的旅游市场需求，推动旅游与文化、娱乐、体育、医疗养生、农业、工业等产业融合联动发展，强化融合联动，提升内涵品质，打造一批以寻根朝圣、旅游演艺、互动娱乐、乡村美食、养生养老、休闲农业为主体的旅游精品项目。为了郏县旅游产业和新型城镇化的深化融合发展，实现旅游引领当地经济社会全面发展的目标，需要从泛旅游产业的角度对张良故里进行科学规划，深入开发。

（二）大手笔规划

张良故里旅游区要想开发成功，小打小闹解决不了问题。而大手笔规划主要体现在以下几个方面。

1.站位要高：提出"谋圣"张良"不仅是张店村的张良、郏县的张良、平顶山市的张良、中国的张良，也是世界华人的张良"的理念，要有国际化的视野，整合全国和全球的资源，建设高水准的文化旅游区。

2.做大景区框架，扩大规模：规划范围由当前的张店村扩大到村外，"上山进沟下河"，南连北接，东拓西进。

3.拓展思路：采用国内外最新的旅游规划方法，要出精品，50 年后张良故里旅游区的部分建设项目也应当成为国家珍贵文物。

（三）从文物旅游到文化旅游

村落不仅要"保护"，更要"活化"。过去，张良故里主要是文物观光旅游，游客不多，人气不旺，陷入了发展的瓶颈（我们研究发现，对张良文化和明清古建筑感兴趣的游客只占旅游市场总量的 10%）。不过，当前观光旅游的基础也并不牢固，还缺乏具备强大旅游吸引力的景观点，与张良直接相关的原真性的文化遗产也缺乏，主要是博物馆性质的文物陈列和历史图说，旅游吸引力很弱。因此，要突破展览馆、博物馆角度的静态展示方式，要充分挖掘张良文化、村寨文化、民俗文化和生态文化，依托古建筑、创意景观和表演活动，还原当时的真实场景，满足游客的参与体验需求。张良故里当前的旅游项目主要作用于游客的视觉和听觉系统，新型体验游乐项目还是空白。而新型体验游乐项目综合影响游客的眼、耳、鼻、舌、身、意，使游客的旅游体验更深刻，更丰富，更刺激。因此，要在深入挖掘张良文化内涵的基础上，设计和配置全新的、动静结合的旅游项目，并以此形成新的旅游吸引力。这就内在地要求本次规划要从传统的文物思维提升到文化创意思维上来。

（四）传统六要素和新六要素相得益彰

以传统旅游六要素为基础，注入新六要素，即“商、养、学、闲、情、奇”，打造新产品、新业态。旅游有六要素之说，即食、宿、行、游、购、娱，过去的认识有些局限性，认为这是整体旅游产业的六要素，景区只是提供其中的“游”，这样，景区就只能是一种产品，只是大旅游产业中的一个链条，这就导致了当前张良故里的旅游经济呈现典型的“门票经济”思维，主要想从门票上创收，而实际上村落很难进行封闭收门票，旅游发展的产业化难以实现。规划组认为，本景区的发展应坚持有所为、有所不为的方针，既要摆脱过去单一景点经济的状态，又要根据景区的实际情况和市场状况，选取优势旅游产业要素，科学延伸旅游产业链条，积极发展文化旅游业和生态旅游业相融合的多样化新业态，以文化旅游吸引游客，以生态旅游、农业旅游、民俗旅游、休闲娱乐旅游留住游客，形成多渠道的经营模式，完善复合型产业链条。一是吸引核心的形成，二是业态规模的壮大，三是配套设施的跟进，四是管理营销的助推。产业化、规模化的发展需要市场主体管理服务的升级和营销推广的升级。只有在管理服务机制和营销推广系统的助推下，产业集群化模式才能快速健康发展起来。

（五）从旅游景点到旅游区

要跳出张良故居做整个村寨，以村寨为核心，实施“南拓战略”，主动对接平顶山市区，通过景区空间的拓展，特色旅游产品体系的营造，把张良故里由单一景区打造成一个集中了优势旅游产业要素的旅游休闲度假区，成为一个相对独立的旅游经济综合体，除传统的旅游要素之外，还能提供学术研究、科普教育、生态采摘、休闲度假、商业地产、住宅地产、养生养老等多种服务。当前，国内已经有不少景区通过向旅游区的提升取得了良好的经济效益和社会效益。因此，应充分利用景区的旅游资源，积极规划开发新型产业要素，拓展旅游产业的链条，着力于旅游区的规模化发展。

（六）规划方案可操作性强

张良故里旅游区规划的层次定位于旅游景区总体规划。景区规划成果要达到既能上报项目，又能吸引投资商的双重功能，成果要有清晰的旅游控制范围、总体平面图、鸟瞰图、重要单体景观的效果图。规划成果既要有前瞻性、科学性，更要有实用性和直观性。本规划的可操作性体现在两大方面。一是旅游区规划项目要能够真正落地实施，避免看起来很好，最终不能落地建设的空中楼阁式成果；二是方案要有可操作性，以市场为导向，充分考虑旅游区的特色，兼顾政府方面和投资商方面的双重要求，重视投入与产出的关系，在注重社会效益的基础上突出经济效益。

二、规划目标

为了指导平顶山市郏县张良故里旅游区的健康发展和各项建设,将张良故里旅游区打造为特色鲜明、文化内涵深厚、中原一流、国内著名、国际知名的旅游目的地,传承与弘扬“谋圣”张良文化,擦亮张店村“中国历史文化名村”“中国传统村落”两张“国字号”名片,发挥张良文化“智勇双全、忠义仁爱、重教启智、淡泊明志、急流勇退”的当代价值,促进当地美丽乡村建设和旅游富民工程,推动郏县旅游产业和新型城镇化的深化融合发展,实现旅游带动当地经济社会全面发展的目标,打造郏县全域旅游新形象,成为河南新兴的综合型旅游目的地,促进第一、二、三产业融合发展,带动李口镇及郏县经济社会快速协调可持续发展。

以“谋圣”张良文化为整个旅游区的灵魂,坚持古村保护与文化活态传承并重,追求传统文化的现代表达,将张良智谋、帝师兵法、姓氏寻根、道家隐逸的“谋圣”文化与民间歌舞、传说故事、“摆山阵”、农耕民俗等文化贯穿于山水田林和旅游项目之中,创新开发姓氏文化寻根系列产品、文化休闲体验产品、美丽乡村旅游产品和健康养生养老度假产品。以休闲为核心,发展山水观光、寻根朝圣、宗教朝拜、山地运动、水上游乐、现代时尚游乐、寻奇探险、养生养老、美食旅游、民宿旅游、影视写生旅游等多样化旅游产品,集聚吃、住、行、游、购、娱、商、养、学、闲等多种产业要素,辐射带动农业、商贸、房地产、服务业等相关产业,将张良故里旅游区打造成集观光、休闲、度假多种功能于一身的新兴综合型旅游景区。

三、发展定位

战略定位：以“谋圣”张良文化为特色主题的中原一流、全国著名、国际知名的经典文化旅游景区。

目标定位：近期打造为国家 4A 级景区，远期打造为国家 5A 级景区。

主题形象定位：走进张良故里，体验浓浓乡愁。

品牌定位：“谋圣”故里，良村美景。

产品功能定位：观光游览、文化娱乐、休闲体验、科普之旅、山地探险之旅、水上游乐、度假养生、康体养老、乡村游憩。

层次定位：

全国：全国知名的“谋圣”纪念地、张良文化体验地和中国谋略学研究基地。

中原：根亲文化旅游目的地。

河南省：“记忆中原 · 老家河南”品牌景区。

平顶山市：市民近郊休闲游憩的后花园。

郏县：文化旅游产业战略示范区和龙头景区。

国际：国际知名的张氏宗亲寻根拜祖圣地。

四、空间布局与功能分区

景区空间结构格局为：一心、一轴、两核、五带、十三区、一个大环线、三个小环线。

一心：游客服务中心（兼具村民文化活动中心功能）。

一轴：张店村到留侯园的中轴线。

两核：

1.张良故里（张店村——中国历史文化名村）。

2.留侯园。

五带：

1.马鞍山山巅观光探险游览带。

2.龙凤谷（从奎星楼下来的山沟）滨水休闲游乐带。

3.五龙溪（南横沟）十里画廊亲水观光休闲带。

4.泥河滨水观光休闲带。

5.芝河滨水观光休闲带。

十三区：

1.张店中国历史文化名村观光游览区。

2.留侯园寻根拜祖朝圣文化体验区。

3.逸园道家隐逸文化园林体验区。

4.张良故事园游览区。

5.东方智慧欢乐园区（含大汉影视城项目）。

6.五龙溪（南横沟）观光休闲农业园区。

7.“谋圣”文化风情餐饮区。

8.张良墓祭祖访古探奇感悟区。

9.爱晚工程养生养老度假区。

10.相府庄园农耕乐园体验区。

11.现代科技高效农业园区。

12.李口镇区（突出留侯文化特色的旅游风情小镇）。

13.战略储备区（铧角山一带山地丘陵区）。

环线：一个大环线、三个小环线

大环线：平顶山市区—平郏路—观上村—张店村—农耕乐园—沿泥河观

光游玩—现代科技高效农业园—北子房庙—沿倒流河、芝河游玩——养生养老园、留侯园、逸园、故事园、采摘园—马鞍山山上游玩—平顶山山顶公园—平顶山市区

小环线：

线路1：平顶山市区—平郏路—观上村—张店村—留侯园—山上游玩—张店村—平郏路—平顶山市区

线路2：平顶山市区—山顶公园—索道—马鞍山上游玩—留侯园—张店村—张小店村—平郏路—平顶山市区

线路3：平顶山市区—竹园水库—规划新修盘山公路—留侯文化风情餐饮区—留侯园—山顶游玩—张店村—张小店村—平顶山市区

五、运营模式

旅游区实施"政府引导、社会参与、企业运作、分级开发"的运营模式。创新体制机制，强化政府在政策扶持、规范管理、公共服务、营造环境等方面的作用，充分发挥市场调配资源的基础性作用，调动社会力量和行业协会的积极性，形成旅游区发展良好局面。

1.政府主导，搭建平台。郏县成立张良故里旅游区领导小组，履行政府对景区建设开发指导、管理和监督的职能。

2.战略投资商一级开发。由郏县留侯园景区开发有限公司作为战略投资商拥有张良故里旅游资源经营权，对园区进行整体规划、一级开发和运营，包括土地征用整理、基础设施建设、基础服务供应、启动项目开发、整体管理运营、项目融资招商、品牌营销推广。

3.项目开发商二级开发。郏县留侯园景区开发有限公司可根据规划和需要将有关项目的开发经营权出让给项目开发商和经营商户，进行二级开发。

六、效益分析

效益包括经济效益、社会效益和环境效益，而经济效益又分为直接经济效益和间接经济效益。直接经济效益是指门票收入，间接经济效益包括餐饮、住宿、购物、娱乐等项目综合收入。

经济效益：近期（2016—2018 年），以 2016 年接待游客 10 万人次为基数，按游客量年均增长 25%计算，到 2018 年，年接待游客人数达 15.63 万人次，旅游综合收入达 1875 万元（按人均消费 120 元计）；中期（2019—2021 年），游客量年均增长 25%，到 2021 年接待游客人数达 30.54 万人次，旅游综合收入达 4581 万元（按人均消费 150 元计）。远期（2022—2025 年），游客量年均增长 20%，到 2025 年接待游客人数达 63.34 万人次，旅游综合收入达 1.9 亿元（按人均消费 300 元计）。预期 9—10 年收回成本。

社会效益：充分发挥张良故里旅游区在扩大内需、拉动消费、增加就业、调整结构、促进和谐等方面的积极作用。近期到 2018 年，吸纳直接从业人员 500 人以上，带动社会关联就业 2500 人以上；中期到 2021 年，吸纳直接从业人员 800 人以上，带动社会关联就业 4000 人以上；远期到 2025 年，吸纳直接从业人员 1000 人以上，带动社会关联就业 10000 人以上。实施资源节约和环境友好发展战略，在保护生态环境、传承地域文化、扩大对外开放、促进社会文明、带动居民致富、提升平顶山市和郏县整体形象等方面的作用进一步凸显，成为促进平顶山市和郏县社会经济全面快速发展的重要增长极。同时，有利于完善基础设施建设和景观协调，更好地满足人民生活需要，让人民生活更幸福。

环境效益：通过旅游区的建设，一些文化旅游资源得到保护，传统村落文化得到传承与弘扬。通过实施生态培育工程，不仅增强了旅游区自然旅游资源的观赏性，而且切实保护了现有生态环境。通过采取有效的防污措施，保护大气环境、水体环境，从而使旅游区的生态系统稳定性得到加强。通过旅游资源开发而获得的旅游经济收入也是进行传统村落保护的重要资金来源。

（本文作者为河南财经政法大学旅游与会展学院教授）

关于“谋圣”张良故里保护与开发工作的思考

张国晓

郏县，地处豫西，山川毓秀，人文鼎盛，西周设邑，战国属韩，秦朝置县，素以“谋圣”故里、龙凤之乡、三苏决瘗处、知青圣地四大文化品牌而享誉海内外。地因人显，人以名传，郏县也因拥有“谋圣”张良而骄傲。近年来，我们坚持“民生为先、产业为本、生态为基、文化为魂”的发展理念，把张良故里作为郏县第一张文化名片来打造，张良故里开发已经成为引领郏县文化旅游业快速发展的重要引擎。借这次机会，就张良故里开发，谈一些初步思考。

一、挖掘“五地”优势，彰显历史底蕴

《史记·留侯世家》称张良“其先韩人也”，《后汉书》载，“张良出于城父”，《括地志》云“城父在汝州郏县城东三十里，韩地也”。清同治《郏县志》卷六《祀典志》载：“汉留侯庙在小丰保，张子房，韩人，而郏东南近邑也。”张良故里位于今郏县李口镇张店村，文化底蕴深厚，历史遗存众多，概括起来有

“五地重叠”之优势。一是张良出生成长地。现有张良读书处、张良品箫石、张良滤马潭、跑马路沟、侯马场等多处历史遗存。2003 年出土的“诸葛亮拜谒留侯碑”和 2005 年出土的“张安墓志铭”等文物，已经成为张良故里在张店村的有力物证。近些年，关于张良故里的争论已尘埃落定，2006 年，罗哲文老先生亲笔为张店村题写了“西汉留侯张良故里”。二是张姓家族中兴地。《史记》记载，张良祖辈五世相韩，位高望重。《郏县志》记载，明隆庆年间，张良后裔张宝回张店定居，其后世在明清两代人才辈出，步入仕途的有 111 位。《张姓家谱》中记录，仅明清两朝受皇封者就达 60 多人。三是张良及族人墓地。张店村曾发现大量汉代墓葬群，出土有汉砖、汉瓦及随葬品。据有关专家考证，张店村西部人造大冢沙印山有可能为张良墓地，是自张良先祖张孟谈起就选定的家族墓地。张良归隐故里龙首山，后葬于先祖选定的龙凤吉地。其后人口耳相传，世代守护，现保存完好。四是古人类聚集地。张店村民曾在村内外发现大量石斧、石凿等远古石器，村南张寨山发现多幅记载人类早期活动的岩画，说明很早以前人们就在此聚居，繁衍生息。五是红 36 军起源地。据平顶山市及郏县有关党史记载，1930 年至 1931 年夏，张店共产党员张树喜按照中央指示，与族人张玉楷、张振雅等联络豫西地方武装，筹划武装起义，筹建中国工农红军第 36 军，后因泄密而失败。目前，村里仍保留有张树喜的旧居。

二、打造“三地”品牌，传承历史文明

打造“三地”品牌，传承历史文明，即把张良故里建设成为“谋圣”文化研究地、历史文化传承地、古村镇旅游目的地。

“谋圣”文化研究地。世人称张良是“谋圣”，是“人文楷模”，是“千秋完人”，他的大智大勇、大忠大孝一直受到古今人们的赞颂和仰慕。近年来，我们紧扣研究弘扬“谋圣”文化这个主旨，积极把张良故里推向全省、全国乃至

海外，努力打造成为“谋圣”文化研究地，不断培厚郏县历史文化的河床。倡导成立了市、县“谋圣”张良文化研究会，开通了平顶山市张良故里文化研究会网站，为传承弘扬“谋圣”文化搭建了平台。我们还恢复了一年一度的张良故里张氏宗亲祭祖拜谒大典，举办国内知名专家学者参与的张良故里论证会，进一步提高了张良故里的知名度和“谋圣”文化的美誉度。先后编辑出版了《张良文化论文集》，成功组织了6次“谋圣”文化学术研讨活动，专题探讨了“谋圣”文化的丰富内涵、历史传承和现实意义，深入挖掘和阐发中华优秀传统文化守诚信、崇正义、尚和合、求大同的时代价值，积极探讨张良文化与加强领导干部党性修养、加强社会主义核心价值观的有机融合，使其古为今用。

历史文化传承地。张店村历史底蕴深厚，民间文化传承有序，我们围绕“谋圣”文化这条主线，以保护开发历史文化为方向，努力把张良故里打造成为知名历史文化传承地。成立了张良书画院，连续组织了15届“谋圣故里杯”书法绘画评选活动；开展了“谋圣”故里非物质文化遗产申报工作；举办了6届张良“奇门摆山阵”（围棋雏形）民间游戏大赛；民间歌谣《磕羊角》与《磕花棍》得以发掘、传承、流传于世。汉文化、明清古建、“卍”字文化古老而神秘，中央电视台中文国际频道拍摄制作了以“重教启智”为主题的《记住乡愁，走进张店》纪录片，并在中央电视台中文国际频道播放，国内多家网络媒体和电视台予以转播。由于村民长期受传统文化和“谋圣”文化的熏陶，形成了处世坦然、淡泊宁静、重文崇礼的良好民风，乡亲近邻和睦而处、守望相助，80岁以上老人有100多名，张店村也成了远近闻名的长寿村、文化村。

古村镇旅游目的地。张店村是“中国历史文化名村”“中国传统村落”，北瞰汝水，南傍马鞍山，东临紫云山及紫云书院，西望观音祖庭香山寺，山环水绕，环境优美，旅游资源丰富。村内有保存较为完整的子房庙、张氏祠堂以及明清官宅民居建筑群约300间，建筑布局合理，结构严谨，气势恢宏，堪称艺术精品。其中明代提督府及清代民居群被确定为省级文物保护单位，被专家学者称为明清官宅博物馆、传统民居巷落生活的活化石。张店村周围还有李口村、椅子圈等多个省级古村落，加上临近平顶山市区，与平顶山山顶公园只有1.5 公里的距离，发展古村镇旅游目的地的条件得天独厚。

三、突出“两个着力”

“两个着力”是指着力做好留侯故里的发掘保护和开发利用两项工作。

张店作为中国传统古村落，可谓三步见古迹，五步有文物，到处是宝贝，所以挖掘与传承、保护和开发工作备受县委、县政府重视，切实把其作为一项关乎民生、关乎发展的大事来谋划，作为全县重点文化工程来抓，做文化遗产的守望者，切实留住张良故里的记忆和文脉。

自 2005 年起，就成立了县“谋圣”张良故里保护开发领导小组，制定出台了《张良故里保护开发规划》，首先考虑“谋圣”故里整体性，力求原有的各类单体古建筑都得以保护。其次是重视对张良故里古村环境风貌的保护，划定了原状环境建控区，尽可能继续古村原有的经济、文化、农耕、商业、道路、手工业作坊类型性遗产功能。近年来又相继争取到上级传统村落保护项目、历史文化名村基础设施建设项目等 6 个，逐步对提督府东西官宅、西酉盛等主要明清建筑群进行了保护性修缮，对张寨山的植被进行生态恢复，对山上历史遗存奎星楼、张良品箫处、古石刻群进行抢救性保护发掘，筹建“谋圣”张良展览馆，为古建搬迁居民修建了张良故里新村，有力促进了张良故里的保护开发工作。

2015 年年底，我们切实发挥张良敀里文化新优势，结合郏县文化旅游总体规划，进一步明确张良故里战略发展思路，按照“文化为魂，山水为形，村落田园为体，休闲为核，项目为媒，多极驱动，组团发展”的模式，把张良智谋、帝师兵法、姓氏寻根、道家隐逸的“谋圣”文化与民间歌舞、传说故事、“摆山阵”、农耕民俗等文化贯穿于旅游项目之中,着手建设张良故里旅游区,高标准编制了《张良故里旅游区整体规划》,成立了旅游开发公司,力争在5年内建成投资4亿元的留侯园主景区。同时,精准开发姓氏文化寻根系列产品、文化休闲体验产品、美丽乡村旅游产品和健康养生养老度假产品,努力将张良故里打造成为集观光、休闲、度假多功能于一身的新兴综合型旅游景区。

一个国家、一个民族的强盛,总是以文化兴盛为支撑的。打造张良故里,挖掘"谋圣"文化,有利于弘扬灿烂文明,传承历史文化,能够进一步提升郏县形象,促进经济发展。我们将牢固树立保护开发文物也是政绩的科学理念,不断加大投入,科学推进开发,努力把张良故里打造成重要的文化品牌,为建设"富裕文明、生态宜居、平安幸福"新郏县做出新的更大的贡献。

(本文作者时为中共郏县县委书记,现为平顶山市副市长)

后 记

张姓祖根地的研究，是河南姓氏文化研究的重要内容。早在上世纪 90 年代，以朱绍侯教授为代表的河南学者，积极地对这一问题进行研究，并在北京邀请学术界的重要专家积极参与有关论证，取得了较为一致的意见。“濮阳为中华张姓祖根地”这一结论，得到了全球张氏宗亲代表人物的积极响应，濮阳的“挥公陵园”成为全球张氏宗亲所向往的精神家园。

但是随着张氏宗亲寻根活动的深入，有关张氏祖根地的认同出现了不同的声音，按理说有多种想法是符合历史常态的，但其中有人是把郡望地当成祖根地。为了进一步正本清源，河南省姓氏祖地与名人里籍研究认定中心接受濮阳县的委托，邀约国内著名专家，于 2017 年 4 月在濮阳县召开了“濮阳县为中华张姓祖根地研究认定会”，经过认真与深入的讨论，濮阳县为中华张姓祖根地得到了权威认定。

本文集就是这一权威认定的相关内容的汇编。为了进一步丰富这一权威认定的背景材料，我们收录了在早期研究过程中，朱绍侯、谢钧祥、袁义达、程有为、王大良等专家的成果,也将早期有关张姓祖根地争论的代表性文章全部收录进来。

本文集还收录了 2016 年 4 月在郑州举行的张良文化国际高峰论坛与会专家所提交的论文。这次论坛是由世界张氏总会、中国秦汉史研究会、河南省姓氏文化研究会主办,河南省社会科学院历史与考古研究所、河南省姓氏文化研究会张姓委员会承办的一个规格高、影响大的论坛。来自全球各地的张姓宗亲代表,在参加世界张氏总会的同时,也专门聆听了龚留柱、袁义达、王大良等国内著名姓氏、历史方面专家的发言。论坛相关的成果,尤其是有关张良问题,涉及张良故里在禹州、在郏县等观点的代表性文章也都进行了收录。

“濮阳县为中华张姓祖根地研究认定会”的组织工作,由濮阳县相关部门和河南省社会科学院历史与考古研究所共同承担。濮阳县主要做后勤保障工作,濮阳县领导田建引、张宏江、杨艳红积极与河南省社科院沟通,濮阳县张姓文化研究会的同志也做了大量工作。河南省社会科学院张新斌、李立新、陈建魁、李乔等在会前专程到濮阳县考察。张新斌负总责,陈建魁、唐金培、李乔参与了认定会学术组织工作,魏一明书记专程到会致辞。张良论坛是由河南省社会科学院历史与考古研究所与河南省姓氏文化研究会张姓委员会联合承办的。张健以及其他各位会长,做了大量的组织工作,论坛学术组织工作由河南省社会科学院历史与考古研究所承担,张新斌负责总指导,李乔负责具体的学术组织工作,魏一明书记到会致辞,世界张氏总会名誉会长、省老领导张世军也专程到会讲话。

本文集最后的编辑工作由张新斌进行总体规划设计和编校,各位副主编参与讨论,陈建魁承担了大量的编务工作。

由于为多人之作,错谬之处在所难免,敬请谅解。

本文集为“河南历史与考古研究”丛书(第二辑)的第五本。

张新斌

2019 年 7 月